साहित्य-स्त्रष्टा
निराला

साहित्य-स्त्रष्टा निराला

राजकुमार सैनी

वाणी प्रकाशन

वाणी प्रकाशन
4695, 21-ए, दरियागंज, नयी दिल्ली 110 002
शाखा
अशोक राजपथ, पटना 800 004
फ़ोन : +91 11 23273167 फ़ैक्स : +91 11 23275710
www.vaniprakashan.in
vaniprakashan@gmail.com
sales@vaniprakashan.in

SAHITYA-SHRASTA NIRALA
by Rajkumar Saini

ISBN : 978-81-7055-423-3
Criticism

प्रथम संस्करण 1995
द्वितीय संस्करण 2018

मूल्य : ₹ 595

सिटी प्रेस, दिल्ली-110 095 में मुद्रित

वाणी प्रकाशन का लोगो मक़बूल फ़िदा हुसेन की कूची से

गुरुवर
देवीशंकर अवस्थी
की स्मृति को
सादर समर्पित

भूमिका

निराला, प्रसाद, पन्त और महादेवी का साहित्य कोरा छायावादी साहित्य नहीं है। ये साहित्यकार मानवीय उद्वेगों, आकांक्षाओं, उल्लासों, पीड़ाओं, संघर्षों और स्वप्नों के चितेरे हैं। प्रकृति और सामाजिक जीवन के प्रति वे अपना सरोकार बनाए रखते हैं। कलासाधना का वे ऐसा परिपाक प्रस्तुत करते हैं जो एक ओर काव्यशास्त्रीय और सौन्दर्यशास्त्रीय अपेक्षाओं की पूर्ति करता है तो दूसरी ओर अपने युग विशेष की राष्ट्रीय, जनवादी और मानवीय समस्याओं को रचनात्मक स्तर पर चरितार्थ करता है। निराला का साहित्य विशेष रूप से इस दायित्व का वहन करता है।

निराला का काव्य उस स्वस्थ और जीवन्त परम्परा का सर्वाधिक दावेदार है जो आदिकवि वाल्मीकि से शुरू होती है। साथ ही अपने समसामयिक युग का सर्वाधिक, रचनात्मक, ओजस्वी और सार्थक शंखनाद है। हिन्दी कविता के इतिहास में निराला की स्थिति अतीत और वर्तमान के बीच देहरीदीपक अलंकार-सी है। निराला का काव्य एक साथ क्लासिकल भी है और क्रान्तिकारी भी। प्राचीन काव्यरूपों, काव्यरुचियों और काव्यसत्यों को आत्मसात् करता हुआ, और उनका सर्जनात्मक इस्तेमाल करता हुआ वह नये काव्यरूपों और नयी काव्यरुचियों के लिए भी ज़मीन तैयार करता है।

निराला का काव्य भारतीय काव्य परम्परा का इस अर्थ में भी दावेदार है कि उसमें भारतीय काव्य परम्परा की सीमाएँ, खामियाँ, उपलब्धियाँ और शक्तियाँ अभिव्यक्त हुई हैं। निराला के काव्य में ध्वनि है, रस है, वक्रोक्ति है, रीति है, शब्दालंकार, अर्थालंकार और उभयालंकार हैं; विचारशीलता है, भावुकता है, अर्थ-गौरव है, छन्द, संगीत और नाद का सौन्दर्य है लेकिन इसके साथ-साथ यहाँ रसाभास है, भावाभास है, नीरस उक्तियाँ हैं, दोष हैं, तुकबन्दी है, भर्ती के शब्द हैं, अर्थहीनता, छन्दहीनता और कोरी गद्यात्मकता भी है। निराला के परम्पराप्रिय व्यक्तित्व और कृतित्व के उभयपक्षी परिणामों को स्वीकार करना ही होगा।

इसी तरह निराला के व्यक्तित्व और कृतित्व का एक ठीक विपरीत पहलू भी है; वे क्रान्तिकारी साहित्यकार भी हैं। विषयवस्तु, स्वरूप और भाषा तीनों स्तरों पर

यह विपरीत पहलू उद्घाटित होता है। इसी विपरीत पहलू अर्थात् उनके क्रान्तिकारी व्यक्तित्व और कृतित्व के भी दो पक्ष हैं। एक सकारात्मक दूसरा नकारात्मक। एक व्यवस्थात्मक दूसरा अव्यवस्थात्मक।

ऐसे विपरीत पहलुओं के कारण ही निराला का व्यक्तित्व और कृतित्व कई तरह के अन्तर्विरोधों से ग्रस्त और परिपूर्ण है। लेकिन इसके बावजूद उनका साहित्य और जीवनचरित इस शताब्दी के रचनाधर्म की उपलब्धियों और सीमाओं का, शक्तियों और खामियों का महत्त्वपूर्ण दस्तावेज़ है।

प्रत्येक युग की रचनाधर्मिता जहाँ एक छोर पर अपनी जीवन्त परम्परा के ही युगानुरूप किन्तु क्रमिक विकास के रूप में अभिव्यक्त होती है वहाँ दूसरे छोर पर वह एक युगविशिष्ट मौलिकता का भी निबाह करती है। जिस रचनाकार में इस युगविशिष्ट मौलिकता का जितना अधिक निबाह होता है वही रचनाकार अपने समकालीन समीक्षकों के लिए उतना ही पहेली बन जाता है। इसी का नतीजा यह होता है कि ऐसे रचनाकार का यथासमय मूल्यांकन कर पाना लगभग असम्भव हो जाता है। शायद इसीलिए आचार्य रामचन्द्र शुक्ल जैसे मर्मज्ञ समीक्षक भी निराला के साहित्य का ठीक-ठीक मूल्यांकन नहीं कर सके। शायद इसीलिए वे उनके काव्य में 'अंग्रेजी ढंग की प्रगीत पद्धति का अनुसरण', 'स्वरलिपियों की नयी-नयी योजनाओं का कौशल', 'नादसौन्दर्य' और 'संगीततत्त्व' ही देख पाये। शायद उस समय इतना देख पाना भी कम महत्त्वपूर्ण नहीं था। लेकिन निराला का काव्य इसके अतिरिक्त भी बहुत कुछ था। उसमें 'समन्वित अर्थ की ओर' निराला का झुकाव कम नहीं था। दरअसल शुक्ल जी यह नहीं देख पाये कि निराला अपने समय की श्रेष्ठतम हिन्दी कविता लिख रहे थे। शायद इसीलिए ग़ालिब को कहना पड़ा था कि 'आह को चाहिए इक उम्र असर होने तक। कौन जीता है तेरी जुल्फ के सर होने तक।' समकालीन समीक्षक के बाल जब तक पकेंगे (अर्थात् वह जब तक प्रौढ़ होगा कि रचनाकार की संवेदना को हृदयंगम करसके) तब तक रचनाकार जीवित नहीं रहेगा, वह मर चुका होगा। इसी अहसास को भवभूति ने भी झेला था—'उत्पत्स्यते तु मम कोऽपि समानधर्मा। कालोह्यम निरवधि विपुला च पृथ्वी'। निराला ने भी जानकी वल्लभ शास्त्री को लिखे गये एक पत्र में इस अहसास को इस तरह व्यक्त किया था :

> मेरा जो कुछ होगा, होगा। जिन्हें लिखना है और जो लिखा जाना है, बिना मेरे भी लिखेंगे, लिखा जाएगा।

निराला की युगविशिष्ट मौलिकता, जिसका कि मैंने ऊपर उल्लेख किया है, विषयवस्तु (कंटेंट) और रूप (फॉर्म) दोनों स्तरों पर अभिव्यक्त होती है।

निराला अपनी रचनाओं में समकालीन रचनाधर्म को चरितार्थ करने के साथ-साथ भावी रचनाधर्म का भी दिशानिर्देश कर देते हैं। भावी काव्यरूपों, काव्यभाषा और काव्यसत्यों की तलाश करते हुए वे तरह-तरह के प्रयोग करते हैं। नये-नये छन्दों और लयों की पुनर्रचना करते हैं।

लेकिन यह सारी काव्यसाधना कोरी किताबी उठापटक नहीं है। मेहनतकश जनता के सुखदुखों, संघर्षों, आकांक्षाओं और स्वप्नों से वह अपना गहरा ताल्लुक रखती है। उनके काव्य में दलित, पीड़ित और शोषित जनों के हृदयों से रह-रहकर फूट पड़ने वाले राग और रागनियाँ हैं। संघर्षरत मनुष्यता और यातनाग्रस्त मानवता के आशा, उल्लास, निराशा और सन्त्रास से भरे स्वप्न हैं।

निराला के गद्यसाहित्य का अध्ययन उनके काव्य में अध्ययन का ही एक महत्त्वपूर्ण अंग हैं। निराला के उपन्यासों, कहानियों, निबन्धों और लेखों में उनके काव्यसम्बन्धी अप्रस्तुत और प्रस्तुतविधान की कुंजी मिल जाती है। उनकी कविताओं में जो अन्तराल (गैप्स) हैं उन्हें गद्यसाहित्य के प्रासंगिक सन्दर्भों द्वारा समझा जा सकता है। निराला के गद्यसाहित्य में वर्णित ऐसे अनेक प्रसंग निराला के जीवनानुभूति और काव्यानुभूति के बीच रचनाप्रक्रियात्मक अवस्थाओं को उद्घाटित कर देते हैं।

निराला के जीवन और काव्य के बीच कहीं-कहीं कुहरिलता और रहस्यात्मकता आ गयी है किन्तु इस कुहरिलता और रहस्यात्मकता का पर्दा अत्यन्त झीना है। यदि इस पर्दे के पार ध्यानपूर्वक देखें तो निराला के जीवन और काव्य के बीच अनेक अन्तःसम्बन्धों और अन्तर्विरोधों से हमारा साक्षात्कार होता है। इस दृष्टि से निराला काव्य के प्रामाणिक अध्ययन के लिए उनका गद्यसाहित्य एक अमूल्य और महत्त्वपूर्ण सहायक सामग्री है। लेकिन यह सहायक सामग्री ही नहीं है; कथासाहित्य, निबन्धसाहित्य और आलोचना साहित्य के रूप में उसका स्वतन्त्र महत्त्व भी है।

इनके अलावा निराला ने अपने कुछ संग्रहों की भूमिकाओं/प्रस्तावनाओं के माध्यम से भी ऐसी बातें की हैं जिनसे उनके अपने और अन्य समकालीन कवियों के मूल्यांकन में भी मदद मिलती है। 'परिमल' और 'गीतिका' की भूमिकाएँ इस दृष्टि से विशेषरूप से उल्लेखनीय हैं। यही बात निराला के पात्रों पर भी लागू होती है।

निराला का साहित्य कलासाधना की एक अद्वितीय मिसाल है। अध्ययन, चिन्तन, मनन और चयन के द्वारा वे अपने रचनाधर्म को निरन्तर विकासोन्मुख बनाये रखते हैं। अध्ययन केवल किताबों का ही नहीं, मानव का और प्रकृति का भी; मानव और प्रकृति के बीच तादात्म्य और संघर्ष दोनों की ओर उनकी दृष्टि सतर्क रहती है। वे मानवसमाज और उसके इतिहास का भी अध्ययन करते हैं।

निराला एक परिश्रमी कवि भी हैं। जीवनानुभव से कलात्मक अभिव्यक्ति और

कलात्मक अभिव्यक्ति से रचना की बुनावट—इस पूरी यात्रा में रचना के आन्तरिक और बाह्य गठन, उसकी अन्विति, संरचना, भाषा और शिल्प का पूरा-पूरा ध्यान रखते हैं। वाक्यगठन, शब्दचयन, वर्णों का चुनाव, (घोष-अघोष, महाप्राण-अल्पप्राण, बलाघात, स्वराघात) तथा तत्सम्बन्धी सादृश्यों और कंट्रास्टों जैसी बारीकियों को भी नजरअन्दाज नहीं करते। ध्वनि-प्रवाह, नादसौन्दर्य, गति, गतिभंग, छन्दनिर्वाह, छन्द भंग, स्वरताल, लय, शास्त्रीय संगीत, लोकधुनों, उदात्त-अनुदात्त तथा स्वरित स्वरों, सुरतालों आदि काव्यशिल्पों और काव्यरूपों सम्बन्धी सभी बातों की वे जाँच-पड़ताल करने के बाद ही रचना का ढाँचा तैयार करते हैं।

निराला की यह कोशिश रहती है कि उनकी रचनाओं में फ़ॉर्मसम्बन्धी सभी नये और पुराने गुणों का समाहार किया जा सके। अपने रचनाकर्म के प्रति इस दायित्व का निबाह कर सकने की क्षमता न रखने वाले आलसी और शार्टकट-पसन्द कवि शायद इतने परिश्रम के बिना ही काम चला लेते हैं और अपने को 'महान-कवि' समझने की भूलभुलैया में भटकते रहते हैं। महान कवि वह होता है जो अपनी रचना की विषयवस्तु (कंटेंट) और उसके रूप (फ़ॉर्म) दोनों के प्रति असावधान नहीं रहता, पूरी सतर्कता, गम्भीरता और परिश्रम के साथ अपने उभयपक्षी दायित्व की पूर्ति करता है।

निराला की रचनाओं में 'विरुद्धों का सामंजस्य' तो है ही, वहाँ विरुद्धों का टकराव भी है। जहाँ सामंजस्य हो पाया है वहाँ उनकी रचनाएँ लयपूर्ण हो उठी हैं; जहाँ टकराव होता रहा है, वहाँ रचनाओं में तनाव बढ़ता गया है। कृतित्व में ही नहीं उनके व्यक्तित्व के बारे में भी यह तथ्य उल्लेखनीय है। शुक्ल जी की दृष्टि 'विरुद्धों के सामंजस्य' को ही देखती थी, विरुद्धों के टकराव को नहीं। शायद इसीलिए वे निराला के काव्य का समग्ररूप से आकलन नहीं कर पाये।

निराला के वेदान्ती ब्राह्मण वाले संस्कार कहीं-कहीं बहुत ज्यादा पण्डिताऊपन और तत्सम्बन्धी सनक का परिचय देते हैं किन्तु ऐसे संस्कार उनके ग्रामीण खेतिहर जीवन वाले संस्कारों से टकराते हैं। कहीं-कहीं निराला दोनों तरह के इन विपरीत प्रकृति वाले संस्कारों के बीच एक सामंजस्य बैठाने की कोशिश करते हैं। किन्तु सामंजस्य स्थायी नहीं रहता, टकराव होकर रहता है। द्वन्द्व और अन्तर्द्वन्द्व की विभिन्न अवस्थाओं से गुज़रता हुआ उनका मन अन्ततः ग्रामीण जीवन वाले खेतिहर संस्कारों को नहीं छोड़ पाता; पण्डिताऊ और वेदान्ती संस्कार धीरे-धीरे छूट जाते हैं। लेकिन अन्त तक निराला उनसे पूरी तरह मुक्त नहीं हो पाते। फिर भी समग्र रूप से देखें तो निराला के ग्रामीण और खेतिहर जीवन वाले संस्कार उनके पण्डिताऊ और वेदान्ती संस्कारों पर हावी रहते हैं और निर्णायक रूप से उनके साहित्य को प्रगतिशील दिशा की ओर अग्रसर करने में महत्त्वपूर्ण भूमिका अदा करते हैं।

परवर्ती हिन्दी काव्य पर जितना दूरगामी और व्यापक प्रभाव निराला का है, उतना पन्त, प्रसाद और महादेवी का नहीं है। यह और बात है कि स्वयं निराला पर अपने पूर्ववर्ती और समकालीन कवियों का सर्वाधिक प्रभाव था। निराला सर्वगुणग्राही कवि थे। अनेक तरह के, अनेक रचनाकारों के गुणों को अपनी लगन और साधना द्वारा आत्मसात् कर अपना लेने की उनमें अद्भुत क्षमता थी। इसके बावजूद उनका अपना वैशिष्ट्य, जो उनके 'निराला' नाम को सार्थक बनाता है, कभी लुप्त नहीं हुआ। निराला के काव्य में वाल्मीकि, कालिदास, भवभूति, जयदेव, कबीर, तुलसीदास, रवीन्द्र, मैथिलीशरण गुप्त, पन्त, महादेवी, बच्चन, नरेन्द्र शर्मा और रामेश्वर शुक्ल 'अंचल' जैसे कवियों का प्रभाव लक्षित किया जा सकता है। वे पूर्ववर्ती और परवर्ती दोनों पीढ़ियों से सीखना जानते हैं। इसके साथ-साथ यह याद रखना ज़रूरी होगा कि वे इन सभी कवियों से अलग मौलिक ढंग के एक अद्वितीय महाकवि हैं।

निराला ने भारतीय काव्य परम्परा से सर्वाधिक सीखा, इसीलिए वे परवर्ती हिन्दी काव्यधारा को सर्वाधिक रूप में प्रभावित कर पाये। प्रगतिशील कविता, नयी कविता, अकविता, विचार कविता, प्रतिबद्ध कविता आदि—कविता की सभी धाराओं/उपधाराओं पर उनके कृतित्व का प्रभाव पड़ा है। गीत, नवगीत, लोकगीत, समूहगीत आदि गीत के सभी विकसित रूपों पर उनके प्रभाव को पहचाना जा सकता है। अगर पुराने और नये काव्य के बीच की कोई मज़बूत कड़ी है, तो वह निराला की कविता ही है। निराला आज की कविता के रचनाधर्म का सबसे बड़ा प्रतिमान हैं। हिन्दी कविता के प्रतिमानों की सही-सही पहचान तब तक न होगी जब तक निराला के काव्य को आधार मानकर उनकी प्रामाणिक छानबीन न की जाये। कविता के सबसे बड़े प्रतिमान आज भी स्वयं निराला ही हैं, ठीक उसी तरह जैसे कथासाहित्य के सबसे बड़े प्रतिमान आज भी स्वयं प्रेमचन्द ही हैं।

निराला के कृतित्व और व्यक्तित्व को एक दूसरे से अलग नहीं किया जा सकता। व्यक्तित्व से ही कृतित्व बनता है और फिर कृतित्व ही व्यक्तित्व को और अधिक सँवारता तथा विकसित करता है। व्यक्तित्व और कृतित्व के बीच अन्तर्विरोध भी होते हैं और अन्तःसम्बन्ध भी। लेकिन विकासशील और प्रगतिशील रचनाकार उक्त अन्तर्विरोधों की प्रकृति को शत्रुतापूर्ण नहीं होने देते; मित्रतापूर्ण बनाये रहते हैं। निराला ने भी ऐसा ही किया। उन्होंने सार्थक जीवन जिया और सार्थक कृतित्व दिया। हाँ, आज की छद्म शब्दावली में कोई कह सकता है कि निराला ने 'असफल' जीवन जिया और उनका कृतित्व भी 'असफल' था। मुक्तिबोध को भी एक गोष्ठी में अज्ञेय ने 'असफल' कवि कहा था। यह कोई संयोगमात्र नहीं है कि जो रचनाकार सार्थक साहित्य की सृष्टि करते हैं, दुनियावी दृष्टि में वे 'असफल' ही कहलाते हैं।

इस पुस्तक के लेखन की प्रेरणा गुरुवर देवीशंकर अवस्थी से मिली थी। अतः उन्हीं की स्मृतिरूपा पुण्यात्मा के प्रति यह पुस्तक समर्पित है। सर्वश्री त्रिलोचन शास्त्री, डॉ. नामवर सिंह, शमशेर बहादुर सिंह, केदारनाथ अग्रवाल, भीष्म साहनी, मुद्राराक्षस, डॉ. विश्वनाथ त्रिपाठी, मधुकर सिंह, केवल गोस्वामी, श्याम कश्यप, चंचल चौहान, राजकुमार शर्मा, मुरलीमनोहर प्रसाद सिंह, आनन्द प्रकाश, रमेश उपाध्याय, विष्णु चन्द्र शर्मा, भैरव प्रसाद गुप्त, शेखर जोशी, मार्कण्डेय, भाई बलवीर सिंह सैनी, भाई यशपाल सैनी, गुरुवर डॉ. देवीशंकर अवस्थी, डॉ. श्याम बिहारी राय, डॉ. माहेश्वर, रमाकान्त, विष्णु प्रभाकर, धर्मेन्द्र गुप्त, सुरेन्द्र शर्मा और विश्वनाथ मिश्र का कृतज्ञ हूँ क्योंकि निराला को लेकर समय-समय पर इनसे जो चर्चाएँ हुईं वे लाभकारी सिद्ध हुईं।

पत्नी यशवन्ती, प्रिय और आदरणीय भाई बलवीर सिंह सैनी और अपने बच्चों अमिता, बबिता, नवीन के प्रति कृतज्ञता ज्ञापन न करना कृतघ्न होना है, क्योंकि इनके सहयोग के बिना लिखना सम्भव नहीं हो सकता था।

आदरणीय श्री चरणवल्लभ मिश्र ने निराला के गीतों को हारमोनियम पर सुनाकर बचपन से ही मेरे और निराला के बीच रागात्मक सम्बन्धों को सम्भव बनाया; डॉ. श्याम बिहारी राय ने पाण्डुलिपि तैयार करने में मेरा मार्ग-दर्शन किया अतः उन्हें याद करना और उनके प्रति आभार व्यक्त करना अप्रासंगिक न होगा।

17 अक्टूबर, 1981
नयी दिल्ली

राजकुमार सैनी

अनुक्रम

पृष्ठभूमि

निराला का बचपन बीसवीं सदी के शुभारम्भ के साथ-साथ बीतता है। यह समय तत्कालीन भारत के भावी सम्राट एडवर्ड अष्टम के शैशव और उनके पिता सम्राट जार्ज पंचम के साम्राज्य का है। निराला ने सम्राट एडवर्ड अष्टम के प्रति एक कविता भी लिखी है। सम्राट एडवर्ड अष्टम ने अपनी आत्मकथा 'ए किंग्ज़ स्टोरी' में बीसवीं सदी के एक महत्त्वपूर्ण पहलू की ओर संकेत किया है, उसका उल्लेख करना अप्रासंगिक न होगा :

> और यह संकेत करना विस्मयजनक होगा कि जिस वर्ष मेरा जन्म हुआ, यूरोप महाद्वीप में बीस सम्राट राज्य करते थे; आज उनमें से केवल 6 साम्राज्य शेष हैं। मैं आठ वर्ष का हुआ था कि पहली बार हमने बिजली के प्रकाश को स्विच-ऑन किया। पहली बार मैंने बिना घोड़े की गाड़ी (मोटर-कार) पर सवारी की; रहस्य-चकित होकर फोनोग्राम के स्वर सुने। पन्द्रह वर्ष का हुआ था कि पहली बार आकाश में उड़ते हुए हवाई जहाज को देखा। लगभग तीस वर्ष का हुआ तो रेडियो पर प्रसारित आदमी की तरह बोलता हुआ सन्देश सुना। मैं कोई विद्वान या सामाजिक इतिहासकार होने का दावा नहीं कर रहा, केवल उन वस्तुओं और घटनाओं का संकेत कर रहा हूँ जिन्होंने एक राजकुमार, एक राजा और एक इंसान के रूप में मुझे प्रभावित किया है। (ड्यूक आफ विंडसर, 'ए किंग्ज़ स्टोरी', लन्दन, 1957, पृ. 9-10)

निराला ने अपने बचपन और युवाकाल में राजकुमारों और राजाओं के सपने देखे थे। अपनी कल्पना-सृष्टि में वे इन स्वप्नों को जीते थे लेकिन उनके परिवेश का यथार्थजगत इसके विपरीत था। बीसवीं सदी अपने वैज्ञानिक आविष्कारों और क्रान्तिकारी विचारों और घटनाओं की उथल-पुथल लेकर आयी थी; युवा सम्राट और युवा निराला के बचपन पर उसकी विचित्रता की छाप पड़ी थी, किन्तु यह छाप एक-सी नहीं थी। अपने-अपने वर्गों के संस्कार-भेदों के अनुसार दोनों को अलग-अलग ढंग

से प्रभावित कर रही थी। शिशु सम्राट ने बीसवीं सदी के इस प्रारम्भ को सामन्ती और राजशाही सभ्यता के सूर्यास्त के दृश्य के रूप में देखा था किन्तु शिशु निराला के लिए यह शुभारम्भ एक नयी सभ्यता के उदय का दृश्य था। सन्ध्या की निराशा से ग्रस्त पराजय का भाव लिए एक दृष्टि थी, प्रभात के उल्लास और आशा से दीप्त दूसरी दृष्टि। किन्तु सन्ध्या और प्रभात की लालिमा की ही तरह दोनों दृष्टियों में एक समानता भी थी। मानवीय कौतूहल और मानवीय संवेदना इन दोनों शिशुओं की आँखों में अपनी-अपनी जिज्ञासाओं का समाधान खोज रही थी। इलेक्ट्रिक लाइट एक फ्लैश की तरह दुनिया में चमकी थी। पहली बार ज़मीन पर एक मोटरमशीन दौड़ी थी। पहली बार मनुष्य ने एक परिन्दे की तरह आकाश में उड़ान भरी थी। पहली बार मनुष्य ने समुद्रपार की आवाज़ों को अपने कानों से सुना था। मानव सभ्यता के इतिहास में ज्ञान का यह पहला महाविस्फोट था। इस महाविस्फोट की परिस्थितियों और बदलती हुई तदनुरूप मनःस्थितियों ने एक सम्राट-पुत्र के जीवन को ही प्रभावित नहीं किया, उसने हमारे किसान परिवार में जन्मे शिशु सुर्जुकुमार तेवारी के जीवन को भी प्रभावित किया था।

सुर्जुकुमार तेवारी (सूर्यकान्त त्रिपाठी) पर पड़ने वाला यह प्रभाव सम्राट-पुत्र पर पड़ने वाले प्रभाव से गुणात्मक रूप में भिन्न था। युग के बदलाव और क्रान्तिकारी घटनाओं ने सम्राटों और उनके साथियों के हौसले पस्त कर दिये थे जबकि उन्हीं घटनाओं ने निराला जैसे युवा साहित्यकारों को नयी उमंगों, आकांक्षाओं और स्वप्नों की मस्ती से आन्दोलित कर दिया था। आकाश में, समुद्र पर और ज़मीन पर सर्वत्र नये युग की सुर्ख़ी बिखर रही थी जो राजाओं, सामन्तों, ताल्लुकेदारों और उनके अन्य संगी-साथियों के लिए एक ढलती हुई साँझ की लालिमा थी, जबकि जनवादी समाजवादी जनजीवन में यह नये प्रभात की अरुणिमा थी। निराला ने अपने साहित्य में इसी अरुणा की अगवानी की है। वे एक आस्तिक और वेदान्ती हैं, सन्त और भक्त प्रकृति के गायक कवि हैं, किन्तु उन्होंने नये युग के, नये सत्य के, नये मूल्यों के प्रभात की अरुणिमा की ही अर्चना और आराधना की है।

हिन्दी साहित्य में छायावाद का उदय ऐसी ही नयी मानवीय उमंगों, आकांक्षाओं, स्वप्नों और बदलते हुए जनवादी मूल्यों की अरुणिमा का सन्देश लेकर आया था। आज की जनवादी कविता छायावादी कविता का ही गुणान्तरित विकास है। युग के बदलाव का सन्देश छायावाद का प्रमुख स्वर है। निराला इस बदलाव के सबसे ज़्यादा विश्वसनीय और प्रामाणिक सन्देशवाहक थे। छायावाद मात्र एक साहित्यिक आन्दोलन नहीं था, वह नये युग की बदलती हुई मानवीय चेतना का अनुभावन, मनन, चिन्तन और अनुगायन था। उसी प्रकार, जिस तरह भक्ति आन्दोलन मात्र एक धार्मिक आन्दोलन नहीं था, वह हमारे तत्कालीन देश-परिवेश की अन्तर्विरोधपूर्ण और गतिमान सामाजिक उथल-पुथल का सांस्कृतिक पुनर्सृजन था, उसी प्रकार

छायावाद भी हमारे बीसवीं सदी के बदलते हुए सामाजिक जीवन, चिन्तन, मनन, वाचन, और कर्म की सांस्कृतिक पुनर्रचना थी। भक्तियुग के कवियों की ही तरह छायावादी कवि भी मानवीय सम्बन्धों, प्रकृति, सामाजिक जीवन, मानवीय संवेदनाओं, उद्वेगों, उल्लासों, पीड़ाओं और संघर्षों को अपनी रचनाओं में सर्जनात्मक स्तर पर चरितार्थ करते हैं। सूर, तुलसी, कबीर, मीरा आदि कवियों की ही तरह पन्त, प्रसाद, निराला, महादेवी आदि कवियों ने भी कलापरक अपेक्षाओं और लोक-जीवन की अनिवार्यताओं के बीच एक सांस्कृतिक सामंजस्य स्थापित करने की सार्थक चेष्टाएँ कीं। उन्होंने इस क्षेत्र में अनेक उपलब्धियाँ अर्जित कीं। इनमें निराला की उपलब्धियाँ सबसे ज्यादा महत्त्वपूर्ण और अर्थपूर्ण हैं।

सामाजिक परिस्थितियों के साथ-साथ काव्यभाषा के विकास की भी दृष्टि से हिन्दी साहित्य के भक्तियुग और छायावादी युग के बीच एक आकस्मिक साम्य है। हिन्दी काव्यभाषा के विकास के इतिहास में एक संक्रमण काल भक्तियुग से पूर्व का समय है तो इसी तरह एक दूसरा संक्रमण काल छायावादी युग से पूर्व का समय है। भक्तियुग से पूर्व हिन्दी काव्यभाषा संस्कृत, प्राकृत और अपभ्रंश साहित्यों की समृद्ध काव्यभाषाओं से बोलना सीख रही थी, ठीक उसी तरह छायावादी युग से पूर्व की हिन्दी काव्यभाषा (खड़ी बोली) भी ब्रज और अवधी की समृद्ध काव्यभाषाओं से बोलना सीख रही थी। स्वयं निराला ने भक्तियुगीन काव्यभाषा और छायावादीयुगीन काव्यभाषा के इस समान संघर्ष का हवाला देते हुए उसमें अपनी भूमिका का भी मूल्यांकन किया है जिसे अतिशयोक्ति कहकर नकारा नहीं जा सकता :

> मैं खड़ी बोली का बाल्मीकि नहीं, न 'बाल्मीकि की प्रिये दास यह कैसे तुझको भाया' मेरी पंक्ति है, पर 'भयो सिद्ध करि उलटा जापू' अगर किसी पर खप सकता है तो हिन्दी साहित्य के इतिहास में मात्र मुझ पर। कबीर उलटबाँसी के कारण विशेषता रखते हैं, पर वहाँ छन्दों का साम्य है, उलटबाँसी नहीं; यहाँ छन्द और भाव, दोनों की उलटी गंगा बहती है। (निराला, 'प्रबन्ध प्रतिमा', इलाहाबाद, 1963, पृ. 198)

उल्टी गंगा बहाने से निराला का आशय यही है कि उन्होंने पुराने काव्य-रूपों, काव्यभाषात्मक रूढ़ियों और काव्य परिपाटियों का विरोध किया। निराला यहाँ अपनी एक कदम आगे की विशेषता की ओर हमारा ध्यान आकर्षित करते हैं कि निराला के काव्य में छन्द और भाव दोनों की उल्टी गंगा बहती है जबकि भक्ति युग के कबीर ने अपनी उलटबाँसियों द्वारा केवल भाव की ही उलटी गंगा बहायी थी। भाव और छन्द की यह उलटी गंगा निराला ने सिर्फ 'विरोध के लिए विरोध' की दृष्टि से नहीं बहायी; हिन्दी खड़ी बोली काव्यभाषा के विकास की दिशा और प्रकृति को देखते हुए ऐसा करना अनिवार्य था।

यह वह समय था जब हिन्दी प्रदेश में ब्रज भाषा के 'सरस' कवित्तों और उर्दू ग़ज़लों पर 'सहृदय' फिदा होते थे। हिन्दी भाषा के कवि भूषण के कवित्तों में 'गँवार की तरह चिल्ला रहे थे' या 'देव के छन्दों में शृंगार के मारे दुहरे हुए जा रहे थे', जबकि उर्दू कवि 'इकबाल तक पहुँच चुके थे।' उधर बंगला भाषा रवीन्द्र की रचनाओं द्वारा ज़रखरेज़ होकर राष्ट्रभाषा को मात पर मात दिये जा रही थी। अतः हिन्दी साहित्य के विकास के लिए यह ज़रूरी था कि भावों की मुक्ति के साथ-साथ उसमें छन्दों की मुक्ति हो सके, समस्त जड़ काव्य रुचियों, रीतियों और परिपाटियों का बहिष्कार किया जा सके। निराला ने इस ज़रूरत को पहचाना था और खड़ी बोली की काव्यभाषा को सर्जनात्मक बनाने की दिशा में उन्होंने अपनी साहित्य-साधना प्रारम्भ की। 'जूही की कली' कोई अनायास इलहाम द्वारा फूट पड़ने वाली कविता नहीं थी। वह निराला की अप्रकाशित काव्य साधना की एक प्रकाशित परिणति थी।

रामविलास शर्मा ने अपनी पुस्तक 'महावीर प्रसाद द्विवेदी और नवजागरण' में हिन्दी साहित्य के आधुनिक काल को हिन्दी नवजागरण युग के चार चरणों में विभाजित किया है : गदरयुग, भारतेन्दुयुग, द्विवेदीयुग और छायावादीयुग। छायावादोत्तर काल में भी हिन्दी साहित्य में बहुत कुछ लिखा गया है। कविता के क्षेत्र में छायावादोत्तर काल के अधिकांश कवियों ने निराला की परम्परा को ही आगे बढ़ाया है। इनमें नागार्जुन, त्रिलोचन, केदारनाथ अग्रवाल, शमशेर बहादुर सिंह, शील और मुक्तिबोध के नाम विशेष रूप से उल्लेखनीय हैं। 'कविता के नये प्रतिमान' शीर्षक पुस्तक की भूमिका में डा. नामवर सिंह ने युक्तियुक्त ही कहा है कि नयी कविता में मुक्तिबोध की स्थिति वही है जो छायावाद में निराला की थी। इसी सम्बन्ध में आगे वे कहते हैं :

> निराला के समान ही मुक्तिबोध ने भी अपने युग के सामान्य काव्यमूल्यों को प्रतिफलित करने के साथ ही उनकी सीमा को चुनौती देकर उस सर्जनात्मक विशिष्टता को चरितार्थ किया जिससे समकालीन काव्य का सही मूल्यांकन सम्भव हो सका। (नामवर सिंह, 'कविता के नये प्रतिमान', दिल्ली, 1968, पृ. 10)

लेकिन यहाँ यह तथ्य रेखांकित किया जाना चाहिए कि निराला ने 'सर्जनात्मक विशिष्टता' को चरितार्थ करने और अपने युग के सामान्य काव्यमूल्यों को प्रतिफलित करने के साथ-साथ बाल्मीकि, सरहपा, भवभूति, कबीर और तुलसीदास की स्वस्थ, जीवन्त और लोक-जीवन से सम्बन्धित विरासतों को भी आत्मसात् किया। कोई भी सांस्कृतिक व्यक्तित्व अपने सांस्कृतिक इतिहास से जुड़े बिना आधुनिक नहीं

हो सकता; साथ ही ऐसे व्यक्तित्व को अपने सांस्कृतिक इतिहास के अस्वस्थ, रुग्ण और लोक-जीवन से कटे हुए पहलुओं का बहिष्कार भी करना होता है। निराला ने इस दोहरे दायित्व का निर्वाह किया। भारतीय काव्य परम्परा के एक सच्चे और सही प्रतिनिधि के रूप में उन्होंने उसके सकारात्मक पक्ष को अपनी ज़मीन के रूप में स्वीकार किया और नकारात्मक पक्ष के खिलाफ डटकर संघर्ष किया।

इस संघर्ष की प्रेरणा उन्हें अपने निम्नवर्गीय और निम्न मध्यवर्गीय जीवन संस्कारों से मिली। अपने परिवेश और देश के साहित्य और समाज के इतिहास को उन्होंने गहराई के साथ पढ़ा और पहचाना। अपने युग के बदलते हुए वर्तमान के साथ स्वयं को बदलते हुए वे आगे बढ़े। इस दिशा में उनके मार्ग-सन्दर्शक आचार्य महावीर प्रसाद द्विवेदी थे। एकलव्य की तरह अपने गुरु से दूर रहकर भी उन्होंने उनके व्यक्तित्व और कृतित्व की सभी गरिमामयी और गौरवशाली विशेषताओं को अपनाया। इसके साथ-साथ गदर युग और भारतेन्दु युग की स्वस्थ परम्पराओं के प्रति भी वे कभी उदासीन नहीं रहे। इस प्रकार निराला ने अतीत, वर्तमान और भविष्य तीनों से अपना संवाद भंग नहीं होने दिया।

बीसवीं शताब्दी का प्रारम्भ निराला के शैशव का प्रारम्भ है, साथ ही सरस्वती के प्रकाशनारम्भ का भी वही समय है। सरस्वती मात्र एक साहित्यिक पत्रिका ही नहीं थी। वह हिन्दी की पहली महत्त्वपूर्ण पत्रिका है जो साहित्य और समाज के परस्पर सम्बन्धों की ओर अपने पाठकों का ध्यान आकर्षित करती है। अपने देश में हो रहे स्वाधीनता संघर्ष से लेकर एशिया भर में करवट ले रहे नवजागरण तक के घटना-दृश्यों पर वह अपना फ़ोकस डालती है। यही नहीं ब्रिटिश गायना तथा मारिशस और अमरीकी आदिवासियों व गुलामों के प्रति भी अपनी पक्षधरता का इज़हार करती है। कहना ही होगा कि छायावादी कवियों और उनमें भी विशेषकर निराला की साहित्यिक एवं सामाजिक चेतना सरस्वती के ऐसे अर्थवान अंकों के पठन-पाठन से ही स्फुरित हुई। सरस्वती के अंकों ने छायावादी किशोर मस्तिष्क और हृदय को एक सही रास्ते पर प्रभावित किया। किशोर निराला द्विवेदी जी (आचार्य महावीरप्रसाद) के व्यक्तित्व और कृतित्व से कितने अभिभूत थे इसका पता इसी घटना से लग जाता है कि वे गढ़ाकोला से 16-17 मील दूर :

> सर पर आमों का बोझ लादे पैदल ही दौलतपुर जा पहुँचे। द्विवेदी जी इस सेवा से प्रसन्न हुए। आशीष दी। पढ़ने के लिए पुस्तकें और पत्रिकाएँ दीं। (रामविलास शर्मा, 'निराला की साहित्य साधना', खण्ड 1, दिल्ली, 1971, पृ. 49)

यूँ भी द्विवेदी जी और निराला में कई समानताएँ थीं। दोनों एक ही क्षेत्र बैसवाड़े के किसान परिवारों से आये थे। निष्कर्ष यह कि निराला की प्रारम्भिक जीवन दृष्टि पर जिस साहित्यकार के व्यक्तित्व और कृतित्व का प्रभाव पड़ा, वह सरस्वती के सम्पादक और प्रसिद्ध आलोचक आचार्य महावीरप्रसाद द्विवेदी ही थे।

इसी सम्बन्ध में दूसरे साहित्यकार रवीन्द्रनाथ थे, जिनके व्यक्तित्व और कृतित्व ने निराला को मर्मान्तक रूप में प्रभावित किया। निराला का जन्म बंगाल में हुआ था। वहीं उनके बचपन का काफ़ी भाग बीता। 'मतवाला' पत्रिका के साथ-साथ निराला का अभ्युदयकाल भी बंगाल में ही बीता। उन दिनों रवीन्द्र के गीतों की माधुरी से सारा बंगभाषी समाज मदमस्त हो उठा था। रवीन्द्र की देश और विदेशों में ख्याति थी। निराला के मन में भी हिन्दी का टैगोर बनने की हविश जगी। किन्तु निराला और टैगोर की आर्थिक और सामाजिक परिस्थितियों में ज़मीन-आसमान का अन्तर था। निराला की नियमित शिक्षा-दीक्षा भी न हुई थी। इसकी क्षतिपूर्ति के लिए उन्होंने संस्कृत, हिन्दी और बंगला के पुराने और नये कवियों का अध्ययन किया। फिर अंग्रेजी और उर्दू साहित्य भी उन्होंने पढ़ा। इस तरह पूरी तैयारी के साथ वे मैदान में आये।

जिस समय निराला ने हिन्दी के एक कवि और लेखक के रूप में अपनी पहचान बनानी शुरू की, उस समय मैथिलीशरण गुप्त और अयोध्यासिंह उपाध्याय 'हरिऔध' खड़ी बोली के श्रेष्ठ प्रतिनिधि कवियों के रूप में सम्मान पा चुके थे। जयशंकर प्रसाद नये कवि (छायावादी कवि) के रूप में प्रतिष्ठित हो चुके थे और पन्त भी कुछेक रचनाओं द्वारा एक नये चर्चित छायावादी कवि के रूप में उभरने लगे थे। ज़ाहिर है कि निराला अपने प्रतियोगी कवियों के रूप में इन दोनों कवियों के व्यक्तित्व और कृतित्व से भी प्रत्यक्ष और परोक्ष दोनों रूपों में प्रभावित हुए। उन्होंने स्वयं भी किसी न किसी रूप में इन दोनों कवियों को प्रभावित किया।

निराला अपने प्रारम्भिक जीवन से ही भारतीय दर्शनशास्त्र के प्रति जिज्ञासु रहे थे। वेद, उपनिषद, पुराण, गीता, महाभारत, रामायण आदि ग्रन्थों का भी उन्होंने पारायण किया था। दार्शनिक दृष्टि से वे शंकर के विशिष्टाद्वैत से प्रभावित थे। आधुनिक युग के महर्षि दयानन्द के 'सत्यार्थ प्रकाश', श्रीरामकृष्ण परमहंस और स्वामी विवेकानन्द की रचनाओं ने उन्हें सर्वाधिक प्रभावित किया। इस प्रभाव के कारण पाखण्ड-विरोध, रूढ़ियों का बहिष्कार और संकीर्ण मतवाद का खण्डन जैसी प्रवृत्तियाँ उनके स्वभाव का अंग बन गयीं।

सभी प्रभावों को ग्रहण करने के बावजूद निराला एक सर्वथा मौलिक और अपने ढंग के अद्वितीय व्यक्ति और रचनाकार थे। जीवन में विकट आर्थिक संघर्ष, साहित्य के मोर्चे पर अपने विरोधियों से संघर्ष, नियति और दैवी घटनाओं के विरुद्ध संघर्ष—इस तरह तीनों स्तरों पर उन्होंने एक महासंघर्षमय जीवन जिया

था। परिस्थितियों के इस वैचित्र्य ने उनकी मनःस्थितियों में भी एक निरालापन उत्पन्न कर दिया था। यही निरालापन उनकी रचनाओं में भी प्रतिबिम्बित हुआ और अन्त तक होता रहा। शायद इसी कारण उनके साथियों ने 'मतवाला' के सादृश्य पर उन्हें निराला नाम से अभिहित किया। व्यक्तिगत परिस्थितियों के अतिरिक्त सामाजिक परिस्थितियों ने भी निराला के व्यक्तित्व और कृतित्व के लिए निर्णायक दिशा-निर्देश प्रदान किये।

पराधीन देश में स्वाधीनता के लिए लड़ता हुआ जनसमुदाय, भारतीय जनता की ग़रीबी, हिन्दी भाषा की सामाजिक स्थिति, हिन्दी के साहित्यकारों की उपेक्षा और उनकी दयनीय दशा, मित्रों और अमित्रों के छलछद्म और कपट से भरे व्यवहार, राजनैतिक नेताओं द्वारा हिन्दी लेखकों की उपेक्षा, परिवार के अनेक प्रियजनों की सिलसिलेवार मृत्यु (विशेष रूप से माता, पिता, पत्नी श्रीमती मनोहरादेवी और पुत्री सरोज का असामयिक निधन) आदि ऐसी अनेक बातें थीं जिन्होंने सामाजिक और व्यक्तिगत परिस्थितियों के रूप में उनकी मानसिकता को बुरे और अच्छे दोनों प्रकारों से, बिगाड़ा और सँवारा था। लेकिन, सब्जेक्टिव इनीशिएटिव के तौर पर रूढ़ियों और जड़ संस्कारों तथा अभिरुचियों का मज़ाक उड़ाने, भयावह परिस्थितियों से टक्कर लेने, उनसे लड़ते रहने और उन्हें बदल देने के अदम्य संकल्प को बनाये रखने, मार खाकर भी न रोने और हँस-हँसकर जीवन-समर में सक्रिय बने रहने जैसी विशेषताएँ भी उनके स्वभाव का अंग बन चुकी थीं। अथक जिजीविषा, मृत्यु के प्रति निर्भीकता, सामाजिक परिवर्तन के लिए व्याकुलता, पीड़ित और शोषित मानव समुदाय के प्रति सहानुभूति, प्रेम और उनके दुखदर्दों में भागीदारी आदि कुछ ऐसी चारित्रिक विशिष्टताएँ भी थीं, जिन्होंने उन्हें क्रान्तिधर्मी रचनाकार बनाने में बेहद योगदान दिया। निराला की क्रान्तिधर्मिता एक ओर जातीय जीवन की मुक्ति की भावना से अनुप्रेरित है तो दूसरी ओर वह विश्वभर के पीड़ित और शोषित मानवों की मुक्ति का भी स्वप्न देखती है। समस्त 'जग के दग्ध हृदय पर निर्दय विप्लव की प्लावित माया' से आक्रांत यह क्रान्तिधर्मिता नयी और परिवर्तनकामी आकांक्षाओं से भरी है। अपनी रणभेरी से वह पृथ्वी के उर में सोये अंकुरों को जगा देना चाहती है ताकि वे अपनी ज़मीन से उगकर नवजीवन की आकांक्षाओं और आशाओं के साथ सिर ऊँचा कर सकें। यही चेतना कहीं-कहीं परम्परा और मिथक के परिधान पहनकर शक्ति की पूजा के रूप में व्यक्त होती है। कवि शक्ति को माँ कहकर सम्बोधित करता है और उसके खप्पर में आततायियों का रुधिर भरने के लिए कृतसंकल्प होता है। क्रान्तिकारी नेता और कवि बिस्मिल के स्वर के साथ अपना स्वर मिलाकर 'सर फरोशी की तमन्ना अब हमारे दिल में है' की ही ज़मीन पर वह 'देश को मिल जाये जो पूँजी तुम्हारी मिल में है' जैसी पंक्तियाँ लिखता है। तेलंगाना में गोलियाँ चलती हैं तो वे कवि की छाती को

छेदती हैं। बलिया में किसानों का विद्रोह भड़कता है तो कवि उनका पक्षधर होता है। रामविलास शर्मा का कथन है :

> निराला की क्रान्ति-सम्बन्धी कविताएँ औसत प्रगतिवादी रचनाओं से भिन्न हैं। प्रगतिवादी कवियों ने पूँजीवाद के ख़िलाफ़ तो बहुत लिखा लेकिन साम्राज्यवाद और उसके मुख्य सहायक सामन्तवाद के बारे में चुप रहे। निराला साहित्य में भारतीय क्रान्ति का सामन्तविरोधी पक्ष जैसा उभरकर आया है, वैसा प्रेमचन्द के अलावा किसी हिन्दी लेखक की रचनाओं में उभरकर नहीं आया। औसत प्रगतिवादियों और निराला में अन्तर यह है कि अंग्रेजी राज में पूँजीवादी को कोसने वाले कविगण भारत के स्वाधीन होने पर समाजवाद की बातें भूल गये। अनेक लेखकों ने समाजवाद को तानाशाही का पर्यायवाची मानकर तरह-तरह से पूँजीवाद का समर्थन किया। निराला की क्रान्ति सम्बन्धी भावधारा सन् 1947 के बाद भी प्रवाहित रहती है। (वही, खण्ड 2, दिल्ली, 1972, पृ. 158-59)

इसी सन्दर्भ में उन्होंने यह भी कहा है कि निराला की क्रान्तिकारी भावधारा का स्रोत उनकी गम्भीर मानवीय करुणा है। यहाँ तक तो ठीक है, लेकिन तब इस गम्भीर मानवीय करुणा और क्रान्तिधर्मिता का सम्बन्ध वेदान्त से जोड़ना शायद युक्ति-युक्त न होगा। (वही, पृ. 94) 'विचारधारा से भी अधिक महत्त्वपूर्ण तत्त्व मनुष्य के संस्कार हो जाते हैं', मानो संस्कार ही निर्णायक हों और अपरिवर्तनीय हों। तर्क की यह परिणति भाववादी ही समझी जायेगी। निराला की क्रान्तिधर्मिता पर विवेकानन्द के रूढ़ि-विरोधी व्यक्तित्व और उनके विचारों का प्रभाव है, किन्तु उनकी विचारधारा को सीधे-सीधे वेदान्त से जोड़ देना युक्तियुक्त प्रतीत नहीं होता। निराला अपने परिवेश से अनेक तरह के प्रभाव ग्रहण करते हैं किन्तु उन सभी प्रभावों का अतिक्रमण भी करते हैं। निराला-साहित्य में वेदान्त का समर्थन और विरोध दोनों मिलते हैं। 'विरुद्धों का सामंजस्य' और 'विरुद्धों का टकराव' निराला-साहित्य में दोनों की अभिव्यक्ति हुई है। उनका साहित्य अन्तर्विरोधों से ग्रस्त है उसी तरह जिस तरह कि वह समाज, जिसका उसमें प्रतिबिम्बन है। लेकिन इसका यह अर्थ नहीं कि उनकी क्रान्तिधर्मिता और उनके वेदान्त के बीच कोई सामंजस्यपूर्ण सम्बन्ध है। अपने युग की तरह निराला भी अपनी क्रान्तिकारी चेतना और धार्मिक संस्कारों के अन्तर्द्वन्द्वों और अन्तर्विरोधों को झेलते हैं। निराला की क्रान्तिकारी चेतना का सीधा सम्बन्ध बीसवीं सदी में हो रही विश्वव्यापी उथल-पुथल से है; उस उथल-पुथल की ही एक प्रक्रिया के रूप में भारतीय जनता की बदलती हुई और विकसित होती हुई मनःस्थितियों तथा परिस्थितियों से है।

इस क्रान्तिकारी चेतना पर जो निर्णायक प्रभाव पड़ता है वह सोवियत क्रान्ति का है जो 1917 में हुई। इस क्रान्ति के फलस्वरूप पिछड़े और पराधीन देशों में जन-संघर्ष तेज़ होते हैं, हमारे देश का स्वाधीनता आन्दोलन ज़ोर पकड़ता है और क्रान्तिकारियों की गतिविधियाँ और अधिक सक्रिय हो जाती हैं। निराला जैसी सामाजिक संवेदना वाला रचनाकार भला इन सब घटनाओं से कैसे अछूता रह सकता था! कोई भी निराला जैसा संवेदनशील सामाजिक व्यक्ति परिस्थितियों के इस मोड़ पर क्रान्तिकारी हो सकता था बशर्ते कि उसे अपने देश और अपनी जनता से प्यार हो और उसके हितों की चिन्ता हो। निराला में ये गुण प्रारम्भ से ही थे। निराला ने जो संघर्षपूर्ण, पीड़ामय और अभावग्रस्त जीवन जिया उसके कारण वे सहज और स्वाभाविक रूप में देश की पीड़ित और शोषित जनता के हमदर्द होते गये। लाखों तरह के पिछड़े संस्कारों में जकड़ी शोषित और पीड़ित जनता की विचारधारा अन्ततः आचरण और व्यवहार में क्रान्तिकामी ही होती है। निराला की क्रान्तिकारी चेतना का स्रोत उनका युग और परिवेश है, वेदान्त नहीं। बदलते हुए समय की युगान्तरकारी घटनाएँ उन्हें समाजवादी आदर्शों की ओर खींच लाती थीं, वेदान्ती विचारधारा का सम्पर्क इस दिशा में कोई निर्णायक कारण नहीं था। वेदान्त से निराला का परिचय था किन्तु वे कोई साम्प्रदायिक या धार्मिक आचार्य नहीं थे, न कोई तत्त्वचिन्तक ही थे, न पुजारी और न ही भक्त थे। सामाजिक दृष्टि से जागरूक वे एक जनवादी रचनाकार थे। राजनैतिक दृष्टि से वे पूर्णतया सजग नहीं थे; उनका व्यक्तित्व और कृतित्व उसी तरह के अन्तर्विरोधों से भरा है जिस तरह के अन्तर्विरोधों से ग्रस्त उस युग का समाज है। किन्तु सामान्य तौर पर यह कहा जा सकता है कि वे औसत रूप में एक सजग (कानशस) और ईमानदार (कानशिएंशस) साहित्यकार थे। अपने युग की सामाजिक और साहित्यिक प्रवृत्तियों से वे काफ़ी हद तक प्रभावित हुए, साथ ही उन्होंने उन प्रवृत्तियों की सीमाओं को पहचाना, उनका अतिक्रमण किया। 'भिक्षुक', 'तोड़ती पत्थर', 'बादलराग', 'विधवा', 'महँगू महँगा रहा', 'राजे ने रखवाली की', 'जल्द-जल्द पैर बढ़ाओ' आदि अनेक कविताओं की रचना कर उन्होंने हिन्दी कविता में पहली बार समाजवादी यथार्थवाद की आधारशिला रखी। कलात्मक स्तर पर समाजवादी विचार और संवेदना के सामंजस्य के लिए ज़मीन तैयार की। हर शुरुआत की अपनी सीमाएँ होती हैं; किन्तु हिन्दी कविता में यह एक बहुत बड़ी शुरुआत थी। हिन्दी कविता में समाजवादी यथार्थ के भगीरथ निराला ही हैं।

निराला के काव्य में ही नहीं उपन्यास, कहानी और निबन्ध-साहित्य में भी यह समाजवादी यथार्थ अनेक स्तरों पर अभिव्यक्त होता है। निराला यथार्थ को उगलते नहीं हैं, रचनात्मक धरातल पर उसे चरितार्थ करते हैं। उनके साहित्य में स्थान-स्थान पर अभिव्यक्त यह समाजवादी यथार्थ अनेक प्रकार के अन्तर्विरोधों

और विरोधाभासों से ग्रस्त है। लेकिन ऐसा कोई साहित्यकार नहीं है, जिसका साहित्य किसी-न-किसी प्रकार के अन्तर्विरोधों और विरोधाभासों से ग्रस्त न हो। हमारे आधुनिक युग के विकास का इतिहास भी इसका अपवाद नहीं है। न तो हमारे समाज में कोई लेनिन है और न ही हमारे साहित्य में कोई गोर्की है। ऐसी स्थिति में निराला के सन्दर्भ में हमें सहानुभूतिपूर्वक उक्त मुद्दों पर विचार करना है। निराला जिस शताब्दी के महाकवि हैं, वह मानव सभ्यता के इतिहास में एक विशिष्ट समय है। ज्ञान के महाविस्फोट; सामाजिक, आर्थिक और राजनैतिक टकरावों और बदलावों में गुणान्तर, सोवियत क्रान्ति, भारत और एशिया तथा अफ्रीका के सभी देशों में स्वाधीन होने की लहर, स्वाधीनता संग्राम, भारत की आज़ादी, आज़ादी के बाद देश में एक नये स्वप्न का टूटना, पूँजीवाद का अपविकास, देश में आर्थिक संकट का गहराव और मोहभंग की स्थिति आदि ऐसे अनेक सूत्र हैं जो निराला के व्यक्तित्व और कृतित्व की बुनावट में बहुत घनिष्ठ रूप से सम्पृक्त हैं। निराला का अनुभव और विचार-जगत इन्हीं तन्तुओं से बना है।

निराला व्यक्तिवादी कैरियरीस्ट बुद्धिजीवी नहीं थे। वे एक सामाजिक, सहृदय, कुशाग्र बुद्धि सम्पन्न, परोपकारी और संवेदनशील कलाकार थे। उनकी प्रतिभा और साधना भारतीय काव्य परम्परा के महानतम कवियों की प्रतिभा और साधना के स्तर की है।

उन्होंने जो कुछ देखा, सुना और जो कुछ सहा; उसके बारे में सोचा, समझा और वे अपने ढंग से किन्हीं निष्कर्षों पर पहुँचे। इस प्रकार जीवन, संसार और समाज के बारे में उन्होंने एक भावलोक की सृष्टि की। उनका यह भावलोक यद्यपि तरह-तरह की कल्पना-क्रीड़ाओं से भरा है तथापि सामाजिक यथार्थ और जनजीवन के निरीह स्वप्नों और आकांक्षाओं से बहुत मिलता-जुलता है। इसका एक प्रमुख कारण यह है कि उनकी संवेदना और सहानुभूति उनका पक्ष लेती रही जो पीड़ित हैं, शोषित हैं, अभावग्रस्त हैं। ऐसे लोगों के जीवन से, उनकी समस्याओं और उनके संघर्षों से उनका सम्पर्क और संवाद कभी नहीं टूटा। उनके साहित्य में भी ऐसे ही लोगों के जीवन की पुनर्रचना है। साथ ही, ऐसे ही लोगों की कल्पनाजीविता और स्वप्नशीलता के प्रतिबिम्बन के रूप में इस साहित्य में राजकुमारों और परियों की कहानियाँ भी हैं। इसीलिए वहाँ चतुरी चमार और देवी सरीखे यथार्थ चरित्र हैं तो प्रभावती और निरुपमा जैसे आदर्श पात्र भी हैं। निराला के साहित्य में ग़रीब और दुखी भारतीय जनता के दुखों, संघर्षों, स्वप्नों और आकांक्षाओं को अभिव्यक्ति मिली है।

निराला का काव्य

निराला का काव्य गुण में ही नहीं परिमाण में भी काफ़ी अधिक है। उनकी तेरह काव्यकृतियाँ प्रकाशित हैं : (1) अनामिका (प्रथम), (2) परिमल, (3) गीतिका, (4) अनामिका (द्वितीय), (5) तुलसीदास, (6) कुकुरमुत्ता, (7) अणिमा, (8) बेला, (9) नये पत्ते, (10) अर्चना, (11) आराधना, (12) गीत गुंज और (13) सान्ध्यकाकली। छोटी-बड़ी कुल रचनाएँ मिलाकर एक हज़ार से अधिक कविताएँ निराला ने लिखी हैं। इनमें जो कुछ प्रकाशित है, वह भी कम नहीं है। लगभग सात सौ कविताएँ (विविध संकलनों के ज़रिये) प्रकाशित हैं और इसके अतिरिक्त तुलसीदास और कुकुरमुत्ता दोनों पुस्तकों के ज़रिये क्रमशः 600 और 436 पंक्तियाँ प्रकाशित हैं। एक बड़े कवि के रूप में निराला का मूल्यांकन करने के लिए ये सामग्री अपर्याप्त नहीं है।

निराला के कवि-जीवन का प्रारम्भ बीसवीं सदी के दूसरे दशक के प्रारम्भ के साथ-साथ समक्रमित (सिंक्रोनाइज़) होता है। 'अधिवास', 'पंचवटी प्रसंग', 'जूही की कली' तथा 'तुम और मैं' आदि कविताओं के प्रारम्भिक संग्रह अनामिका (प्रथम) की भूमिका में महादेवप्रसाद सेठ ने लिखा था : "त्रिपाठी जी ने 'पंचवटी प्रसंग', 'अधिवास' तथा 'जूही की कली' नामक कविताओं को लिखकर हिन्दी के पद्य साहित्य में एक अभूतपूर्व शैली का समावेश किया है।" (रामविलास शर्मा, 'निराला की साहित्य साधना', खण्ड 1, नयी दिल्ली, 1971, पृ. 64)

सेठ द्वारा की गयी यह प्रशंसा झूठी न थी। निस्सन्देह 'जूही की कली' जैसी कविताओं के प्रकाशन से उस समय हिन्दी में एक नयी काव्यभाषा की शुरुआत हुई थी। 'पंचवटी प्रसंग' शीर्षक कविता द्वारा निराला ने एक दूसरे ही ढंग की ओजपूर्ण काव्यभाषा का प्रयोग किया जिसका विकास आगे चलकर 'जागो फिर एक बार' जैसी कविताओं में अपने उत्कर्ष तक पहुँचा। इस प्रकार निराला ने अपने कवि जीवन के प्रारम्भ से ही दो अलग-अलग ढंग की काव्यभाषाओं का प्रयोग किया। 'जूही की कली' जैसी कविताओं की काव्यभाषा काव्यशास्त्रीय अलंकरण और क्लासिकल आर्ट को आत्मसात् किये थी तो 'पंचवटी प्रसंग' जैसी कविताओं

की काव्यभाषा जनरुचि, सादगी, प्रवाह और ओज को अपने में समाहित किये हुए थी। निराला ने यह कविता आचार्य महावीरप्रसाद द्विवेदी को भेजी थी। द्विवेदी जी का कथन था कि : 'चीज़ नयी है और रचना ललित और भावपूर्ण जान पड़ती है।' (वही, पृ. 60)

किन्तु साथ ही उन्होंने यह आशंका भी व्यक्त की थी कि हिन्दी में '90 फीसदी इस छन्द को पढ़ भी न सकेंगे।' कवि श्री सुमित्रानन्दन पन्त ने पल्लव की भूमिका में निराला के 'पंचवटी प्रसंग' में प्रयुक्त वार्णिक मुक्तछन्द को हिन्दी के लिए अस्वाभाविक बताया था। किन्तु इसी सन्दर्भ में पन्त ने 'अधिवास' कविता के मात्रिक मुक्तछन्द की तारीफ़ की थी। कहना ही होगा कि निराला ने हिन्दी कविता के इतिहास में 'पंचवटी प्रसंग' कविता के द्वारा सर्वप्रथम वार्णिक ढंग के मुक्तछन्द का प्रयोग किया। मुक्तछन्द के ही रूप में लिखी एक और कविता 'तुम और मैं' ने हिन्दी में छायावादी ढंग के रहस्यवाद का प्रवर्तन किया। कला की दृष्टि से इस काल की रचनाओं में 'जूही की कली' एक श्रेष्ठ रचना थी। इस कविता में कवि ने प्राकृतिक उपादानों के माध्यम से किशोरावस्था में प्रेमाकृष्ट युगल के प्रणय-व्यापार का सांकेतिक और कल्पनापूर्ण किन्तु अनुभवों से मेल खाने वाला चित्रण प्रस्तुत किया। रीतिवादी, मर्यादावादी दोनों प्रकार के अतिवादी ढर्रों का बहिष्कार करते हुए निराला ने प्रेम के मुक्त और नैसर्गिक क्रिया-व्यापारों को नयी भंगिमा और नये छन्द में, खुलेपन के साथ किन्तु कलात्मक ढंग से प्रस्तुत किया। इसके कई वर्षों के बाद स्वयं निराला ने 'मेरे गीत और कला' शीर्षक निबन्ध में इस कविता के बारे में एक विस्तृत टिप्पणी की है। वे इसे हिन्दी में अपनी 'पहली रचना' कहकर पुकारते हैं। उनके अनुसार इस कविता की कला उसकी सम्पूर्णता में है, खण्ड रूप में नहीं। उपदेश को वे कला की कमज़ोरी मानते हैं और साथ-साथ यह दिखलाने की चेष्टा करते हैं कि 'ठीक-ठीक चित्रण होने पर उपदेश किस तरह उसके भीतर छिपे रहते हैं और कला का विकसित रूप स्वयं किस तरह उपदेश बन जाता है।' (निराला, 'प्रबन्ध प्रतिमा', इलाहाबाद, 1963, पृ. 221)

इस कविता में निराला के सौन्दर्यबोध की परिकल्पना किसी राजप्रासाद से शुरू न होकर प्राकृतिक वन से शुरू होती है। सामन्ती कवियों की नायिकाएँ महलों में रहती हैं, निराला की विजन-वन-वल्लरियों पर! सामन्ती नायिकाएँ रत्नों से जुड़े पर्यंकों पर सोती हैं, निराला की नायिका ओस-कणों भरे पत्रांक पर! फिर उस नायिका की परिकल्पना राज-उद्यान में उगने वाली आभिजात्य-रुचि की कली के रूप में नहीं, जंगल में उगने वाली जूही की कली से की गयी है। प्रेमी पवन है (जो निरन्तर आगे की ओर बढ़ता है), निराला की ही तरह वनों और प्रान्तों में भटकता हुआ! निराला स्वयं भी जीविका की तलाश में कभी कलकत्ता, कभी लखनऊ, कभी अन्यत्र भटकते हुए साल भर में एक बार घर लौट पाते थे। कविता में जो दृश्य हैं,

जो क्रिया-व्यापार हैं, जो चेष्टाएँ हैं वे रीतिबद्ध और आभिजात्य-पद्धति की नहीं हैं, वे प्रायः मुक्त और सहज ढंग की हैं। कहानी के तौर पर, बिना उपदेशवाक्यों और नैतिक (तथाकथित रूप में नैतिक) वक्तव्यों के, रचना कई भंगिमाओं से गुज़रती है, सिलसिलेवार : 'कहीं सुप्ति—आत्मविस्मृति—मन के अन्धकार के बाद जागरण—आत्मपरिचय—प्रिय साक्षात्कार—मन का प्रकाश—खिलना। कली सोते से जगी हुई, प्रिय से मिली हुई, खिली हुई पूर्ण मुक्ति के रूप में, सर्वोच्च दार्शनिक व्याख्या-सी सामने आती है।' (वही, पृ. 215)

हालाँकि दार्शनिक व्याख्या भाववादी ढंग की है, लेकिन आभिजात्य-विरोधी रुचि और वर्णन सम्बन्धी यथार्थवादी दृष्टि की परिचायक है। ऐसा नहीं लगता कि कोई राजा विदेश से लौटकर अपनी रानी से मिल रहा हो, बल्कि ऐसा लगता है जैसे कोई खेतिहर मज़दूर साल भर बाद, छुट्टी लेकर, अपनी प्रिया से मिलने दूर-प्रदेश में चला आ रहा हो।

सन् पच्चीस तक आते-आते, मुक्तछन्द के प्रवर्तक और नयी सौन्दर्यदृष्टि के साथ नये भावों भरी ललित और ओजपूर्ण दार्शनिक कविताएँ लिखने वाले कवि के रूप में निराला की चर्चा होने लगी थी। अनामिका (प्रथम) का प्रकाशन 1922 में हुआ था और 1925 में उनसे एक प्रौढ़ ढंग के श्रेष्ठ काव्य-संकलन की उम्मीदें बाँधी जा रही थीं। किन्तु हिन्दी के प्रकाशकों का वही हाल था जो आज है। निराला स्वभाव से स्वाभिमानी थे। वे प्रकाशकों की खुशामद क्यों करते? फलस्वरूप उन्हें और हिन्दी पाठकों को कई वर्षों तक प्रतीक्षा करनी पड़ी और 1929-30 के बीच 'परिमल' का प्रकाशन सम्भव हो सका। 'परिमल' निराला की काव्यकृतियों में ही नहीं, समस्त हिन्दी साहित्य में एक बेहद महत्त्वपूर्ण कृति है। संकलन के प्रारम्भ में 23 पृष्ठों की एक भूमिका है, जिसमें मुक्त छन्द की पूर्व परम्पराओं पर प्रकाश डाला गया है। निराला ने मुक्तछन्द के समर्थन में यहाँ ज़बरदस्त पैरवी की है; वेदों से उद्धरण दिये हैं, मिल्टन और शेक्सपीयर द्वारा प्रयुक्त अतुकान्त छन्दों का हवाला दिया। बंगला के माइकेल मधुसूदन और नाट्याचार्य गिरीशचन्द्र राय के स्वच्छन्द छन्दों का भी ज़िक्र किया है; साथ ही अयोध्यासिंह उपाध्याय, मैथिलीशरण गुप्त, सुमित्रानन्दन पन्त द्वारा प्रयुक्त अतुकान्त छन्दों और अपने मुक्त-छन्द के अन्तर को रेखांकित करते हुए यह प्रस्थापना की है :

> जहाँ मुक्ति रहती है, वहाँ बन्धन नहीं रहते। न मनुष्यों में, न कविता में। मुक्ति का अर्थ ही है बन्धनों से छुटकारा पाना। यदि किसी प्रकार का शृंखलाबद्ध नियम कविता में मिलता गया तो वह कविता उस शृंखला से जकड़ी हुई ही होती है अतएव उसे हम मुक्ति के लक्षणों में नहीं ला सकते, न उस काव्य को मुक्तकाव्य कह सकते हैं...मुक्तछन्द तो वह है, जो छन्द

> की भूमि में रहकर भी मुक्त है...मुक्तछन्द का समर्थक उसका प्रवाह ही है। वही उसे छन्द सिद्ध करता है, और उसका नियम-राहित्य उसकी मुक्ति। (निराला, 'परिमल', लखनऊ, 1929, पृ. 21)

इस प्रकार परिमल की भूमिका द्वारा और परिमल में संकलित अपनी अनेक रचनाओं द्वारा निराला ने हिन्दी में मुक्तछन्द को प्रतिष्ठित किया। छन्द की ही मुक्ति नहीं, भाव की भी मुक्ति यहाँ ध्यान आकर्षित करती है। इसीलिए निराला इसे मुक्त काव्य (Liberated Poetry) कहते हैं। अनामिका (प्रथम) द्वारा मुक्तछन्द का प्रवर्तन हुआ था। परिमल द्वारा उसे प्रतिष्ठा मिली। इस छन्द की एक प्रमुख विशेषता यह थी कि इस छन्द को पढ़ते समय कविता-पाठ की कला (आर्ट आफ रीडिंग) का सुख मिलता था। निराला ने, इस छन्द के कारण विरोध करने वाले समीक्षकों का डटकर मुकाबला किया और साथ ही इस छन्द की जमकर साधना की। फलस्वरूप आर्ट आफ़ रीडिंग उनके काव्य की ही एक प्रमुख विशेषता बन गयी।

'परिमल' में 'जूही की कली' और 'पंचवटी प्रसंग' (विस्तारित रूप में) को उन्होंने पुनः संकलित किया। संकलन की अन्य महत्त्वपूर्ण कविताओं में 'बादल-राग' शीर्षक से छह कविताएँ, 'जागो फिर एक बार' शीर्षक से दो कविताएँ 'यमुना के प्रति' शीर्षक एक लम्बी कविता, 'भिक्षुक', 'सन्ध्या सुन्दरी', 'महाराज शिवाजी का पत्र' आदि कविताएँ और अनेक भावपूर्ण तथा कलात्मक गीत हैं; आचार्य नन्ददुलारे वाजपेयी के शब्दों में 'परिमल' का परिचय इस प्रकार है :

> यह निराला का प्रथम प्रतिनिधि संग्रह है। इसमें आरम्भ (1917-18) से लेकर 1929 तक की सभी प्रमुख रचनाएँ संगृहीत हैं। इस संग्रह में 14 मुक्तछन्द, 31 स्वच्छन्द छन्द और 30 छन्दबद्ध प्रगीत रचनाएँ हैं। इन्हीं प्रगीतों में प्रायः 10 गेय गीत भी हैं। काव्य-रूप की दृष्टि से परिमल की रचनाओं को गीत, प्रगीत, दीर्घ प्रगीत (यमुना, शिवाजी का पत्र) और काव्य रूपक (पंचवटी प्रसंग) में विभक्त कर सकते हैं। (नन्ददुलारे वाजपेयी, 'कवि निराला', वाराणसी, 1965, पृ. 221)

'परिमल' द्वारा निराला ने यह सिद्ध कर दिखाया कि वे केवल मुक्तछन्द और स्वच्छन्द छन्दों पर ही अधिकार नहीं रखते बल्कि तुकान्त छन्दों में सधे हुए, संगीत की स्वर-लहरी पर खरे उतरने वाले स्वरतालबद्ध गीतों की रचना करने में भी अपना सानी नहीं रखते। निराला की इन महत्त्वपूर्ण उपलब्धियों के बावजूद हिन्दी में परिमल का जैसा स्वागत होना चाहिए था, नहीं हुआ। किन्तु इस उपेक्षा का कारण

मुक्तछन्द ही नहीं था, परिमल की कविताओं और गीतों में पहली बार लीक से हटकर एक परिवर्तित भाव-बोध और भाषा-बोध दिखलाई पड़ा था जो परम्परागत रुचि के अभ्यस्त अधिकांश तत्कालीन कवितापारखियों को चौंकाता था। राजमहलों, राजउद्यानों, हरमों, स्विमिंग-पूलों और किलों के अहातों में बनायी गयी कृत्रिम झीलों में नौकाविहार करने वाले रुचिबोध का यहाँ बहिष्कार था। कोमलकान्त, नाजुक और अभिजात शालीनता के सभी प्रतिमान यहाँ गायब थे और उनके स्थान पर तीखी गन्ध छोड़ती हुई जंगल से आयी एक तेज़ हवा थी जिसमें साँस लेने के वे अभ्यस्त नहीं थे। निराला स्वयं भी अपने काव्य की इस नैसर्गिक विशेषता के प्रति सजग थे। शायद इसीलिए उन्होंने पन्त को लिखे गये अपने पत्र में उस समय के रुचिबोध पर व्यंग्य करते हुए 'परिमल' की नयी विशेषता की ओर संकेत किया है :

> मेरे मित्र पन्त जी के पल्लव की परी दिन-रात मेरे पलँग पर रहती है, पर 'परिमल' तो कभी-कभी बसन्त ही में मिलता है। 'पल्लव' से कोई हानि नहीं, भय भी नहीं, बल्कि, आनन्द ही है; पर परिमल कभी-कभी किसी वन्य झाड़ से जिस चटख़ारे के साथ निकलता है, दिमाग ही फूँक जाता है, अस्वस्थ भी कर देता है। (रामविलास शर्मा, 'निराला की साहित्य साधना', खण्ड 3, नयी दिल्ली, 1976, पृ. 253)

ज़ाहिर है कि यह एक यथार्थवादी रुचि की आसूचना थी।

परिमल में ही संकलित 'बादलराग' शीर्षक से 6 रचनाएँ हैं। इन कविताओं में निराला छन्द और भाषा की मुक्ति के साथ-साथ शोषित और त्रस्त जनता की मुक्ति का राग गाते हैं, नये मूल्यों और नयी क्रान्तिकारी चेतना के पक्षधर होकर आततायी और शोषक वर्गों के खिलाफ क्रान्ति का शंखनाद करते हैं। इन कविताओं में कृषक-क्रान्ति (एग्रेरियन रिवोल्यूशन) का आह्वान सुनाई पड़ता है। छन्द और भाषा की मुक्ति के साथ-साथ भावों की मुक्ति भी यहाँ देखने योग्य है। इन कविताओं में नये युग के नये सत्य को वाणी देता हुआ एक नया ही राग सुनाई देता है जो हिन्दी में पहले कभी नहीं सुना गया। एक-एक शब्द, एक-एक अक्षर, एक-एक ध्वनि भावों के अनुकूल होकर यहाँ क्रान्तिधर्मी कविताओं के शंखनाद को प्रखर से प्रखरतर बनाने में सहायक होते हैं। जातीय काव्य, जातीय संगीत का ओज और प्रखरता लिए हुए किन्तु विश्व-भर में क्रान्ति लाने की विश्वदृष्टि से प्रकाशित ये कविताएँ हिन्दी ही नहीं भारतीय साहित्य की अनमोल उपलब्धियाँ हैं और गीतांजलि के कई गीतों से ज़्यादा सार्थक, और कहीं अधिक महत्त्वपूर्ण हैं। ऐसा लगता है कि मुक्ति (लिबरेशन) का आह्वान करती हुई इन

कविताओं की रचना करते हुए निराला, (अपनी कविकल्पना में) स्वयं को और अपने सारे दलित शोषित वर्ग को मुक्त (लिबरेट) कर रहे थे :

वज्र घोष से हे प्रचण्ड आतंक जमाने वाले
कम्पित जंगम नीड़ विहंगम ऐ न व्यथा पाने वाले
... ...
जीर्ण बाहु है शीर्ण शरीर
तुझे बुलाता कृषक अधीर
ऐ विप्लव के वीर।
चूस लिया है उसका सार,
हाड़-मात्र ही हैं आधार,
ऐ जीवन के पारावार!
(परिमल, बादलराग-2)

कवि को नये युग के नये सत्य का आभास ही नहीं, अहसास भी है कि खेतिहर मज़दूर इस क्रान्ति से लाभान्वित होगा। 'विप्लव रव से छोटे ही हैं शोभा पाते' (परिमल, बादलराग-6, पृ. 188)

कवि का हृदय यह सोच-सोचकर क्रुद्ध होता है कि वर्तमान व्यवस्था ने निम्न वर्ग का जीवन-सार चूस लिया है, इस वर्ग का व्यक्ति केवल हाड़-मात्र का ढाँचा बनकर रह गया है। (चूस लिया है, उसका सार, हाड़-मात्र ही हैं आधार) 'बादलराग' की कविताएँ हिन्दी में आधुनिक युग के नये कंटेंट और तदनुरूप नये फॉर्म की पारदर्शियाँ (ट्रांसपेरेंसियाँ) हैं। निराला एक क्रान्तिकारी कवि भी हैं। काव्य की वस्तु और काव्य रूप—दोनों क्षेत्रों में वे क्रान्तिकारिता का परिचय देते हैं। भाषाप्रवाह, शैली की भंगिमा, छन्द की लय और गति तथा नादसौन्दर्य की दृष्टि से ये रचनाएँ नितान्त मौलिक और निराले ढंग की हैं। हिन्दी में इन कविताओं द्वारा जिस राग की सृष्टि उन्होंने की है, पुराने, सड़े हुए, जड़ मूल्यों के विध्वंस और नये, जीवन्त तथा ताज़गी भरे जीवनमूल्यों के सृजन का सन्देश, उसकी स्वरलहरियों में गूँजता है। निराला ने ठीक ही कहा था, 'गाना भी जो मैंने सिखाया है, वह हिन्दी का पुराना राग नहीं कि कवि जी कवि-सम्मेलन में शाम के वक्त भैरवी में कविता पढ़ने लगे।' ('प्रबन्ध प्रतिमा', पृ. 200)

निराला ने बेवक्त का राग नहीं अलापा। अपने वक्त की ज़रूरतों को महसूस करते हुए उन्होंने अपने युग का क्रान्तिराग गाया है, जिसकी अनगूँजें आने वाली पीढ़ियों को उद्वेलित करती रहेंगी।

'परिमल' में ही 'पंचवटी प्रसंग' शीर्षक से पाँच कविताएँ संकलित हैं।

नाट्यशैली में लिखी गयी इन कविताओं में स्वच्छन्द छन्द, पाठ करने की कला, प्रवाहपूर्ण पद्य और कथोपकथन की भंगिमाओं की बानगियाँ हैं। निराला ने परिमल की भूमिका में स्वयं स्वीकार किया है कि 'स्वछन्द छन्द नाटक-पात्रों की भाषा के लिए ही हैं, यों उसमें चाहे जो कुछ लिखा जाये।' ('परिमल', पृ. 23)

'जागो फिर एक बार' शीर्षक से दो कविताएँ हैं जिनमें नाटकीय तत्त्व पर वक्तृत्वकला (भाषणशैली) हावी है। एक तरह से हिन्दी में ये नये ढंग की ओजपूर्ण उद्‌बोधक कविताएँ हैं। इसी तरह की एक अन्य कविता 'महाराज शिवाजी का पत्र' है। 'यमुना के प्रति' शीर्षक कविता में अतीत का स्मरण है, किन्तु ओज गुण के स्थान पर यहाँ माधुर्य गुण का प्राधान्य है। यह कविता लम्बी है और तुकान्त छन्द में लिखी गयी है। ये विविध प्रकार की कविताएँ इस तथ्य का सबूत देती हैं कि 1925 के आसपास ही, निराला तुकान्त और अतुकान्त; छन्दोबद्ध, छन्दमुक्त और स्वच्छन्द; ओजपूर्ण और माधुर्यपूर्ण यानी विविध प्रकार की विभिन्न काव्यशैलियों पर अधिकार रखते थे, युग के नये कंटेंट के अनुसार उन्हें विकसित कर लेते थे और उनकी रचनाएँ उसी समय से जनवादी काव्य-साधना के क्षेत्र में एक वैविध्यपूर्ण और युगव्यापी टटोल का परिचय देने लगी थीं।

'परिमल' का एक और आकर्षण उसके गीत हैं। गीत भी दो तरह के : एक तो तुकान्त होते हुए भी स्वछन्द छन्द की-सी स्वतन्त्रता बरतते हैं और दूसरे, वार्णिक और मात्रिक छन्दों में पूरे अनुशासन के साथ कसे हुए! पहली प्रकार के गीतों में : 'भर देते हो/बार-बार प्रिय करुणा की किरणों से/क्षुब्ध हृदय को पुलकित कर देते हो', 'आवाहन', 'दीन', 'धारा', 'भिक्षुक', 'विधवा' आदि को लिया जा सकता है। ऐसे गीतों में प्रायः पहली पंक्ति छोटी, दूसरी बड़ी, तीसरी फिर बड़ी या छोटी यानी पूरी स्वच्छन्दता बरतते हुए किन्तु अन्त में प्रायः तुकान्त, कहीं-कहीं अपवाद रूप में अतुकान्त भी। किन्तु इन गीतों को आधुनिक देसी और विदेशी तर्ज़ों पर गाया जा सकता है। लययुक्त प्रवाह और पश्चिमी संगीत की सी गत्यात्मकता और साथ ही मन्थर-मन्थर गति से आगे बढ़ती हुई स्वदेशी रागात्मकता, जैसे इन सभी का समन्वय करते हुए कुछ मिश्रित ढंग के राग रचे जा रहे हों।

कुछ गीतों की गति बिल्कुल आर्केस्ट्रा की-सी स्वर-लहरियाँ जगाती हैं तो कुछ गीत धीरे-धीरे दूर से सुनाई देती वीणा के स्वरों की याद दिलाते हैं। ऐसे गीतों में वार्णिक और मात्रिक दोनों तरह के छन्दों के नियम टूट जाते हैं किन्तु लय, प्रवाह, राग और अर्थ का एक सिलसिला बना रहता है। छन्दहीन पद्य का जैसा स्वाभाविक प्रवाह इन गीतों में है वैसा हिन्दी में अन्यत्र दुर्लभ है। निराला के इन अनूठे, अद्वितीय और निराले गीतों से ही आगे चलकर हिन्दी के नये गीतों, नवगीतों और नये-नये गीतात्मक प्रयोगों के लिए ज़मीन तैयार हुई।

दूसरी प्रकार के गीतों में काव्यशास्त्रीय अनुशासन और संगीतशास्त्रीय अनुशासन में कसे हुए स्वरतालबद्ध तुकान्त गीत हैं जो मात्रिक और वार्णिक दोनों तरह के छन्दों में रचे गये हैं। कुछ गीत शास्त्रीय संगीत को तरजीह देते हैं तो कुछ लोक-संगीत पर आधारित हैं। 'अध्यात्म फल', 'आदान-प्रदान' शीर्षक गीतों पर लोक धुनों की छाया है। उदाहरण के लिए 'परिमल' में संकलित 'आदान-प्रदान' कविता का यह अंश :

कठिन शृंखला बजा-बजा कर
गाता हूँ अतीत के गान

तथा :

जब कड़ी मारें पड़ी दिल हिल गया
पर न कर चूँ भी कभी पाया यहाँ
(परिमल, अध्यात्म फल)

शास्त्रीय संगीत और छन्दों में कसे हुए तुकान्त गीतों में 'हमें जाना है जग के पार', 'निशा के उर की कली खिली' तथा 'प्रिय मुदित दृग खोलो' आदि उल्लेखनीय हैं। 'अलि घिर आए घन पावस के' एक सावन-गीत है जो समस्त आधुनिक गीतिकाव्य में अपना सानी नहीं रखता। मानवीय सम्बन्धों और प्राकृतिक दृश्यों के साथ उनके आदि काल से चले आते घनिष्ठ तादात्म्य को, जो मानवीय चेतना का कभी न टूटने वाला प्रतिवर्त (रिफ्लेक्स) बन चुका है, यह गीत बड़ी मार्मिकता के साथ अभिव्यंजित कर देता है।

इस प्रकार 'परिमल' कवि निराला का पहला प्रतिनिधि काव्य-संग्रह होने के साथ-साथ भारतीय काव्य के सर्वश्रेष्ठ आधुनिक संकलनों में से एक है। यह संकलन कवि निराला को, मौलिक उद्‌भावनाओं और साथ ही जीवंत परम्पराओं के विशिष्ट कवि के रूप में प्रतिष्ठित करता है। यह सिद्ध करता है कि निराला छन्दभंग के ही नहीं छन्द-अनुशासन के भी श्रेष्ठ कवि हैं। गीत और अगीत दोनों के वे मास्टर हैं। माधुर्य गुण, प्रसाद गुण और ओज गुण, तीनों गुणों से पूर्ण शब्दावली और शैली का वे साधिकार प्रयोग कर सकते हैं। कोमल और कठोर; समास प्रधान और विश्लिष्ट; सांकेतिक और विवरणात्मक; अभिधेय, लाक्षणिक और ध्वन्यात्मक सभी तरह के प्रयोग करने में वे सिद्धहस्त हैं। एक प्रयोगशील कवि होने के साथ-साथ परम्पराओं (उज्ज्वल परम्पराओं) के निर्वाह में भी वे किसी से पीछे नहीं हैं।

'परिमल' जब प्रकाशित हुआ तो हिन्दी में 'पल्लव' का प्रकाशन हो चुका था। निराला ने पल्लव की कटु आलोचना की थी, इसलिए उनसे यह उम्मीद की जा

रही थी कि वे उससे अधिक श्रेष्ठ कोई कृति दे पाएँगे। साथ ही अपने अन्तर्मन में निराला 'पल्लव' की कलात्मक उपलब्धियों से प्रभावित थे। उन्होंने स्वयं उसे 'हिन्दी के भाल का चन्द्रबिन्दु' माना था। अतः कवि श्री सुमित्रानन्दन पन्त के प्रतियोगी साथी के रूप में उनका 'पल्लव' निराला के लिए एक चुनौती बनकर आया था। यह एक कठिन परीक्षा थी। निराला ने जमकर मेहनत की। अपनी प्रतिभा को काव्य-साधना द्वारा प्रखर से प्रखरतर बनाया। इस परीक्षा में वे सफल हुए। परिमल उसी का परीक्षा-फल था।

'परिमल' के प्रकाशित होने के लगभग 6-7 वर्ष बाद सन् 1936 में 'गीतिका' का प्रकाशन हुआ। 'परिमल' के बाद वे एक कठिन इम्तहान पास कर चुके थे लेकिन मुक्त छन्द को लेकर जो वाद-विवाद चला था वह वितण्डावाद की स्थिति तक पहुँच चुका था। छन्द-भंग के कारण छन्द-समर्थक हिन्दी के पिंगलशास्त्राचार्य उन्हें एक श्रेष्ठ कवि का 'प्रमाण-पत्र' न देने की ज़िद पकड़े हुए थे। निराला ने इसे भी एक चुनौती समझकर उसका सामना किया। उन्होंने संगीत और छन्द में कसे हुए स्वरतालबद्ध एक सौ एक गीतों का संग्रह हिन्दी को भेंट किया। 'वर दे वीणा वादिनी वर दे', 'भारती जय विजय करे', 'प्रिययामिनी जागी', 'सखि वसन्त आया', 'अमरण भर वरण-गान', 'कौन तम के पार रे कह', 'रूखी री यह डाल वसन वासन्ती लेगी', 'स्पर्श से लाज लगी', 'मुझे स्नेह क्या मिल न सकेगा', 'प्राणधन को स्मरण करते', 'हुआ प्रात प्रियतम तुम जाओगे चले', 'अस्ताचल रवि जल छल-छल छवि' आदि गीत अर्थ-गाम्भीर्य, नाद-सौन्दर्य, संगीतात्मकता, ध्वन्यात्मकता, अलंकारिता, ग्रेयात्मकता और रागात्मकता के लिए सदा याद किये जाते रहेंगे। 'गीतिका' के प्रकाशन से पूर्व खड़ी बोली में छन्द-ताल-वाद्य पर खरे उतरने वाले गीतों का अभाव था। प्रसाद जी ने अपने नाटकों में कुछ इस तरह के गीत लिखे थे। अतः एक साथ स्वर-तालबद्ध 101 गीतों का संग्रह—खड़ी बोली के गीतिसाहित्य को जैसे एक ख़ज़ाना मिल गया। स्वयं श्रीयुत जयशंकर प्रसाद ने गीतिका पर परिचयात्मक टिप्पणी लिखी जो गीतिका के प्रारम्भिक पृष्ठों पर प्रकाशित हुई। उन्होंने गीतिका को हिन्दी के लिए एक 'सुन्दर उपहार' बताया। उनके अनुसार गीतिका में केवल पिक की पंचम पुकार ही नहीं; कनेरी की-सी एक मीठी तान ही नहीं; अपितु सभी स्वरों का समारोह है। निराला के इन गीतों में व्याप्त स्वरसाधना ने श्री जयशंकर प्रसाद के 'हृदय-ग्रामों को भी झंकृत' किया था, इसमें सन्देह नहीं। 'गीतिका' के बारे में प्रसाद जी की यह राय हिन्दी पाठकों का मार्ग-निर्देशन करती रहेगी कि :

> गीतिका हिन्दी के लिए एक सुन्दर उपहार है। उसके चित्रों की रेखाएँ पुष्ट, वर्णों का विकास भास्वर है। उसका दार्शनिक पक्ष गम्भीर और व्यंजना

मूर्तिमती है।...निराला जी ने नृम्ण और ओज, सौन्दर्य भावना और कोमल कल्पना का जो माधुर्यमय संकलन किया है, वह उनकी कविता में शक्तिसाधना का उज्ज्वल परिचायक है। (निराला, 'गीतिका', इलाहाबाद, 1973, जयशंकर प्रसाद की टिप्पणी, पृ. 3)

निराला जैसा 'प्रमाण-पत्र' चाहते थे, वैसा उन्हें मिल गया। इसके अतिरिक्त आचार्य नन्ददुलारे वाजपेयी ने गीतिका पर एक 8 पृष्ठों की 'समीक्षा' लिखी जो प्रसाद जी की टिप्पणी के बाद 'गीतिका' के गीतों के साथ प्रकाशित हुई। साथ ही उन्होंने गीतों में प्रयुक्त कठिन शब्दों और वाक्यांशों के आशयों को स्पष्ट करने वाली एक सूची भी लिखी जो 'सरलार्थ' शीर्षक से 'गीतिका' में गीतों के साथ ही प्रकाशित की गयी। लेकिन आचार्य रामचन्द्र शुक्ल को ये गीत पसन्द नहीं आये और उन्होंने अपने 'हिन्दी साहित्य के इतिहास' में लिखा कि गीतिका के गीतों में कवि का ध्यान : 'संगीत की ओर अधिक है, अर्थ-समन्वय की ओर कम।' (रामचन्द्र शुक्ल, 'हिन्दी साहित्य का इतिहास', वाराणसी, 1942, पृ. 802) साथ ही यह भी कि जहाँ कवि ने, 'अधिक या कुछ पेचीदे अर्थ रखने का प्रयास किया है वहाँ पदयोजना उस अर्थ को दूसरों तक पहुँचाने में प्रायः अशक्त या उदासीन पायी जाती है।' (वही, पृ. 802)

आदरणीय शुक्ल जी ने इस सम्बन्ध में यह राय भी जाहिर की थी कि 'अखिल पल के स्रोत जल-जग', 'हर्ष अलि हर स्पर्श शर' और 'निशा-प्रिय-उर-शयन सुख-धन' आदि पदावलियों का जो अर्थ 'कवि को स्वयं समझाना पड़ा है' वह 'जबरदस्ती निकाला जान पड़ता है।'

इस सन्दर्भ में कुछ तथ्यों की ओर ध्यान आकर्षित करना चाहूँगा। पहली बात तो यह कि पदावलियों का अर्थ कवि ने स्वयं नहीं समझाया, श्री नन्ददुलारे वाजपेयी ने समझाया था। दूसरी बात यह कि संगीत-शास्त्र की अपेक्षाओं की पूर्ति करने वाले छन्द-सुर-ताल-बद्ध गीतों में अर्थ और आशय के संकेत बड़े सूक्ष्म और मौनपरक होते हैं। प्रायः गीतों और प्रगीतात्मक कविताओं में अर्थ की दृष्टि से कुछ अन्तराल (गैप्स) होते ही हैं। आधुनिक बिम्ब-प्रधान कविताओं में भी ऐसे अन्तराल अक्सर पाये जाते हैं। मात्र अर्थ को सुस्पष्ट करने के उद्देश्य से लिखी गयी कविताएँ प्रायः गद्य के नजदीक होती हैं। शायद गद्य और पद्य के बीच के इस अन्तर को नज़रन्दाज़ करने के कारण कविताओं और गीतों के बारे में इस तरह के आक्षेप लगते हैं। शायद इन्हीं बातों को लक्ष्य कर एक बार शैले ने कहा था कि वह एक ऐसी पत्नी चाहता है जो कविता को महसूस कर सके और दर्शन को समझ सके। फिर भी निराला की गीतिका को आधार बनाकर शायद अपनी सहज बुद्धि या प्रत्युत्पन्नमति द्वारा शुक्ल जी ने इस तथ्य को पहचान लिया था कि :

> संगीत को काव्य के और काव्य को संगीत के अधिक निकट लाने का सबसे अधिक प्रयास निराला जी ने किया है। (वही, पृ. 801)

उस युग में अपने समकालीन युवा कवि के बारे में इस तथ्य की पहचान भी कोई कम बड़ी पहचान नहीं थी। साथ ही, युवा कवि का यह प्रयास भी कोई कम बड़ा प्रयास नहीं था। क्योंकि खड़ी बोली के कवियों को 'गीतांजलि' के युग में संगीतप्रधान काव्य की भी परीक्षा देनी थी। स्वर-ताल-वाद्य पर खरी उतरने वाली इस संगीतात्मकता की अग्निपरीक्षा से गुज़रे बिना राष्ट्रभाषा बनने की महत्त्वाकांक्षा रखने वाली खड़ीबोली 'गीतांजलि' की भाषा के मुकाबले भला अपना मस्तक उठा पाती? शायद इसीलिए निराला को संगीत और काव्य की देवी सरस्वती की वन्दना करनी पड़ी, गीतिका का एक-एक गीत जैसे उसी वन्दना का एक-एक छन्द है :

भारती जय विजय करे
कनक शस्य कमल धरे
लंका पदतल शतदल
गर्जितोर्मि सागर-जल
धोता शुचि चरण युगल
स्तव कर बहु-अर्थ-भरे!
(गीतिका, भारती जय विजय करे)

तथा :

वर दे वीणा वादिनी वर दे!
प्रिय स्वतन्त्र रव अमृत-मन्त्र नव
भारत में भर दे।
काट अन्ध-उर के बन्धन-स्तर
बहा जननि, ज्योतिर्मय निर्झर;
कलुष भेद तम हर प्रकाश भर
जगमग जग कर दे!
(गीतिका, वर दे)

गीतिका का यह गीत जन-जन का कण्ठहार बन चुका है। गीतिका में कई गीत ऐसे हैं जो हिन्दी-गीति-काव्य की अमर उपलब्धियाँ हैं। आचार्य हजारीप्रसाद द्विवेदी ने कहा था कि गीतिका के गीत ठूँठ हो गये हैं। बाद के इतिहास ने उनकी इस मान्यता को झुठला दिया है। 'गीतिका' के गीतों ने संगीत और काव्य के संगम की जो धारा बहायी थी वह खड़ी बोली के गीति-काव्य-सहृदयों को आज भी आप्यायित कर रही है और युगों-युगों तक करती रहेगी।

'गीतिका' के बाद सन् 1938 में (दो वर्ष पश्चात) 'अनामिका' (द्वितीय) का

प्रकाशन हुआ। 'परिमल' की ही तरह इस संकलन में विविध प्रकार की छोटी-बड़ी, गीत-अगीत रचनाएँ संकलित हैं। उल्लेखनीय कविताओं में 'तोड़ती पत्थर', 'मित्र के प्रति', 'उक्ति', 'मरणदृश्य', 'वीणा वादिनी' ('धुल गयी आँखें जगत की खुल गये रवि चन्द्र तारे'), 'बादल गरजो', 'दान', 'नर्गिस', 'रेखा', 'वनबेला', 'प्रेयसी', 'पथ पर मेरा जीवन भर दो' (वर्षा-गीत), 'सच है', 'सरोजस्मृति', 'सम्राट एडवर्ट अष्टम के प्रति', 'राम की शक्तिपूजा' आदि के नाम लिए जा सकते हैं।

'तोड़ती पत्थर' कविता, खड़ी बोली के काव्य में समाजवादी यथार्थ को सर्वप्रथम रचनात्मक धरातल पर चरितार्थ करने वाली पहली रचना है। इस रचना के द्वारा निराला ने अट्टालिकाओं के संसार पर चोट की और सड़क पर पत्थर तोड़ने वाली मज़दूरनी को हिन्दी काव्य में नायिका का आसन दिया। जानकी वल्लभ शास्त्री को लिखे गये एक पत्र में स्वयं निराला ने इस कविता के गूढ़ाशयों का उद्‌घाटन किया है। निराला की उक्त टिप्पणी अर्थ-प्रक्रिया की भी दृष्टि से तत्कालीन हिन्दी कविता में हो रहे गुणात्मक बदलाव की सूचना देती है :

> 'कला के सम्बन्ध में पत्र में क्या लिखूँ? उसके विकास और सौन्दर्य की बातें लाखों की तरह की हैं; एक देखिए :
>
> 'नहीं छायावाद
> पेड़ वह जिसके तले बैठी हुई स्वीकार;
> श्याम तन, भर बँधा यौवन,
> नत नयन प्रिय-कर्म-रत मन,
> गुरु हथौड़ा हाथ,
> करती बार-बार प्रहार;—
> सामने तरुमालिका अट्टालिका, प्राकार।'
>
> यहाँ सीधा वर्णन होने पर भी, हथौड़े की चोट पत्थर पर पड़ने पर भी देखिए, किस तरह अट्टालिका पर पड़ती है। लेखक वर्णन-प्रकार के कारण और निर्देश से! वह जहाँ बैठी है, वह पेड़ छायादार नहीं है और अट्टालिका तरुमालिका है, फिर आदमी कितनी छाँह में है!! 'मैं तोड़ती पत्थर' अन्त का स्वभावतः समझ में आ जायेगा—'मैं तोड़ती पत्थर हृदय।' (केवल गोस्वामी, राजकुमार सैनी, श्याम कश्यप, 'रास्ता इधर है', नयी दिल्ली, 1978, पृ. 2; जानकी वल्लभ शास्त्री को लिखे गये एक पत्र से उद्धृत)

यह विडम्बना की पराकाष्ठा ही थी कि महाकवि को अपनी रचनाओं का भाष्यकार भी स्वयं ही बनना पड़ा। लेकिन यह एक तरह से अच्छा भी हुआ। अपनी

रचनाओं के बारे में यत्र-तत्र, प्रत्यक्ष और परोक्ष रूप से जो अर्थ-संकेत निराला ने दिये वे उन्हीं की कविताओं के ही नहीं उस युग के समस्त काव्य के बारे में एक नये किस्म की अर्थ-प्रक्रिया का सूत्रपात करते हैं। अर्थ-प्रक्रिया की यह नयी पद्धति कविता के पर्त-दर-पर्त अर्थ खोलती चलती है। निराला की अनेक कविताएँ इस दृष्टि से बड़े महत्त्व की हैं। उदाहरण के लिए 'हिन्दी के सुमनों के प्रति' कविता के बारे में एक संक्षिप्त चर्चा करना शायद अप्रासंगिक न होगा। 'हिन्दी के सुमनों के प्रति' कविता के बारे में डॉ. रामविलास शर्मा ने जो टिप्पणी की है, वह इस प्रकार है :

> गर्व है कि मैं ही बसन्त का अग्रदूत; अपमान की पीड़ा है कि जो अग्रदूत है, वह इस समय ब्राह्मण समाज में ज्यों अछूत है; फूल रंगीन हैं; निराला पढ़कर फेंके हुए पत्र के समान हैं। महत्त्वपूर्ण वस्तु फल है न कि रंगा धागा बाँधे हुए फूल। उस फल के भीतर जो कड़वा त्यागा हुआ बीज है, वही आलोचक निराला हैं...कविता के आरम्भ में वे स्वयं जीर्ण पत्र बनते हैं; फिर रंग-रूप पर गर्व करने वाले सुमनों को निष्फल, दिखाऊ सौन्दर्य वाला प्रतिभाहीन सिद्ध करते हुए स्वयं कविता के अन्त में बीज बन जाते हैं।...पत्र और फूल की दो भूमिकाएँ निबाहने के कारण तर्क योजना में थोड़ी शिथिलता आ गयी है। (रामविलास शर्मा, 'निराला की साहित्य साधना', खण्ड 2, पृ. 242)

सवाल यह उठता है कि इतनी तर्क योजना का भी निबाह और दूसरा कवि होता तो कर पाता? इतनी बारीकियों के निकष पर क्या किसी दूसरे कवि की कविता खरी उतर पाती? यह अर्थ-प्रक्रिया भी आदरणीय डॉ. शर्मा ने निराला से ही सीखी थी। निराला स्वयं अपनी रचना-प्रक्रिया के दौरान इन बारीकियों से गुज़रते थे। कविता में तर्क योजना सम्बन्धी शिथिलता नहीं है। पत्र और पुष्प की दोनों भूमिकाएँ एक दूसरे से कहीं-न-कहीं सम्बन्धित जरूर हैं। उस सम्बन्ध की तलाश करना ज़रूरी प्रतीत होता है। यह कार्य त्रिलोचन ने किया भी है। त्रिलोचन कहते हैं :

> 'तुम सुदल सुरंग सुवास सुमन' में सुदल का अर्थ पंखड़ी है। पत्ता या पत्र नहीं। सुवास के दो अर्थ हैं। 1. अच्छे वस्त्रों में, 2. सुगन्धित। श्लेष है।...पत्ता झरता है तो बसन्त आता है। अर्थात् निराला अपने को बसन्त का अग्रदूत कह रहे हैं तो यह कोई अहंकार नहीं। (झरता हुआ पत्ता बसन्त का अग्रदूत है, निराला भी उसी पत्ते की तरह झर रहे हैं, इसलिए बसन्त के अग्रदूत हैं। गर्व का भाव कहाँ है?)...प्रखर शीत से जीर्ण बहु छिद्रों वाला पत्ता हूँ।

(बसन्त से पहले आता हूँ) इसलिये बसन्त का अग्रदूत हूँ। (जनयुग, रविवारीय परिशिष्ट, नयी दिल्ली, 7 मई, 1968; त्रिलोचन का इंटरव्यू राजकुमार सैनी द्वारा प्रस्तुत 'कवि त्रिलोचन के साथ कुछ अविस्मरणीय क्षण')

कविता के अर्थ में तर्क-योजना की शिथिलता नहीं है। और भी देखें :

...पद तल आसान हूँ...ब्राह्मणों के समाज (समारोह में...ब्राह्मण भोज समारोह में?) में मैं शामिल नहीं हूँ (सारी उत्सववादिता से दूर हूँ) किनारे हूँ... पार्श्वच्छवि...हवा ने किनारे कर दिया है...कविता में 'मैं' का अर्थ दो छन्दों के बाद खुलता है। तुम (नयी पीढ़ी के कवि) तरु के उर के प्रशस्त गौरव हो...मैं जाना-पहचाना पत्ता हूँ जिसे हवा ने नीचे डाल दिया है।...फूल के बाद फल आता है...तरु की जीवन यात्रा का संवल...यानी फल।...फल के भी उर का कटु त्यागा...वाक्य अपूर्ण हैं क्योंकि कवि के सामने चुनौतियाँ हैं...। संकोच के साथ, इसलिए वाक्य अधूरे हैं...जो जीवन सूत्र फल के अन्दर है ...कड़वा होता है...इसलिए कटु है...वह जीवन सूत्र 'ईषत पीत' (रंगीन) होता है, इसलिए रंगा धागा...मुझे अच्छी तरह देखने पहचानने वाला केवल बीज (आने वाली पीढ़ी) है। (वही)

इस प्रकार इस कविता में समकालीन पीढ़ी की उपेक्षा की ओर प्रच्छन्न संकेत करते हुए निराला यह आशा व्यक्त करते हैं कि आने वाली पीढ़ी ही निराला को अच्छी तरह पहचान सकेगी।

अपने समकालीनों की उपेक्षा, कटु आलोचना और प्रताड़ना का निराला के व्यक्तित्व और कृतित्व पर जो गहरा प्रभाव पड़ा, उसके संकेत 'अनामिका' की अनेक रचनाओं में हैं। 'मित्र के प्रति' कविता में 'कहते हो, नीरस यह बन्द करो गान!' वाली पंक्ति समकालीन आलोचकों को ही सम्बोधित है। 'सरोजस्मृति' में आकर ये संकेत अत्यन्त स्पष्ट और मुखर होने लगते हैं ('देखता रहा मैं खड़ा अपल वह शर-क्षेप, वह रण कौशल')। 'वनबेला' में भी वह पीड़ा पराजय के स्वर में बदल जाती है ('हो गया व्यर्थ जीवन, मैं रण में गया हार')। इस सन्दर्भ में रामविलास शर्मा का यह कथन बिल्कुल सही है कि :

'सरोजस्मृति', 'तुलसीदास' और 'राम की शक्तिपूजा'—इन तीनों कविताओं में युद्ध का वर्णन है। 'सरोजस्मृति' में एक 'स्वार्थ समर' है। जिसमें कवि हारता है, जिसमें विजयी होना वह बहुत सम्मानप्रद नहीं समझता। दूसरा युद्ध साहित्यिक है जिसमें चारों ओर से प्रहार होते हैं और निराला अपने को

महारथी के समान घिरा हुआ पाते हैं। इस युद्ध में वह दूसरों का शर-क्षेप और रणकौशल देखते भर हैं, स्वयं प्रहार नहीं करते। किन्तु 'राम की शक्तिपूजा' में राम बार-बार प्रहार करते हैं और उनका प्रयास व्यर्थ जाता है। (रामविलास शर्मा, 'निराला की साहित्य साधना', खण्ड 2, पृ. 242)

दुख के अतिरेक ने निराला की प्रहार करने की ताकत को कुछ समय के लिए पछाड़ दिया। बेटी सरोज की मृत्यु को झेलना हजार मरण जीने के समान था। कवि के आत्मविश्वास पर आत्मभर्त्सना का स्वर हावी हो उठा। यहाँ तक कि कवि ने अपने कवि कर्म को ही शाप दे डाला :

हों इसी कर्म पर वज्रपात
यदि धर्म, रहे नत सदा माथ
इस पथ पर मेरे कार्य सकल
हों भ्रष्ट शीत के से शतदल
(अनामिका, सरोजस्मृति)

किन्तु इस आत्मभर्त्सना के बावजूद 'सरोजस्मृति' हिन्दी का सबसे आला शोकगीत है। 'पुत्री के प्रति' लिखी गयी कविताओं में यह अन्यतम है। अपने श्रेष्ठतम रूप में कविता मानवीय सम्बन्धों की कलात्मक अभिव्यक्ति ही है। इसी दृष्टि से पिता और पुत्री के सम्बन्धों को इतनी तल्खी और मार्मिकता के साथ उभारकर अभिव्यंजित करने वाली यह एक बेहद महत्त्वपूर्ण एलिजी है। इस एलिजी (करुणागीत) की एक विचित्र विशेषता यह है कि कविता की रचना-प्रक्रिया एक पिता और रचनाकार (आर्टिस्ट) के द्वन्द्व से गुज़रती है। कहीं रचनाकार पिता पर हावी हो जाता है तो कहीं पिता रचनाकार पर। जब रचनाकार हावी हो जाता है तो सरोज की युवावस्था के चित्रण में पिता गायब हो जाता है, ऐसा नहीं लगता कि कोई पिता अपनी बेटी के तारुण्य का वर्णन कर रहा है। मात्र कलाकार रह जाता है जो सौन्दर्य की पुनः सृष्टि कर रहा है :

धीरे-धीरे फिर बढ़ा चरण/बाल्य की केलियों का प्रांगण
कर पार कुंज-तारुण्य सुघर/आयी लावण्य भार थर-थर
काँपा कोमलता पर सस्वर/ज्यों मालकोश नव वीणा पर
... ...
क्या दृष्टि! अतल की सिक्त धार/ज्यों भोगावती उठी अपार
उमड़ता ऊर्ध्व को कल सलील/जल टलमल करता नील-नील

पर बँधा देह के दिव्य बाँध/छलकता दृगों से साध-साध
(अनामिका, सरोजस्मृति)

किन्तु जहाँ पिता हावी है वहाँ रचनाकार शापित होता है (हों इसी कर्म पर वज्रपात)। कविता का अन्त दुखानुभूति के शिखर पर होता है :

दुःख ही जीवन की कथा रही/क्या कहूँ आज जो नहीं कही
(अनामिका, सरोजस्मृति)

करुण गीत का यह क्लाइमैक्स है। इसे पढ़कर भवभूति के 'अपि ग्रावा रोदित्यपि दलति वज्रस्य हृदयम्' की याद आये बिना नहीं रहती। 'सरोजस्मृति' निराला को दुखदर्दों की अभिव्यक्ति करने वाले एक बड़े कवि के रूप में प्रतिष्ठित करती है। वे आधुनिक हिन्दी के, खड़ी बोली के भवभूति हैं।

'अनामिका' में संकलित कविताओं में 'राम की शक्तिपूजा' भी 'सरोजस्मृति' की ही तरह एक अत्यन्त महत्त्वपूर्ण कविता है। हिन्दी के महाकाव्यों में जो स्थान रामचरितमानस का है, लम्बी कविताओं में लगभग वही स्थान इस कविता का है। यदि गुण में परिमाण को पराजित करने की शक्ति है तो हिन्दी की यह एक कविता कई एक खण्डकाव्यों/प्रबन्ध काव्यों से कहीं ज़्यादा महत्त्वपूर्ण है। इस अकेली कविता का महत्त्व उतना ही है जितना कि एक 'महाकाव्य' का। कारण यह कि इस कविता में परस्पर विरोधी भावों, परस्पर विरोधी मानवीय स्थितियों और विविध घटनाओं के टकराव और संघर्ष की विविधात्मक शैली में कलापूर्ण अभिव्यक्ति सम्भव हो सकी है। राम और रावण के आख्यान के बहाने कवि ने आधुनिक जीवन और समाज में व्याप्त द्वन्द्व, टकराव और अन्तर्विरोधों को इतनी गहराई और व्यापकता के साथ चित्रित किया कि यह मिथक पर आधारित कविता आज के जटिल यथार्थ का आँखों-देखा वर्णन प्रतीत होती है। इसमें निराला के अपने जीवन समर की भी सांकेतिक (किन्तु, यथार्थ के सर्वथा नज़दीक) झलकियाँ हैं।

निराला ने अपने व्यक्तिगत सुख-दुखों को ऐसे समाजीकृत आधार पर अभिव्यक्त किया है कि वे एक व्यक्ति के सुख-दुख न होकर एक वर्ग के ही सुख-दुखों का पर्याय हो गये हैं। 'राम की शक्तिपूजा' में निराला अपने दुख और संघर्ष को कथित रूप में प्रकट नहीं करते, राम की कथा के माध्यम से उसे वे ध्वनित करते हैं। दुर्गम पर्वत पर उतरने वाला अन्धकार निराला के जीवन में भी उतरता है। राम की ही तरह निराला का मन भी अपने को असमर्थ देखता है। हार-हारकर फिर उद्यत होता है। राम की ही तरह निराला का जीवन भी विरोध पर विरोध पाता आया है। राम की ही भाँति निराला को भी अनेकानेक साधनों का शोध करना

पड़ा है। निराला को भी नैशांधकार में अपने प्रतिपक्षी दल का अट्टहास सुनाई पड़ता है। कविता में स्थान-स्थान पर ऐसे फ्लैशेज़ हैं जो कवि के व्यक्तिगत जीवन के दारुण प्रसंगों को बड़ी ही मार्मिकता के साथ प्रकाशित कर देते हैं। काव्यशास्त्र की शब्दावली में इन अंशों को प्रकरण-वक्रता का श्रेष्ठ उदाहरण कहा जा सकता है। एक तरह से पूरी कविता भी प्रबन्ध-वक्रता का दृष्टान्त है। कविता में अर्थ का एक लेयर राम के संघर्ष का है, दूसरे लेयर पर निराला का आत्मसंघर्ष ध्वनित होता है और एक तीसरा लेयर यह है कि यह आत्मसंघर्ष एक न्यायोचित और सही मूल्यों के लिए अपना सर्वस्व न्यौछावर करने वाले व्यक्ति के आत्मसंघर्ष का सुझाव देता है। जीवन और साहित्य दोनों मोर्चों पर लड़ा गया यह अपराजेय समर किसी भी ऐसे रचनाकार की जीवनचर्या और साहित्यचर्या से मिलता-जुलता है जो निम्न या निम्न मध्यवर्ग से आया हो और उच्चवर्गीय रुचियों के प्रतिमानों, सेंसरों, रूढ़ियों और निषेधों से जिसे लोहा लेना पड़ रहा हो। 'राम की शक्तिपूजा' के राम राजा राम नहीं हैं, वे वानर-सेना (जंगल में रहने वाली आदिम जनजातियों) के नेता वनवासी राम हैं, जो राजपाट छोड़, सर्वहारा होकर अपनी पत्नी के सम्मान और उन जातियों की रक्षा के लिए आततायी रावण के साथ युद्धरत हैं। निराला कविता में अपने सजग, आभिजात्य-विरोधी और सामन्त-विरोधी जीवन-बोध का परिचय देते हैं। सीता के प्रथम मिलन की याद के दृश्य का चित्रण करते समय उन्हें जनक का राजमहल याद नहीं आता, उपवन याद आता है। मिलन के उक्त दृश्य में सामन्ती राजपाट या तामझाम सम्बन्धी किसी भी उपकरण का ज़िक्र नहीं करते। यहाँ बाग है, लताएँ हैं, लतान्तराल हैं, काँपते हुए किसलय हैं, झरते हुए परागों का समुदय है, तरु-मलय-वलय हैं, नवजीवन के परिचायक गाते और चहकते हुए खग हैं—(कंगूरों, बन्दनवारों आदि का कोई नामोनिशान नहीं है) :

ऐसे क्षण अन्धकार घन में जैसे विद्युत
जागी पृथ्वी-तनया-कुमारिका छवि अच्युत
देखते हुए निष्पलक, याद आया उपवन
विदेह का, प्रथम स्नेह का लतान्तराल मिलन
नयनों का—नयनों से गोपन—प्रिय सम्भाषण—
पलकों का नव पलकों पर प्रथमोत्थान पतन—
काँपते हुए किसलय—झरते पराग समुदय—
गाते खग नव-जीवन-परिचय—तरु-मलय-वलय
(अनामिका, राम की शक्तिपूजा)

'राम की शक्तिपूजा' में निराला जिस काव्य भाषा का प्रयोग करते हैं वह

अत्यन्त सर्जनात्मक, संस्कृत की काव्योपलब्धियों का समाहार करने वाली, अर्थगौरव से परिपूर्ण, थोड़े में बहुत ज़्यादा कह देने वाली काव्य भाषा है ('खिंच गये दृगों में सीता के राममय नयन')। किन्तु दुर्भाग्य, कि आचार्य रामचन्द्र शुक्ल ने अपने युग की सर्वाधिक सर्जनात्मक भाषा को 'संस्कृत की समस्त पदावली से जड़ा हुआ' ही पाया। निश्चय ही ऐसा कहना धूप को छाया कहने के समान था। ऐसे मन्तव्यों ने इस महाकवि के मस्तिष्क को निश्चय ही गहरी चोट पहुँचायी होगी। निराला के बारे में शुक्ल जी की यह आलोचना, एक महान आलोचक के सबसे दुर्बल पक्ष को ही उद्‌घाटित करती है, निराला और 'राम की शक्तिपूजा' की भाषा का कोई नोटिस लेने लायक मूल्यांकन पेश नही करती। "निराला जी की भाषा अधिकतर संस्कृत की तत्सम पदावली से जड़ी हुई होती है, जिसका नमूना 'राम की शक्तिपूजा' में मिलता है। इनकी भाषा में व्यवस्था की कमी प्रायः रहती है, जिससे अर्थ या भाव व्यक्त करने में वह कहीं-कहीं बहुत ढीली पड़ जाती है।" (रामचन्द्र शुक्ल, 'हिन्दी साहित्य का इतिहास', पृ. 805)

'राम की शक्तिपूजा' में जो भाषा प्रयुक्त हुई है, वह अपने युग की सबसे ज़्यादा व्यवस्थित और कसी हुई भाषा है। इस सम्बन्ध में, चाहे किसी भी कारणवश शुक्ल जी ने जो कुछ कहा है, बिल्कुल गलत कहा है। छायावादी युग की यह सर्वाधिक रचनात्मक भाषा है। यह भाषा संस्कृत महाकवि भारवि की अर्थगौरव से परिपूर्ण भाषा की याद दिलाती है :

> शत-शेल-सम्वरण शील, नील-नभ-गर्जित स्वर
> प्रति-पल-परिवर्तित व्यूह—भेद-कौशल-समूह—
> राक्षस-विरुद्ध प्रत्यूह—क्रुद्ध-कपि-विषम-हूह
> विच्छरित-वह्नि—राजीवनयन-हत-लक्ष्य-बाण
> लोहित-लोचन-रावण-मदमोचन महीयान,
> राघव-लाघव—रावण-वारण—गत-युग्म-प्रहर, .
> ... ...
> विद्धांग—बद्ध-कोदण्ड-मुष्टि—खर-रुधिर-स्राव
> (अनामिका, राम की शक्तिपूजा)

इस कविता की एक प्रमुख विशेषता यह है कि निराला विरोधी मनःस्थितियों के कंट्रास्ट को बड़े ही कलात्मक ढंग से उभारते हैं। पहले एक भाव को क्लाइमैक्स तक पहुँचाकर फिर उसी के एंटी-क्लाइमैक्स द्वारा विरोधी भाव के विकास को व्यंजित करते हैं।

उदाहरण के लिए प्रारम्भ में युद्ध-विराम का उल्लेख करते हैं। फिर युद्ध-विराम

के बाद युद्ध की स्मृति के रूप में युद्ध का वर्णन करते हैं। युद्ध-वर्णन को क्लाइमैक्स तक पहुँचाकर फिर 'लौटे युग दल' कहकर एण्टी-क्लाइमैक्स की सृष्टि करते हैं। रावण और उसकी सेना के उल्लास तथा राम और उसकी सेना के संत्रास का कंट्रास्ट उभारते हैं (विंध महोल्लास से बार-बार आकाश विकल/वानर वाहिनी खिन्न...)। वीरता सम्बन्धी जय और पराजय के भावों के बाद शान्त भाव की सृष्टि करते हैं (लख निज पति चरण चिह्न/चल रही शिविर की ओर स्थाविर दल ज्यों विभिन्न)। शान्त भाव के बाद निराशा का, फिर निराशा के क्लाइमैक्स के बाद एंटी-क्लाइमैक्स के रूप में आशा की किरण का उल्लेख करते हैं। आशा से उल्लासपूर्ण स्मृति का। फिर शृंगार का ('फूटी स्मिति सीता ध्यान लीन राम के अधर'); शृंगार से स्मितिपूर्ण उल्लास का वर्णन; उसके तुरन्त बाद वीर भाव का प्रसंग ('विश्व-विजय-भावना हृदय में आयी भर')। प्रखर उत्साह की मनःस्थिति। किन्तु फिर रण में देखी रावण की पक्षधर शक्ति की भीमामूर्ति की स्मृति आते ही हतोत्साहित होने की मनःस्थिति। फिर इसी भाव का क्लाइमैक्स। फिर एंटी क्लाइमैक्स के तौर पर सीता के राममय नयनों की याद, फिर सीता की मौन राममय आँखों के कंट्रास्ट में रावण का खल-खल करता हुआ अट्टहास। रावण के अट्टहास के कंट्रास्ट में राम की आँखों में आँसू। राम के आँसुओं को देख फिर महावीर के क्रुद्ध होने का भाव। फिर इसी भाषा का विकास, क्लाइमैक्स। फिर 'अंजना रूप' के उदय के साथ इसी भाव का एंटी-क्लाइमैक्स आदि, आदि।

इस प्रकार पूरी कविता में परस्पर विरोधी भावों का टकराव है और इस टकराव से नाटकीय प्रभाव की सृष्टि की गयी है। भाषा-शैली, शब्द चयन, अक्षरों के चुनाव, प्रवाह, नाद-सौन्दर्य, छन्द, छन्दभंग, छन्द-सृष्टि यानी कला के समस्त उपकरण और तत्सम्बन्धी टेकनीकों के इस्तेमाल में निराला एक महान कलाकार, मास्टर आर्टिस्ट का परिचय देते हैं :

शत घूर्णावर्त तरंग-भंग, उठते पहाड़
जल राशि राशि जल पर चढ़ता खाता पछाड़
तोड़ता बन्ध—प्रतिसन्ध धरा, हो स्फीत वक्ष
दिग्विजय-अर्थ प्रतिपल समर्थ बढ़ता समक्ष
शत-वायु-वेग-बल डुबा अतल में देश भाव
(अनामिका, राम की शक्तिपूजा)

जिसे निराला आर्ट आफ रीडिंग का आनन्द कहते थे वह भी इस कविता में ख़ूब मिलता है। छन्द की दृष्टि से यह कविता तुकान्त और अतुकान्त तथा छन्दोबद्ध और छन्दमुक्त प्रयोगों के गुणक प्रभाव (मल्टीप्लाइंग इफ़ेक्ट) को व्यक्त करती है।

'अनामिका' में इतनी श्रेष्ठ कविताओं को एक साथ देखकर ही महाकवि सुमित्रानन्दन पन्त ने 'अनामिका के कवि' कहकर अपनी कविता में उनका जैसा अभिनन्दन किया, किसी भी युग में, किसी भी कवि ने अपने समकालीन साथी कवि का वैसा अभिनन्दन शायद कभी नहीं किया होगा :

'अमृत पुत्र कवि, यशः काय तव जरामरणजित
स्वयं भारती ने तेरी हृत्तंत्री झंकृत।'

'अनामिका' के लगभग साथ-साथ ही सन् 1938 में ही 'तुलसीदास' का प्रकाशन हुआ। आचार्य नन्ददुलारे वाजपेयी ने इसे '100 बन्धों का उदात्त शैली प्रसिद्ध आख्यान काव्य' कहा है। महाकवि तुलसीदास और उनकी पत्नी रत्नावली से सम्बन्धित आख्यान पर आधारित यह एक लम्बी कविता है। सभी बन्धों में एक ही छन्द का प्रयोग है जिसे निराला ने स्वयं गढ़ा था। ओजपूर्ण शैली के लिए यह छन्द इतना उपयुक्त है इसे 'शक्ति छन्द' कहकर पुकारा जाना चाहिए। कविता का प्रारम्भ भारतीय संस्कृति के सान्ध्यकाल के दृश्य के वर्णन से होता है। विदेशी आक्रमण के घटाटोप में भारतीय संस्कृति का सूर्य अस्त हो गया है। भारतीय जनता के लिए यह बड़ा ही भयावना समय है। वर्षा भरी सन्ध्या आकुंचित भ्रू लिए आकाश में बादलों से घिरी है। दिशाएँ अन्धकार की तुरही बजा रही हैं। आक्रमणों की भीषण मूसलाधार वर्षा में देश के प्रांत एक-एक कर आक्रान्त होते जाते हैं। वर्षा का एक अतिरेक यहाँ के जातीय जीवन को नष्ट करने वाला है। बारिश की ध्वनि में 'हर-हर'शब्द सुनाई देता है जो प्राणों को हर लेने का सूचक है। ऐसे समय में तुलसीदास का आविर्भाव होता है। तुलसीदास का युवा-व्यक्तित्व जो इस कविता में चित्रित है, वह स्वयं निराला के युवा-व्यक्तित्व से मिलता जुलता है :

युवकों में प्रमुख रत्न चेतन
समधीत-शास्त्र-काव्यालोचन
... ...
आयत दृग पुष्ट देह गत भय
अपने प्रकाश में निःसंशय
प्रतिभा का मन्द-स्मित परिचय संस्मारक
(तुलसीदास, छन्द सं. 12)

ऐसा ध्वनित होता है जैसे बीसवीं सदी में, पराधीन भारत के सान्ध्यकाल का संकेत करते हुए अपने आविर्भाव की भी कथा कह रहे हैं। जब तुलसीदास सिद्धि के

निकट होते हैं तो रत्नावली का आकर्षण उनके मार्ग की बाधा के रूप में उपस्थित होता है। विदेशी संस्कृति की चकाचौंध से आकर्षित न होने वाला तुलसीदास का मन नारी की आकर्षण-शक्ति के आगे अवश होने लगता है। भौरे की तरह तुलसीदास का मन रत्नावली की शोभा के कुसुमपर बैठा ही था कि छवि कुसुम ने दल बन्द कर लिए और तुलसीदास का मन उसके भीतर कैद हो गया।

सारी प्रकृति ही जो पहले स्वतन्त्र रूप में उन्हें आकर्षित करती थी, अब रत्नावली के सौन्दर्य में रंगी जान पड़ती है। तुलसीदास बाज़ार से घर लौटते हैं तो रत्नावली घर पर नहीं है। पीछे से उनकी अनुपस्थिति में रत्नावली का भाई उसे लिवा ले गया है। कामार्त कवि ससुराल पहुँचता है। वहाँ रत्नावली आग की लपट की तरह उनके सामने आती है। आवेश में उसकी केशराशि खुल जाती है, आँखों से ज्वाला निकलती है और उस अग्नि में ही जैसे उसकी रूप-छवि भस्म हो जाती है। तुलसी ने नारी का यह रूप पहले नहीं देखा था। उनका रूप-मोह भंग हो जाता है और वे ज्ञान की खोज में निकल पड़ते हैं। निश्चय ही ज्ञान की यह खोज भाववादी ढंग की है। रत्नावली को जब यह अहसास होता है कि यह बिदा अब अन्तिम सिद्ध होगी तो वह क्रोधमूर्ति करुणामयी होकर आँखों में आँसू लिए पति के सामने आकर खड़ी हो जाती है। भाववादी उड़ान लेता हुआ निराला का कलाकार यहाँ भी नारी-जीवन के एक मार्मिक यथार्थ की उपेक्षा नहीं करता। अत्यन्त कलापूर्ण जागरूकता और मानवीय हार्दिकता के साथ वे इस मर्मपूर्ण दृश्य का वर्णन करते हैं :

क्या हुआ कहाँ, कुछ नहीं सुना
कवि ने निज निज भाव में गुना
साधना जगी केवल अधुना प्राणों की
देखा सामने मूर्ति छल-छल
नयनों में छलक रही अचपल
उपमिता न हुई समुच्च सकल तानों की
(तुलसीदास, छन्द सं. 98)

इस कविता का प्रारम्भ संस्कृति के सूर्यास्त ('अस्तमित आज रे तमस्तूर्य दिङ्मंडल') से होता है और समापन संस्कृति के सूर्योदय से ('प्राची-दिगन्त उर में पुष्कल रवि रेखा')। कविता में ऐसे कई स्थल हैं जहाँ निराला की निम्नवर्गीय सहानुभूति और उच्च वर्ग के प्रति उनकी घृणा अपने ढंग से अभिव्यक्त होती है। सांस्कृतिक अभ्युत्थान की भावना से अभिभूत स्थिति में वर्गीय आधार के यथार्थ का दामन वे थामे रहते हैं :

वे टूट चुके थे ठाट सकल वर्णों के
तृष्णोद्धत, स्पर्धागत, सगर्व
क्षत्रिय रक्षा से रहित सर्व
द्विज चाटुकार, हत इतर वर्ग पर्णों के।
(तुलसीदास, छन्द सं. 27)

पर्णों (पर्ण कुटीरों) में रहने वाले निम्नवर्ग कुचले जा रहे हैं। इस स्थिति की ओर अपने पाठकों का ध्यान आकर्षित करते हुए निराला कहते हैं :

चलते फिरते पर निस्सहाय
वे दीन क्षीण कंकाल काय
(तुलसीदास, छन्द सं. 28)
... ...
वे शेष श्वास, पशु मूक भाष
पाते प्रहार अब हताश्वास
सोचते कभी आजन्म ग्रास द्विज गण के
(तुलसीदास, छन्द सं. 29)

अन्तिम पंक्ति में 'आजन्म ग्रास द्विजगण के' को पढ़ते ही अली सरदार जाफरी की 'नेवाला' शीर्षक नज़्म की याद आ जाती है। तीसवें छन्द में निराला साफ़-साफ़ शब्दों में कह जाते हैं कि समाज के ठेकदारों ने निम्नवर्गीय जातियों पर कठोरतम कर्तव्यों का गुरुभार लाद दिया है : 'रखा उन पर गुरुभार विषम'। यही 'गुरुभार' 'तोड़ती पत्थर' शीर्षक कविता में 'गुरु हथौड़ा हाथ' से मिलान करने योग्य है। निराला का यह संवेदनात्मक उद्देश्य उनकी तमाम कविताओं में उभरता है। ग़रीब और निम्नवर्गीय आदमी का उन्हें हर समय ख़याल रहता है। 'तुलसीदास' जैसे आख्यान-परक काव्य में भी यह चिन्ता गायब नहीं है।

'तुलसीदास' की एक अन्य विशेषता उसके अत्यन्त कलात्मक प्राकृतिक दृश्यों में है। यहाँ नारी प्रकृतिमय है और प्रकृति नारीमय। रत्नावली की तुलना पर्वत के समीप आकर स्थित हो गयी मारुत-प्रेरित मेघमाला से करते हैं जिन्हें देखकर तुलसीदास का मन-मयूर नाच उठता है (तुलसीदास, छन्द सं. 82)। रत्नावली की मछली के समान लटों और नीरज-पलकों का ज़िक्र करते हैं। कहीं-कहीं शुद्ध प्रकृति चित्रण के दृश्य हैं :

मग में पिक-कुहरित डाल-डाल
है हरित विटप सब सुमन माल
हिलती लतिकाएँ ताल-ताल पर सस्मित
(तुलसीदास, छन्द सं. 74)

'तुलसीदास कविता के द्वारा निराला ने खड़ी बोली को उसकी क्षमता का उत्कर्ष प्रदान करते हुए एक नये छन्द (शक्तिछन्द) का सृजन किया; एक नयी तरह का छन्द-अनुशासन, उसमें कसा हुआ नयी तरह का शब्द चयन। मुक्तछन्द में निराला ने जितनी स्वछन्दता का परिचय दिया था, यहाँ उसके विपरीतात्मक पद्य रचना (एंटिथेटिकल पोएटिक प्रिपोजीशन) के रूप में उतने ही कठोर छन्दानुशासन का परिचय दिया। लेकिन एक दूसरे के उलट होते हुए भी, यह शक्ति छन्द मुक्तछन्द का ही एक विकसित अनुशासित स्वरूप था, जो छन्द के इतिहास में एक अपने ही ढंग का अनुशासन लेकर आया था। आगे चलकर शक्तिछन्द ने मुक्तछन्द को अपने ढंग से प्रभावित किया। निराला ने मुक्तछन्द के प्रवर्तन द्वारा छन्दशास्त्र का बहिष्कार किया था। इसी बात को लेकर तत्कालीन छन्दशास्त्रियों ने निराला पर तरह-तरह के प्रहार किये थे। अतः निराला के सम्मुख यह चुनौती थी कि वे सक्षम से सक्षम छन्द लिखकर दिखाएँ। निराला ने इस चुनौती को स्वीकार किया और 'तुलसीदास' में प्रयुक्त कठोरतम अनुशासन वाले मौलिक किन्तु सर्वाधिक सक्षम छन्द के प्रयोग द्वारा खड़ी बोली के छन्द-शास्त्र के इतिहास में एक दूसरा युगान्तर कर दिखाया। यूँ भी यदि समग्र रूप से विचार किया जाये तो 'कामायनी' के अतिरिक्त 'तुलसीदास' छायावादी युग का दूसरा सर्वश्रेष्ठ प्रबन्ध-काव्य है।

'तुलसीदास' तक निराला छायावाद के भाववादी काव्यबोध की ऊँचाइयाँ चढ़ते रहे। 'तुलसीदास' उसी यात्रा में एक सर्वोच्च शिखर था। भाववादी शिखर पर वे कब तक चढ़े रहते? इस शिखर से उतरना लाज़िमी था। जीवन की बहुमुखी परिस्थितियों का यथार्थ उन्हें एक नये काव्यबोध की ज़मीन पर उतरने के लिए बुलावा दे रहा था। सन् 1942 में कुकुरमुत्ता का प्रकाशन हुआ। यथार्थवादी काव्यबोध की ऊबड़-खाबड़ घाटियों में निराला उतर आये। 'तुलसीदास' छायावादी काव्यबोध का एक क्लाइमैक्स था, तो कुकुरमुत्ता उसका एंटी-क्लाइमैक्स था। यह उतार भी निराला की रचना-प्रक्रिया के विकास को ही एक मंजिल के रूप में सामने आया। तब तक छायावाद ने एक नये आभिजात्य के पाश में अभिव्यक्ति को जकड़ लिया था। 'तुलसीदास' का एक दुर्बल पक्ष यह था कि अभिव्यक्ति की वह जकड़ वहाँ भी असहज और अस्वाभाविक रूप में लक्षित होने लगी थी। इस सन्दर्भ में दूधनाथ सिंह का यह कहना काफी अर्थ रखता है कि : 'कुकुरमुत्ता की भाषिक संरचना भी सर्वथा नये प्रकार की है और यहाँ लगभग सारी छायावादी शैली का निषेध है।'

(निराला, 'कुकुरमुत्ता' इलाहाबाद 1969, दूधनाथसिंह की भूमिका, पृ. 32)

लेकिन इतना कहना काफ़ी होते हुए भी सीमित अर्थ ही रखता है क्योंकि निषेध भी विकास की प्रक्रिया की ही एक नयी मंज़िल होती है। फिर छायावादी काव्यबोध ने अपने से पूर्ववर्ती काव्य रूढ़ियों और जड़ीभूत सौन्दर्याभिरुचियों के जिन सेंसरों का निषेध किया था, कुकुरमुत्ता ने उसी निषेध के रूप में काव्यबोध में झलक रहे एक नये बदलाव की सूचना दी। निराला का काव्य अपने युग की काव्यप्रवृत्तियों के सामंजस्य, टकराव और द्वन्द्वों का एक स्वच्छ दर्पण है। किन्तु कुकुरमुत्ता का आभिजात्य-विरोधी तेवर एक नकारात्मक अन्दाज़ को ही उभार पाता है। जिस तरह सबको खुश करने की मनोवृत्ति ठीक नहीं होती, उसी तरह सबका मज़ाक उड़ाने की मनोवृत्ति भी पूर्णतया स्वस्थ नहीं कही जा सकती। 'कुकुरमुत्ता' कविता की रचना करते समय, अन्य बातों के साथ-साथ, निराला इसी मनोवृत्ति के शिकार होते दिखाई देते हैं। केवल 'छायावादी आभिजात्य' ही नहीं कविता की समस्त रचना-सुन्दरता के प्रति यह उनकी एक प्रतिक्रिया थी, जो जितनी तीव्र थी उतनी ही अस्थायी भी सिद्ध हुई। इसके कारण उन गलत किस्म की आलोचनाओं, फतवों, आक्षेपों आदि में हैं, जिनका कि शिकार बनाकर निराला को घेर लिया गया था। जैसे उन सारे वितण्डावादों से परेशान होकर कुछ झुंझलाकर और कुछ ऊबकर निराला ने अपने को निरुपाय नहीं होने दिया और अपनी सहज प्रतिक्रिया के रूप में मिट्टी का ढेला उठाकर अपने प्रतिपक्षियों की ओर फेंक दिया। इस प्रकार प्रतिपक्षियों की आँखों में धूल भर दी। यह कहना अतिशयोक्ति ही है कि :

'कुकुरमुत्ता' एक सफलतम व्यंग्य-काव्य है। (वही, पृ. 29) ऐसा कहना सफलतम व्यंग्य-काव्य की समस्त सम्भावनाओं के प्रति आँख मूँदकर शिलाधर्मी प्रतिमान स्थापित करने के समान है। 'कुकुरमुत्ता' एक सफलतम व्यंग्य-काव्य नहीं है, हाँ, वह एक नये ढंग का व्यंग्य-काव्य ज़रूर है। अपने परिवेश और परिप्रेक्ष्य के अन्तःसम्बन्धों और अन्तर्विरोधों के प्रति एक सपाट, सरलीकृत रवैया अपनाता हुआ, करारी फबतियाँ कसने वाला एक मौलिक व्यंग्य जो काव्यबोध के बदलाव को रेखांकित करता है। किन्तु इस कविता में स्वयं कविता-विधा भी व्यंग्य का शिकार होती है। आधुनिक लफ्फ़ाजी में यह हिन्दी की प्रथम एंटी-पोयेट्री है। हिन्दी के बाद की एंटी-कविताएँ और अकविताएँ उसी की अपविकसित अनुकृतियाँ और विकृतियाँ हैं। आभिजात्य-विरोध और सुरुचि-हीनता में ज़मीन और आसमान का फ़र्क होता है, बाद की एंटी-कविताओं और अकविताओं के रचनाकारों ने उस फ़र्क को नजरन्दाज़ किया।

कुकुरमुत्ता संशोधित संस्करण में निराला ने जो संशोधन किये, उनमें अन्य बातों के साथ-साथ उनका एक प्रधान उद्देश्य 'कुकुरमुत्ता' को एक शुद्ध एंटीकवितात्मक स्वरूप प्रदान करना था। श्री दूधनाथ सिंह इन संशोधनों से आश्चर्य चकित हैं और

उनके पास इनका कोई जवाब नहीं है। वैसे, इनका जवाब है और वह यही है कि पिछले संस्करण में जो शब्द या पद अथवा वाक्य किसी न किसी अर्थ-गरिमा की संकल्पना से, किसी काव्य-सम्बन्धी उत्कर्ष से, औदात्य से, लय से, कलात्मकता से दूर का भी सम्बन्ध रखते हों, उन्हें निराला ने चुन-चुनकर अगले संस्करण में निर्वासित-निष्कासित किया; ऐसा उन्होंने जानबूझ कर ही किया। इसीलिए 'कुकुरमुत्ता उगाये नहीं उगता' (प्रथम संस्करण) के स्थान पर 'कुकुरमुत्ता अब उगाया नहीं उगता' (द्वितीय संस्करण) का प्रयोग उन्हें अधिक रास आया। क्योंकि 'उगाये नहीं उगता' अधिक कवितात्मक था। वैसे यह भी हो सकता है कि 'उगता' (एक वचन के साथ) 'उगाया' (एक वचन) रचना ही उन्हें ठीक जँचा हो। किन्तु भाषा प्रयोग की अपेक्षा अकवितात्मकता वाला कारण ही मुझे अधिक युक्तियुक्त प्रतीत होता है।

इसी तरह 'गले लग-लग हवा चलती मन्द' (प्रथम संस्करण) के स्थान पर, अभिव्यक्ति को लगभग रिक्त कर देने वाला पद 'गले लगकर हवा चलती' (दूसरा संस्करण) कर दिया गया। 'अर्थ गरिमा को घटाने वाले' और सत्य को सामयिक मात्र बना देने वाले' शब्द 'अब' के प्रयोग का भी यही कारण है। अकवितात्मक प्रयोगों का रुझान ही यहाँ उनका प्रमुख लक्ष्य रहा है इसीलिए वे संशोधनों द्वारा इस कविता को और अधिक एंटी-पोएट्री अथवा का अकवितात्मकता के नज़दीक ले जाते हैं और छन्दभंग, लयभंग, अर्थभंग और कुल मिलाकर समग्र काव्यभंग को ही नयी भंगिमा बनाकर इस्तेमाल करते हैं। एक तरह से वे 'तरंग भंग' वाली अपनी ही पिछली काव्यभाषा का मज़ाक उड़ाते हैं ('शत धूर्णावर्त तरंग भंग उठते पहाड़, जल राशि, राशि जल पर चढ़ता खाता पछाड़, वाली भाषा पर हँसते हैं) और दूसरी ओर अतिगाम्भीर्य की चादर ओढ़कर खर्राटे लेने वाले तत्कालीन भाषा-शिल्पियों के ऊपर छींटाकशी करते हैं। लेकिन ऐसी मनःस्थिति में भी निराला कहीं-कहीं गहरे यथार्थ के गम्भीर अहसास का परिचय दे ही जाते हैं। 'पेट में डंड पेले हों चूहे, जबाँ पर लफ्ज प्यारा' ओर 'लेखकों में लंठ जैसे खुशनसीब' जैसी व्यंजनात्मक और ज़ोरदार पंक्तियाँ लिख पाते हैं। 'कुकुरमुत्ता' का महत्त्व ऐसी ही चन्द एक पंक्तियों के कारण कभी भी भुलाया नहीं जा सकेगा। ध्यान देने की बात यह है कि इस हलकी कविता में भी निराला सिर्फ़ ग़रीबों का मज़ाक नहीं उड़ाते (और सबका उड़ाते हैं, गरीबों के हिमायतियों का भी) फिर चाहे वे हिन्दू हों या मुसलमान, इस देश के निम्नजातीय हों या अफ्रीका के आदिम जातीय, निराला का सामाजिक दृष्टि सम्पन्न, जागरूक और सेक्यूलर मन उन्हें यहाँ भी नहीं भूलता :

> रहते थे नवाब के खादिम/अफ्रीका के आदमी-आदिम—/खानसामा, बावर्ची, चोबदार/ सिपाही, साईस, भिश्ती, घुड़सवार/तामजान वाले कुछ देशी कहार/नाई, धोबी, तेली, तम्बोली, कुम्हार/फीलवान, ऊँटवान, गाड़ीवान/एक खासा हिन्दू मुसलमान

खानदान/एक ही रस्सी से किस्मत की बँधा/काटता था ज़िन्दगी गिरता-सधा।

... ...

पेट के सहारे वहाँ पर आ बसे/साथ उनके रहे रोये और हँसे।

(कुकुरमुत्ता, खण्ड 2)

निम्नवर्गीय हिन्दू और मुसलमानों, भारतीय और अफ्रीकी आदिम जातीय लोगों के प्रति निराला की संवेदनात्मक सहानुभूति कराये व्यंग्य की पैनी धार पर भी नहीं कटती, बरकरार रहती है।

'कुकुरमुत्ता' में रचित ऐसी ही सार्थक पंक्तियों ने उस जनवादी काव्यबोध की शुरुआत की, जिसका विकास आगे चलकर 'अणिमा', 'बेला' और 'नये पत्ते' की अनेक महत्त्वपूर्ण कविताओं में अपने उत्कर्ष तक पहुँचा। हर शुरुआत की एक सीमा होती है, 'कुकुरमुत्ता' भी इसका अपवाद नहीं था किन्तु यह महत्त्वपूर्ण बदलाव की शुरुआत थी, इस तथ्य से इनकार नहीं किया जा सकता।

'अणिमा' का प्रकाशन सन् 1943 में हुआ। इसमें निराला की 44 कविताएँ संकलित हैं। 'अणिमा' की इन कविताओं में निरन्तर वे बोलचाल की भाषा के प्रति सजग होते हुए दिखाई देते हैं, हालाँकि अलंकृत भाषा के संस्कार कहीं-कहीं बज उठते हैं ('नुपुर के सुर मन्द रहे/चरण न जब स्वच्छन्द रहे।' अणिमा, पृ. 82)। किन्तु, अधिकांश कविताएँ बोलचाल की नयी, ताज़ी और टटकी भाषा की प्रारम्भिक बानगियों की झलक देती है : 'सड़क के किनारे दुकान है/ पान की, दूर एक्कावान है' (अणिमा, कविता सं. चालीस) अथवा 'मेरे घर के पश्चिम की ओर/बड़ी-बड़ी आँखों वाली वह युवती/सारी कथा खुल खुलकर कहती है।' (अणिमा, कविता सं. उनचालीस)

यह भाषा आज की कविता की भाषा से बिल्कुल मिलती-जुलती है। कविता के कंटेंट के स्तर पर भी यहाँ आधुनिक जीवन के दैनिक बिम्बों का एक सिलसिला शुरू होने लगा है। किन्तु यथार्थ के गहरे अहसास को व्यंजित करने की क्षमता अभी इस भाषा में नहीं आ पायी है, इसीलिए ऐसे अहसास की अभिव्यक्ति करते समय पुनः निराला को छायावाद की सर्जनात्मक भाषा के जीवन्त उपकरणों को समेटने की ज़रूरत महसूस होती है : गहन है यह अन्धकारा/स्वार्थ के अवगुण्ठनों से हुआ है लुण्ठन हमारा। (अणिमा, कविता सं. चौंतीस)

भाषा और संरचना छायावादी सही किन्तु अपने परिवेश का यह अहसास बिल्कुल यथार्थवादी है, आज़ादी से पहले ही पूँजीवादी राजनीति के स्वार्थों भरे अवगुण्ठनों से लुण्ठित परिवेश को बेनकाब करता हुआ।

अणिमा के गीतों और कविताओं में एक सरल और नये ढंग की सहज भाषा का प्रवाह है। 'परिमल' की 'तुम और मैं' शीर्षक कविता और 'अणिमा' की 'तुम

और मैं' शीर्षक कविता का परस्पर मिलान करें तो दो विभिन्न प्रकार की काव्यभाषाओं का अन्तर रेखांकित किया जा सकता है। काव्य-भाषा के अन्तर के साथ-साथ काव्य-वस्तु का अन्तर भी यहाँ स्पष्ट रूप से अलगाया जा सकता है। 'परिमल' की 'तुम और मैं' शीर्षक कविता में वेदान्त पर आधारित दार्शनिक युवा कवि की कल्पनाओं, उत्प्रेक्षाओं और उपमाओं का अम्बार है, किन्तु 'अणिमा' की 'तुम और मैं' शीर्षक कविताओं में सुख-दुखात्मक अनुभवों से गुज़रे हुए जीवन की ऊष्मा है :

> झुकता है सर
> दुनिया से मैं धोखा खाकर
> गिरता हूँ जब
> मुझे उठा लेते हो तुम तब
> ज्यों पानी को किरन तपाकर।
> (अणिमा, कविता सं. तेरह)

स्पष्टतः ही यहाँ दार्शनिक युवा कवि की 'तुंग हिमालय शृंग' जैसी कल्पनाप्रधान उड़ानों, अलंकृत समस्त-पद-योजना का स्थान एक ऐसी सहज भाषा ने ले लिया है जो अनुभव और अभिव्यक्ति के बीच के अन्तराल को एक लम्बे और संघर्षपूर्ण जीवन द्वारा तय कर चुकी है, जो कल्पना के स्थान पर वस्तु-बोध और भावुकता के स्थान पर संसार और जीवन सम्बन्धी आब्ज़र्वेशंज़ को तरजीह देती है।

इसी संकलन में 'स्वामी प्रेमानन्द महाराज' शीर्षक एक लम्बी कविता है जो कवि के जीवन में, अध्यात्म और यथार्थ के बीच अनवरत रूप से चलते हुए अन्तर्द्वन्द्व को उभारकर रख देती है। हालाँकि कविता की प्रशस्तिपरक परिणति निराला के अन्तर्विरोध ग्रस्त भावबोध का एक खाका दे जाती है, तथापि यहाँ भी साधारण जनों के प्रति निराला की पक्षधरता का परिचय मिले बिना नहीं रहता। पहली बार निराला बोलचाल की सहज भाषा में एक लम्बी कविता रचते हैं, जिसमें न तो 'कुकुरमुत्ता' की-सी अगम्भीरता है और न ही 'राम की शक्तिपूजा' जैसा अतिगम्भीरता। इस कविता में बातचीत जैसी सरलता और रोचकता है।

'कुकुरमुत्ता' द्वारा जिस नकारात्मक काव्यबोध की शुरुआत होती है, 'अणिमा' में उसकी सीमाओं को कवि पहचान लेता है और 'बेला' तथा 'नये पत्ते' में वही पहचान एक सकारात्मक काव्यबोध के रूप में गुणान्तरित होने लगती है। भाषा-शिल्प और अभिव्यक्ति सहज और स्वाभाविक होते हुए भी यहाँ सुरुचि-खण्डित नहीं होती। रूप और वस्तु दोनों ही स्तरों पर एक नयी काव्य-भाषा और नये काव्य-सत्य परिमार्जित और मँजे हुए रूप में सामने आते हैं। शायद 'अणिमा' के रचनाकाल

के समय 'कुकुरमुत्ता' के नकारात्मक काव्यबोध की सीमाओं को पहचानकर ही निराला ने 'कुकुरमुत्ता' में संकलित 'गर्म पकौड़ी', 'प्रेम संगीत', 'रानी और कानी', 'खजोहरा', 'मास्को डायलाग्स', 'स्फटिक शिला' और 'खेल' आदि कविताओं के बाद के संस्करण से निकाल दिया और उन्हें 'नये पत्ते' की रचनाओं के साथ शामिल किया। किन्तु 'नये पत्ते' की रचनाओं पर विचार करने से पूर्व, रचनाकाल-क्रम को देखते हुए 'बेला' की रचनाओं पर विचार कर लेना ज़रूरी है।

'बेला' का प्रकाशन 'अणिमा' के प्रकाशन के लगभग तीन वर्षों बाद 1946 में हुआ। 'बेला' के प्रकाशन के तीन महीने के भीतर मार्च, 1946 में 'नये पत्ते' का प्रकाशन हुआ। बेला में उर्दूनुमा ग़ज़लें और नयी तर्ज़ के गीत संकलित हैं। 'आवेदन' के रूप में निराला कहते हैं : "बेला में मेरे नये गीतों का संग्रह है। प्रायः सभी तरह के गेय गीत इसमें हैं। भाषा सरल तथा मुहावरेदार है। गद्य करने की आवश्यकता नहीं। देशभक्ति के गीत भी हैं। बढ़कर नयी बात यह है कि अलग-अलग बहरों की ग़ज़लें भी हैं जिनमें फारसी के छन्दशास्त्र का निर्वाह किया गया है, काव्य की कसौटी भी है। पाठकों की हिन्दी मार्जित हो जायेगी अगर उन्होंने आधे गीत भी कंठाग्र कर लिए।" (निराला, 'बेला', इलाहाबाद, 1978, पृ. 7)

कुल मिलाकर यहाँ निराला भाषायी और अन्य रूपात्मक स्वरूपों की ओर अपने पाठकों का ध्यान आकर्षित कर रहे हैं। यह निराला की गर्वोक्ति नहीं है, अपितु उन्होंने बहुत कम कहा है। 'बेला' की रचनाएँ हिन्दी कविता में एक नयी काव्यभाषा को रचनात्मक स्तर पर चरितार्थ करती हैं और नये काव्य सत्यों को पकड़ पाने में सफल होती हैं; सफल ही नहीं सार्थक भी होती हैं। 'बेला' की रचनाओं में काव्य सम्बन्धी जिस नयी अन्तर्वस्तु का विकास लक्षित होता है, उसका निराला ने हलका संकेत मात्र दिया है। इन कविताओं के द्वारा निराला हिन्दी कविता में वस्तु और रूप दोनों स्तरों पर छायावादी, रहस्यवादी, कलावादी, विचारवादी, भाववादी रुझानों से मुक्त होकर सहज और स्वाभाविक किन्तु सुरुचिपूर्ण काव्य-भाषा में युग के समाजवादी यथार्थ को उसके नये-नये अन्तर्विरोधों और अन्तःसम्बन्धों के साथ चित्रित करते हैं। समाजवादी यथार्थ की अन्तर्वस्तु भारतीय समाज और साहित्य में पहले से मौजूद थी, किन्तु निराला उसे नये काव्य सत्यों के रूप में रचनात्मक धरातल पर चरितार्थ करते हैं। हिन्दी कविता में ऐसा पहले नहीं हुआ था। निराला ही सर्वप्रथम ऐसा करते हैं। ये नये काव्य-सत्य भ्रूणावस्था में रहे होंगे। निराला की 'बेला' में संकलित रचनाओं में रहस्यवादी-छायावादी भाववादी-विचारवादी-वस्तुवादी मिले-जुले तन्तुओं से बुने गर्भाशय से मुक्त होकर ये काव्य-सत्य अभिव्यक्त होने लगते हैं :

जिन्होंने ठोकरें खायीं गरीबी में पड़े उनके
हजारों हा हजारों हाथ के उठते समर देखे।
(बेला, गीत सं. 55)
... .
भेद कुल खुल जाय वह, सूरत हमारे दिल में है
देश को मिल जाय जो पूँजी तुम्हारी मिल में है।
(बेला, गीत सं. 59)
... ...
राह पर बैठे उन्हें आबाद तू जब तक न कर
चैन मत ले, गैर को बरबाद तू जब तक न कर।
(बेला, गीत सं. 60)
... ...
सेठ होने को किसी की गठरियाँ लेकर न चल।
(बेला, गीत सं. 60)
... ...
अर्थ के गर्त में सर्प जैसे बढ़े।
(बेला, गीत सं. 61)

'बेला' में अभिव्यक्त ये नये काव्य-सत्य स्वयं स्पष्ट हैं। शिल्प में सादगी तो है ही, एक ऐसी ताज़गी भी है जो पहले नहीं देखी गयी। यहाँ जनभाषा को निराला की रचनाओं में विकसित और गुणान्तरित होते हुए देखा जा सकता है। आगे चलकर महाकवि नागार्जुन और केदारनाथ अग्रवाल तथा त्रिलोचन और शील जैसे कवियों ने इसी काव्य-भाषा को और आगे विकसित किया।

यहाँ निराला देश के किसानों को बुला-बुलाकर इकट्ठा करते हुए दिखाई देते हैं—जल्द-जल्द पैर बढ़ाओ, आओ, अरे ओ पासी! धोबी!! चमार!!! तेली!!!! सब मिल जाओ, अमीर की इस हवेली में टाट बिछाओ! यहाँ हमारी पाठशाला बनेगी! सब मिलकर सामूहिक रूप से एक पाठ पढ़ेंगे। पाठ यह, कि सारी सम्पत्ति देश की हो, सारी आपत्तियाँ सरकार उठाये, जनता विदेशी नकल का शिकार न हो, अपना जातीय वेश बनाये रखे। वाद और विवाद द्वारा खुलकर बहसें हों। इस व्यापार-ग्रस्त संसार में कला और साहित्यसाधना सुविधा का आसन बन गयी। आदमी-आदमी में कोई समानता नहीं। आँख से आँख मिलाओ! निर्भय हो जाओ!! नोक से काँटा निकालो, काँटे से नोक नहीं। अब तक आँसू बहाते रहे, किन्तु अब किसी का मुँह मत ताको। अपने पर ही निर्भर होना होगा। गोरे शासक वर्ग के साथ साँवले शासक वर्ग की पटली बैठने वाली है! (सन् 43 के आसपास सारी राजनैतिक

साँठगाँठें निराला खुली आँख से देख रहे थे) सारे भेद खुल चुके हैं। अब शत्रुओं को पहचानना होगा और इस युद्ध में पछाड़ना होगा! (शत्रु को समर जीते पछाड़!) आदि, आदि नये युग-सत्यों को निराला नये काव्य-सत्यों का रूप दे रहे थे! एक अशिक्षित और पराधीन देश की बहुसंख्यक किसान जनता को अपने युग के इस महान कवि ने सन् 1943 में यह पाठ पढ़ाया था। 'जल्द-जल्द पैर बढ़ाओ' शीर्षक कविता खड़ी बोली की हमारे युग की अत्यन्त महत्त्वपूर्ण कविताओं में से एक है, इसमें सन्देह नहीं। निराला ने युग की नयी हवा में होते हुए बदलाव को देख लिया था :

उगी छेती, लहरायी, हवा और बदली है
मिले बढ़े चलें, ऐसा विचार लाएँगी
(बेला, गीत सं. 50)

'बेला' के बाद 1946 में ही 'नये पत्ते' का प्रकाशन हुआ। विषय-वस्तु, शिल्प, भाषिक संरचना और अभिव्यक्ति—लगभग सभी स्तरों पर एक नयी काव्यभाषा और नये काव्य-सत्यों से हमारा साक्षात्कार यहाँ भी बराबर होता रहता है। 'बेला' द्वारा जो एक शुरुआत होती है उसी का विकसित स्वरूप यहाँ लक्षित होता है। मानव जाति के इतिहास को निराला नये युग की नयी विचारधारात्मक दृष्टि से देखते हैं। 'थोड़ों के पेटों में बहुतों को आना पड़ा' शीर्षक कविता इस प्रकार शुरू होकर :

धूहों और गुफाओं और पत्थरों के घरों से
आजकल के शहरों तक, दुनिया ने चोली बदली

इस प्रकार समाप्त होती है :

रामराज के पहले के दिन आये
वानिज के राज ने लक्ष्मी को हर लिया
टापू में ले चलकर रखा और कैद किया
एक का डंका बजा
बहुतों की आँख झपी
(नये पत्ते, थोड़ों के पेटों में बहुतों को आना पड़ा)

इसी तरह, मानव जाति के इतिहास को वर्ग-संघर्ष के सिलसिले के रूप में देखते हुए कवि अपने ढंग से कहता है :

राजे ने अपनी रखवाली की;
किला बनाकर रहा;
बड़ी-बड़ी फौजें रखीं
चापलूस कितने सामन्त आये
कितने ब्राह्मण आये
पोथियों में जनता को बाँधे हुए।
... ...
लोहा बजा धर्म पर, सभ्यता के नाम पर
खून की नदी बही
आँख कान मूँद कर जनता ने डुबकियाँ लीं
आँख खुली—राजे ने अपनी रखवाली की।
(नये पत्ते, राजे ने रखवाली की)।

'दगा की' शीर्षक कविता में निराला इस ऐतिहासिक तथ्य की घोषणा करते हैं कि आदिम काल से लेकर आज तक शासक़-वर्ग ने सभ्यता के नाम पर जनता के साथ दगा की है। 'चर्खा चला' कविता में वे भारतीय किसानों का संघर्ष के लिए आह्वान करते हुए कहते हैं कि बलदेव ने हल से हथियार का काम लिया था। 'तारे गिनते रहे' कविता में 'माल के दलाल थे वैश्य हुए देश के' कहते हुए पूँजीपतियों की भर्त्सना करते हैं। 'कुत्ता भौंकने लगा' कविता में एक खेतिहर के यहाँ चन्दा उगाहने के लिए आ धमके ज़मींदार के सिपाहियों के पीछे कुत्ता लगा देते हैं :

लोगों के साथ कुत्ता खेतिहर का बैठा था।
चलते सिपाहियों को देख कर खड़ा हुआ
और भौंकने लगा,
करुणा से बन्धु खेतिहर को देख-देख कर
(नय पत्ते, कुत्ता भौंकने लगा)

'झींगुर डट कर बोला' कविता में सर्वहारा-खेतिहर शासक-शोषक वर्ग के पेचों को समझने लगा है और डटकर बोलता है :

चूँकि हम किसान-सभा के
भाई जी के मददगार
जमींदार ने गोली चलवायी
पुलिस के हुक्म की तामीली को
ऐसा यह पेच है
(नये पत्ते, झींगुर डट कर बोला)

'छलाँग मारता चला गया' कविता में जमींदार के सिपाही की हेकड़ी को करारे व्यंग्य से छेदते हैं। जब सिपाही लाठी का गूला पेड़ के तने पर रख डट-डटकर देखता है तो जनता में असुरक्षा का भाव बढ़ जाता है। 'आदमी जैसे कमान बन जाता है किसान'—निराला सत्ता और उसके आतंक का चित्र खींचते हुए कहते हैं कि 'आध्यात्मिक नसों का खून चूसता हुआ' यह एक 'विशालकाय राक्षस' है। साथ ही प्रतिरोध की शक्तियों को व्यंजना द्वारा ध्वनित करते हुए सत्ता और आतंक का मज़ाक भी उड़ाते हैं। स्थिति की विडम्बना को क्लाइमैक्स तक पहुँचाने के बाद फिर एंटी-क्ला मैक्स के रूप में यह कहते हैं कि :

> पास का मेंढक थाले के पानी से उठ कर
> मूत-मूत कर छलाँग मारता चला गया।
> (नये पत्ते, छलाँग मारता चला गया)

'डिप्टी साहब आये' कविता में बदलू नाम का किसान ज़मींदार के चापलूस की नाक पर घूँसा जमाता है और वह भी तान कर! बाद में बदलू के तरफदार जमा हो जाते हैं। मन्नी कुम्हार, कुल्ली तेली, भकुआ चमार, लुच्छू नाई, बली कहार सब मिलकर जमींदार के ख़ुशामदी पिट्ठू पर टूट पड़ते हैं और जमकर उसकी धुनाई करते हैं। इस प्रकार निराला कृषि-प्रधान देश की निम्नवर्गीय ग्रामीण जनता को वर्ग-संघर्ष के लिए गोलबन्द होते हुए चित्रित करते हैं। हिन्दी कविता में रचनात्मक धरातल पर समाजवादी यथार्थ के चित्रण की शुरुआत निराला ही करते हैं; बेला में की गयी यह शुरुआत 'नये पत्ते' में और भी ज़्यादा पैने और वज़नदार ढंग से विकसित होती है।

'खून की होली खेली' शीर्षक कविता में क्रान्तिकारी छात्र-आन्दोलन पर गोलीकाण्ड की भर्त्सना करते हैं और शहीद छात्रों को सम्मानपूर्वक याद करते हैं। 'महँगू महँगा रहा' कविता में देश की तत्कालीन राजनीति के कर्णधारों द्वारा अन्तर्राष्ट्रीय स्तर पर किये जा रहे समझौतों का पर्दाफ़ाश करते हैं। निराला इस सन्दर्भ में कहते हैं कि इन नेताओं की गर्दन पर काफी मांस चढ़ गया है :

> देश के किसानों, मजदूरों के भी अपने सगे
> विलायती राष्ट्र के समझौते के लिए
> गले का चढ़ाव बोर्झुआजी का नहीं गया।
> (नये पत्ते, महँगू महँगा रहा)

निराला शायद पहले हिन्दी कवि हैं जो कविता में 'बोर्झूआजी' शब्द का प्रयोग करते हैं। इसी सन्दर्भ में वे तत्कालीन राजनीति के दोमुँहे चरित्र को भी पहचानते हैं :

धाक रूस के बल से ढीली भी, जमी हुई;
आँख पर वही पानी
स्वर पर वही सवार
(नये पत्ते, महँगू महँगा रहा)

महँगू कहता है कि कम्पू में किरिया के जो गोली लगी थी, 'उसका कारण पण्डित जी का शागिर्द है।' 'रामदास को कांग्रेसमैन बनाने वाला मिल-मालिक है।' देखो, वह ज़मींदार यहाँ भी उनकी बाजू से लगा बैठा है। कहते हैं कि इन्हीं के रुपयों से ये चलते हैं और कभी-कभी लाखों पर हाथ साफ़ करते हैं। तो लकुआ घबराकर पूछता है—भला हम फिर कहाँ जायें? महँगू बताता है :

एक उड़ी खबर सुनी है
हमारे अपने हैं यहाँ बहुत छिपे हुए लोग
मगर चूँकि अभी ढीला-पोली है देश में;
अखबार व्यापारियों ही की सम्पत्ति हैं
राजनीति कड़ी से भी कड़ी चल रही है,
ये सब जन मौन हैं इन्हें देखते हुए
जब ये कुछ उठेंगे,
और बड़े त्याग के निमित्त कमर बाँधेंगे,
आयेंगे वे जन भी देश के धरातल पर,
अभी अखबार उनके नाम नहीं छापते।
ऐसा ही पहरा है।
(नये पत्ते, महँगू महँगा रहा)

पहरा अभी खत्म नहीं हुआ; आज भी वैसा ही है। 'नये पत्ते' में संकलित ये रचनाएँ जनवादी साहित्य के प्रारम्भिक किन्तु बेहद महत्त्वपूर्ण दस्तावेज़ हैं। खड़ी बोली की धारदार जनवादी कविता के निराला आदि-कवि हैं। निराला की ये रचनाएँ आगे आने वाले युग में और ज़्यादा सम्मान पाएँगी। तत्कालीन शासक वर्ग के चरित्र को निराला ने सबसे पहले पहचाना। देश की दलित, पीड़ित और शोषित जनता को निराला ने सबसे पहले गले लगाया। ऐसा प्रखर बुद्धिजीवी,

ऐसा महान प्रतिभा सम्पन्न कलाकार, काव्य-कला का ऐसा साधक, निर्धन जनता का ऐसा हितैषी महापुरुष अपने युग का सबसे निराला व्यक्तित्व था। उसका कृतित्व उस युग की सर्वश्रेष्ठ काव्यात्मक उपलब्धि है।

'नये पत्ते' के बाद का समय आज़ादी के आसपास का समय है। नये-नये मोह, नये-नये स्वप्नों, नयी-नयी आकांक्षाओं और नये-नये वायदों की लपेट में लिपट जाने का समय है। यही समय निराला के मानसिक असन्तुलन, उत्पीड़न और मानसिक विक्षेप का भी है। निराला ने शायद सोचा होगा कि हिन्दी की उन्होंने इतनी सेवा की; देश की जनता की राजनैतिक और आर्थिक आज़ादी के तथा सांस्कृतिक आकांक्षाओं के गीत गाये; साहित्य में एक युगान्तर उपस्थित किया, तो अब देश आज़ाद होने पर उनके दुखों की रात ख़त्म हो जायेगी, सुख के दिन आयेंगे और उनकी कद्र भी बढ़ेगी! पर वैसा कुछ भी न हुआ। इतिहास की नियति बड़ी क्रूर होती है। निराला और उन जैसे स्वाभिमानी बुद्धिजीवियों की और अधिक उपेक्षा हुई। चाटुकार, अवसरवादी बुद्धिजीवियों की बन आयी और उन्होंने देश के राजनैतिक सत्ताधारियों को अपने खुशामदी अन्दाज़ों के साथ रिझाना, बहकाना और बरगलाना शुरू कर दिया। ऐसे में निराला को कौन पूछता? निराला के दुखों का अन्त न हुआ। जिस जनता से निराला एकसाँस होकर जिये थे, उस गरीब, दीन, शोषित, अशिक्षित जनता की हालत और ज़्यादा बदतर होती चली गयी। इतिहास की इस आयरनी को निराला झेल न सके।

निराला का जीवन बचपन से ही दुखों, संघर्षों और अभावों से ग्रस्त रहा था। प्रकृति और समाज दोनों की मारें उन्होंने झेली थीं। एक साथ कई पारिवारिक ट्रजेडियों के सदमे बर्दाश्त किये थे। प्यार से प्यारे दोस्त को साथ छोड़कर दुनिया से उठ जाते हुए उन्होंने देखा था, पर उस उम्र और इस उम्र में बड़ा फ़र्क होता है। वह मार सहने और पलटकर वार करने की उम्र थी। इस उम्र में उतना सब कर पाना सम्भव न था। परिस्थितियों के आर्थिक दबावों ने उन्हें कभी चैन की वंशी बजाने की मोहलत नहीं बख्शी। जीवन और साहित्य दोनों मोर्चों पर वार पर वार सहते, पलटकर प्रहार करते, फिर प्रतिप्रहार सहते, फिर उसका जवाब देत-देते एक युग बीत रहा था। निराला शारीरिक और मानसिक रूप से थक गये। कुछ निजी और कुछ सामाजिक कारणों से वे टूट गये। 'नये पत्ते' के बाद का निराला ऐसा ही थका-हारा और टूटा हुआ निराला है। लेकिन निराला की जिजीविषा युग की मार खाकर भी रोने और टूटने से इनकार करती है।

थकन का यह अहसास यकायक नहीं हुआ। बीच-बीच में यह अहसास पहले भी उभरता था, फिर मिट भी जाता था। 'राम की शक्तिपूजा' (अनामिका, प्रकाशन वर्ष 1938) में भी यह अहसास उभरता है ('असमर्थ मानता मन उद्यत हो हार-हार') किन्तु कविता के अन्त तक मिट भी जाता है। 'सरोजस्मृति'

(अनामिका, प्रकाशन वर्ष 1938) में यह थकन, टूटन और पराजय का अहसास फिर उभरकर निराला के हृदय-आकाश को आच्छादित कर लेता है (दुःख ही जीवन की कथा रही, क्या कहूँ आज जो नहीं कही।) और आत्म-प्रताड़ना में परिणत होता है (हो इसी कर्म पर वज्रपात...)। 'वनबेला' (अनामिका) में यह अहसास और गहरा हो जाता है (हो गया व्यर्थ जीवन, मैं रण में गया हार!)। किन्तु अक्सर यह होता है कि निराला उस अहसास को अपनी संकल्पशक्ति और जागरूकता के द्वारा रचनात्मक ऊर्जा में बदल देते हैं। पूरी तरह टूट जाने से इनकार करते हैं।

किन्तु 'नये पत्ते' के बाद, सन् पचास तक आते-आते निराला की सहन शक्ति जवाब देने लगती है। 'अर्चना' (1950), 'आराधना' (1953), 'गीत गुंज' (1954) और सान्ध्यकाकली (मरणोपरान्त—वर्ष 1961 के आठ वर्ष बाद, वर्ष 1969 में प्रकाशित) में ऐसे ही नैराश्यपूर्ण उद्‌गारों और समर्पण की भावमुद्राओं की लीरिकल अभिव्यक्तियाँ हैं। इन गीतों में यद्यपि निराला के विकसित और गुणान्तरित काव्यबोध की झलक स्थान-स्थान पर मिलती है, तथापि करुण वेदना और घोर अवसाद का रंग इतना गहरा है कि ये गीत एक त्रासद अनुभूति का अहसास कराते हुए निराला काव्य ही नहीं, आधुनिक हिन्दीकाव्य के इतिहास की एक ट्रेजेडी बन जाते हैं। ये गीत पराजय के उच्छ्‌वास और निःश्वास छोड़ते हुए या तो कल्पनाविलासी होकर ब्रह्मानन्द का आश्रय खोजते हैं या फिर धर्माश्रयी हो जाते हैं :

भजन कर हरि के चरण मन
पार कर मायावरण मन!
कलुष के कर से गिरे हैं
देह-क्रम तेरे फिरे हैं
विपथ के रथ से उतरकर
बन शरण का उपकरण, मन!
(अर्चना, गीत सं. 78)

अथवा

हरि भजन करो, भू भार हरो
भव सागर निज उद्धार तरो
... ...
सुख के अनुरंजन दुःख महा
दुःख से सुख है यह सत्य कहा
तन मानव क्या, हत ज्ञान रहा
सुरलोक-विधान-विमान बरो
(आराधना, गीत सं. 51)

दुख से ही सुख है, कहकर निराला जैसे ख़ुद को तसल्ली दे रहे हैं। इस जीवन में तो वे विमान पर नहीं चढ़ सके; इसीलिए सुरलोक-विधान-विमान बरो, कहकर मन को समझा रहे हैं। युग के महानतम कवि की यह कैसी दुर्दशा है? जिस माहौल ने उन्हें इस स्थिति तक ला पटका, उस माहौल पर बार-बार, हजार बार लानत है। किन्तु आचार्य नन्ददुलारे वाजपेयी इस स्थिति को भी महिमामण्डित करने से नहीं चूकते और इसके बावजूद अपनी समीक्षा के स्वच्छन्द और भावपूर्ण न होने तथा संयत और वस्तुमुखी होने का दावा करते हैं : 'आधुनिक पश्चिमी विवेचकों ने कल्पना के वैशिष्ट्य से बढ़कर साहित्य के लिए समर्पण या साक्षात्कार का वैशिष्ट्य स्वीकार किया है। निराला के अन्तिम वर्षों के प्रायः 300 गीतों में समर्पण की यह स्थिति देखी जाती है।'

समर्पण की स्थिति निराला जैसे जागरूक और प्रगतिशील महाकवि के लिए गौरव का विषय नहीं है, ऐसे कवि के लिए जिसने खेतिहर क्रान्ति का आह्वान करते हुए बादलराग गाया था, जिसने 'बंगाल के अकाल' और शरणार्थी समस्या पर कलम चलायी थी, जिसने क्रान्तिकारी कवि बिस्मिल के सुर में सुर मिलाकर 'सर फरोशी की तमन्ना अब हमारे दिल में है' की जमीन पर 'देश को मिल जाय जो पूँजी तुम्हारी मिल में है' (बेला) जैसी ग़ज़ल गायी थी; तेलंगाना में पुलिस द्वारा चलायी गयी गोलियाँ जिसे छेद गयी थीं और बलिया के किसानों का विद्रोह जिसे ख़ूब भाया था। 'नये पत्ते' के रचनाकार निराला के लिए 'धर्माश्रयी समर्पण' का उपकरण बन जाना कोई गौरव का विषय नहीं था।

किन्तु जैसा कि कार्ल मार्क्स ने लिखा था कि धर्म बेहद कठिन ज़िन्दगी जीने वालों के लिए राहत की साँस है, हृदयहीन संसार का हृदय है, आत्माहीन परिस्थितियों की आत्मा है, निराला ने जो कठिन और संकटपूर्ण परिस्थितियों का जीवन जिया, उसे देखते हुए; और निराला जिन कठिन परिस्थितियों में जीवन यापन करने वाली जनता के सुख-दुख, मान-अपमान, मान्यताओं, धारणाओं और आकांक्षाओं के गायक हैं, इसे देखते हुए नयी पीढ़ी और आगे आने वाली पीढ़ियाँ इन गीतों से फूटती हुई अरुणा का अभिनन्दन किया करेंगी, चाहे यह अरुणा मेघों के घटाटोप से इस तरह आछन्न है कि उसकी रक्ताभा बहुत ग़ौर से देखने पर भी धुँधली नज़र आती है। निराला के इन गीतों में हृदयहीन संसार और हृदयहीन संसार के हृदय को धड़कते हुए देखा जा सकता है :

> भर गया है जहर से
> संसार जैसे हार खाकर
> देखते हैं लोग लोगों को
> सही परिचय न पाकर

बुझ गयी है लौ पृथा की
जल उठो फिर सींचने को।
(अर्चना, गीत सं. 59)
अथवा
चोट खाकर राह चलते
होश के भी होश छूटे
हाथ जो पाथेय थे ठग–
ठाकुरों ने रात लूटे
कण्ठ रुकता जा रहा है
आ रहा है काल देखो!
(अर्चना, गीत सं. 59)

ऊपर-ऊपर से देखें तो लगता है कि ये समर्पण भाव-मुद्राओं के गीत हैं। लेकिन उनकी अन्तर्वस्तु कुछ और ही है। ग़ौर से देखें तो नज़र आयेगा कि समर्पण की आरती की इन थालियों में जनाक्रोश के अंगार भी हैं, हालाँकि ये अंगार निराला की व्यक्तिगत इच्छाओं और सामाजिक आकांक्षाओं की राख में ढके और छिपे हुए हैं :

काटे कटी नहीं जो कारा/उसकी हुई मुक्ति की धारा
वार वार से जो जन हारा/उसकी सहज साधिका अरुणा
(अर्चना, गीत सं. 1)

इस सन्दर्भ में नरेश मेहता का यह कथन कि 'अर्चना' आज के तुलसीदास की 'विनय गीतिका' है और निराला नये युग की 'अरुणा' की अर्चना कर रहे हैं, कोई खींचतान नहीं है युक्तियुक्त ही है (निराला स्मृति ग्रन्थ में नरेश मेहता का 'अर्चना' शीर्षक लेख, पृ. 157)

इन गीतों की भाषा आसान और मुहावरेदार है। बोलचाल के शब्दों के अनेकविध प्रयोगों द्वारा निराला जनभाषा का स्वरूप अपनाते हैं और उसे सँवारते भी हैं।

उद्वेल हो उठो भाटे से/बढ़े जाओ घाटे घाटे से
ऐंठो कम आटे-आटे से/भर दो जी कर छाला छाला
(आराधना, गीत सं. 2)

जिस प्रकार प्रेमचन्द कथा की जनभाषा के जीवन्त रूपों को और जीवन्त बना देते हैं उसी तरह निराला कविता और गीत की भाषा को :

मानव यहाँ बैल घोड़ा है/कैसा तन-मन का जोड़ा है

... ...

पक पक कर ऐसे फूटा है/जैसे सावन का फोड़ा है।

(आराधना, गीत सं. 73)

अथवा

ऊँट बैल का साथ हुआ है/कुत्ता पकड़े हुए जुआ है

यह संसार सभी बदला है/फिर भी नीर वही गदला है।

(आराधना, गीत सं. 72)

जनभाषा का यह जीवन्त स्वरूप गैर-रोमांटिक और रोमांटिक दोनों तरह के गीतों में उभरता है। पहली तरह के उदाहरण दिये जा चुके हैं। रोमांटिक गीतों में जनभाषा के ऐसे रूप अन्यत्र दुर्लभ हैं :

खिरनी के पेड़ के तले

बैठी थीं तुम भले-भले

(आराधना, गीत सं. 80)

अथवा

बाँधो न नाव इस ठाँव बन्धु

पूछेगा सारा गाँव बन्धु

(अर्चना, गीत सं. 37)

निराला के रोमांटिक गीतों में भारतीय ग्राम्य जीवन और प्रकृति की मार्मिक छवियाँ सूरदास के पदों की याद दिला देती हैं। ऐसे गीतों की नायिकाएँ प्रायः खेतिहर महिलाएँ ही होती हैं। साथ ही सहज भाषा के सर्जनात्मक और कलात्मक सौन्दर्य का जितना निखार यहाँ मिलता है, उतना आधुनिक हिन्दी के गीति साहित्य में अन्यत्र ढूँढ़ने से भी नहीं मिलता। इन गीतों में अनेक तरह के प्रयोग हैं। कहीं समास-बहुलता है तो कहीं एक-एक शब्द जैसे अलग-थलग बिखरा और छिटका पड़ा है :

खग-कुल-कल कण्ठ राग/फूटे नग नगर बाग

अधर-विधुर छूटे दाग/कर-कर सित-सुमन-चयन

(अर्चना, गीत सं. 55)

तथा

अट नहीं रही है
आभा फागुन की तन सट नहीं रही है।
(अर्चना, गीत सं. 64)

कहीं-कहीं मात्र तुकबन्दी है, भर्ती के शब्द हैं; निराला सृजन करते-करते थक गये हैं। सुविधाजनक तुकों से काम चलाने लगे हैं।

तुम्हारी छाँह है, छल है/तुम्हारे बाल हैं, बल है।
(अर्चना, गीत सं. 107)

थक गये हैं, इसीलिए कभी-कभी स्वयं को दोहराते भी हैं। उदाहरण के लिए इस गीत में 'राम की शक्तिपूजा' के 'जल राशि राशि जल पर चढ़ता खाता पछाड़' की सी भाषिक-संरचना पुनरावृत्त होती है :

शत संहत आवर्त विवर्तों
जल पछाड़ खाता है पर्तों
उठते हैं पहाड़ फिर गर्तों
धँसते हैं, मारण रजनी है।
(अर्चना, गीत सं. 51)

कविता और गीतों में नादसौन्दर्य की सृष्टि करना, निराला का पुराना शौक है। वह शौक अभी भी छूटा नहीं है। कहीं-कहीं वह बेहद रुचता है ('किरन वीणा बजी, गगन के तार पर रागनी जा सजी' तथा 'चरण गहे थे, मौन रहे थे, विनय रचन बहुवचन कहे थे' जैसे गीतों में) किन्तु कहीं-कहीं मात्र खपता है। 'अर्चना' के एक गीत में 'नील' शब्द की और आराधना के एक गीत में 'ज्योति' शब्द की बार-बार आवृत्ति बेहद खटकती है और थके टूटे हुए निराला को पेश करती है :

ज्योति प्रात ज्योति रात/ज्योति नयन, ज्योति गात
ज्योति चरण ज्योति चाल/ज्योति विटप, आलबाल
(आराधना, गीत सं. 54)

अथवा

नील जलधि जल/नील गगन-तल/नील कमल-दल/
नील नयन द्वय/नील मृत्ति पर/नील मृत्यु-शर/
(अर्चना, गीत सं. 76)

'अर्चना' (1950) और 'आराधना' (1953) के बाद 1954 में 'गीत गुंज' का प्रकाशन हुआ। प्रथम संस्करण में गीतों की संख्या 25 थी; बाद के संस्करण (1959) में बढ़ाकर 35 कर दी गयी। संकलन के परिशिष्ट में 6 और कविताएँ हैं। निराला का अन्तिम कविता-संग्रह 'सान्ध्यकाकली' है जो उनकी मृत्यु के बाद सन् 1969 में प्रकाशित हुआ (निराला की मृत्यु 15 अक्तूबर, 1961 को हुई)। 'गीत गुंज' और 'सान्ध्यकाकली' के गीतों में बंगला कवि चण्डीदास, गोविन्ददास, संस्कृत कवि जयदेव, मैथिली के कवि शेखर विद्यापति, और हिन्दी के सूरदास, मीरा और अन्य कृष्णभक्ति शाखा के कवियों और गीतकारों की छायाध्वनियाँ हैं जो सूरदास के 'भ्रमर गीत सार' की भूमिका में आचार्य शुक्ल द्वारा सन्दर्भित 'पैस्टोरल पोएट्री' के वातावरण की याद दिलाती हैं। इन गीतों का वातावरण भी लगभग वैसा ही है। निराला के इस अन्तिम रुझान की झलक 'अर्चना' और 'आराधना' के कुछेक गीतों में ही मिलने लगी थी ('घन आये, घनश्याम न आये', 'अर्चना' में गीत संख्या 105 तथा 'बाँसुरी जो बजी, लाज कुल की तजी', 'आराधना' में गीत संख्या 70) लेकिन 'गीत गुंज' और 'सान्ध्यकाकली' में तो वे बिल्कुल कृष्णभक्ति शाखा के एक नये गायक के रूप में दिखाई देते हैं। निराला ने कृष्णभक्ति शाखा के अनेक संस्कृत, बंगला और हिन्दी कवियों को पढ़ा था। वे अपने युवाकाल से ही ऐसे कई कवियों से प्रभावित थे। यह प्रभाव उनकी निजी प्रणयानुभूति और विरहपीड़ा से भी मेल खाता था। ऐसी प्रणयानुभूति और विरहपीड़ा की इन गीतों में स्थान-स्थान पर अभिव्यक्ति हुई है :

'घर बिछड़े आये मन भावन'
(सान्ध्यकाकली पृ. 58)
अथवा
धिक मनस्सब मान गरजे बदरबा
(गीत गुंज, पृ. 41)
या
धिक मद गरजे बदरवा

इन गीतों पर भारतीय लोकगीतों और शास्त्रीय संगीत का मिला जुला प्रभाव है।

चमकि बिजुली डरपावै
(सान्ध्यकाकली, पृ. 43)
अथवा
मधु की गलियों नुपूर बाजे
(गीत गुंज, पृ. 30)

राधाकृष्ण की प्रणयानुभूति के बहाने निराला-मनोहरा की प्रणयानुभूति भी यहाँ अभिव्यक्त होती है। ज़ाहिर है कि निराला भी अपनी इस तीव्र अनुभूति को छिपाकर नहीं रख सकते थे और उन्होंने कृष्णभक्ति शाखा के कवियों की तरह अपनी प्रणयानुभूति को उस सांस्कृतिक परम्परा से जोड़ दिया। यहाँ महत्त्वपूर्ण बात यह है कि निराला अपने अन्तिम गीतों में प्रवृत्तिमार्गी और रागात्मक ही रहे। निवृत्तिमूलक और वैराग्य-भावना वाले गीत भी उन्होंने लिखे किन्तु अपवाद-स्वरूप ही। उनके अधिकांश गीतों में स्त्री-पुरुष प्रेम, प्रकृति प्रेम, सुख-दुखात्मक प्रतिक्रियाएँ यानी कुल मिलाकर जीवन का प्रेम बोलता है। मानव जीवन से प्रेम वे अन्त तक करते रहे। इच्छाओं की निवृत्तिमूलक परिणतियाँ उन पर हावी नहीं हो पायीं। उनके अन्तिम गीतों में सन्त के स्थान पर प्रेमी और भक्त ही एक प्रधान वाचक के रूप में उभरता है :

> तुम आओ, सुहाओ हमारी गली
> उजली कर दो तरु-तरु की कली
> (सान्ध्यकाकली, पृ. 66)

'अर्चना' से 'सान्ध्यकाकली' तक के गीतों में जीवन है, जीवन के सुख, दुखों और संघर्षों की स्मृतियाँ ध्वनित होती हैं। निराला आने वाली मृत्यु को देखते हैं। मृत्यु की छाया उनके गीतों पर पड़ती है, किन्तु जीवन का प्रकाश वहाँ खत्म नहीं होता। अन्तिम कविता में निराला अपनी तुलना जीवन-समर में अन्ततः घायल भीष्म से करते हैं और निडर होकर मृत्यु का सामना करते हैं : 'ताक रहा है भीष्म शरों की कठिन सेज पर' (सान्ध्यकाकली, पृ. 87)

झूली हुई खाल को देखकर भी उन्हें उस जीवन की याद आती है, जब खाल ढाल की तरह तनी हुई थी। निराला के सामने मृत्यु का अन्धकार पथ फैला है किन्तु वहाँ भी प्रकाश की एक किरण निराला देख रहे हैं : 'अन्धकार पथ एक रश्मि से सुझा हुआ है।' (सान्ध्यकाकली, पृ. 87)

निराला का जीवनान्त होता है किन्तु उस जीवन का क्रम बना रहता है जिससे निराला इतना प्यार करते थे। जीवन का सिलसिला कभी खत्म नहीं होगा, यह आशा और यह विश्वास ही मृत्यु के अन्धकारपथ पर जीवन के प्रकाश की एक किरण है। मृत्यु पर जीवन की यही विजय है। अन्त तक निराला जीवन के कवि हैं। मृत्यु अवश्यम्भावी है, वे इसे जानते हैं, उसे देखते हैं, उसका चित्रण भी करते हैं किन्तु उससे आतंकित कभी नहीं होते। जीवन में उनकी आस्था कभी नहीं टूटती। पराजय, निराशा और मृत्यु का उन पर असर होता है क्योंकि वे मनुष्य हैं,

लेकिन वे ऐसे कवि-मनुष्य नहीं हैं जो विजय के मुकाबले पराजय, आशा के मुकाबले निराशा और जीवन के मुकाबले मृत्यु को तरजीह दें। मूलतः और मुख्य रूप से निराला हमारे सामाजिक जीवन की सुख-दुखात्मक अनुभूतियों, संघर्षों और परिवर्तित होती हुई परिस्थितियों तथा मनःस्थितियों के कवि हैं। वे जीवन्त परम्परा से जुड़े हैं और प्रयोगशील भी हैं। अपनी विरासत और संस्कृति से कटे नहीं हैं और प्रगतिशील भी हैं। विश्व-परिप्रेक्ष्य और विश्वदृष्टि अपनाते हैं लेकिन अपने स्थानीय परिवेश से कभी अलग नहीं होते। मृत्यु से नहीं डरते और जीवन को प्यार करते हैं।

निराला के काव्य में 'विरुद्धों का सामंजस्य' ही नहीं है, विरुद्धों का टकराव भी है। हास्य और करुणा, औदात्य और व्यंग्य, उल्लास और सन्त्रास, आस्था और विवेक, शान्ति और क्रान्ति, मृत्यु और जीवन का सामंजस्य भी है और टकराव भी। आचार्य शुक्ल 'विरुद्धों के सामंजस्य' को ही श्रेष्ठ कविता का लक्षण मानते थे किन्तु श्रेष्ठ कविता 'विरुद्धों के सामंजस्य' में ही नहीं 'विरुद्धों के टकराव' में भी होती है और कहीं श्रेष्ठतर होती है। निराला काव्य में यथेष्ट परिणाम और यथेष्ट गुण के साथ वह दोनों रूपों में हमें मिलती है।

किन्तु विरुद्धों के इस टकराव में वे दोनों के प्रति समभाव नहीं अपनाते। हास्य की तुलना में करुणा को, आस्था की तुलना में विवेक को, शान्ति की तुलना में क्रान्ति को और मृत्यु की तुलना में जीवन को तरजीह देते हैं। वे अदम्य जिजीविषा के कवि हैं। मरते-मरते भी उनका मन जीवन से विमुख नहीं होता :

'यह जी न भरा तुमसे मेरा'
(सान्ध्यकाकली, पृ. 42)

पूर्ववर्ती और परवर्ती काव्य

(निराला काव्य के विभिन्न चरण, अन्तर्विरोध और अन्तःसम्बन्ध)

रामविलास शर्मा ने 'राग-विराग' शीर्षक से निराला की 'श्रेष्ठ कविताओं का संकलन' सम्पादित किया है, जिसमें उन्होंने निराला के पूर्ववर्ती काव्य की श्रेष्ठ प्रदीर्घ कविता 'तुलसीदास' और परवर्ती काव्य की श्रेष्ठ लम्बी कविता 'देवी सरस्वती' को शामिल नहीं किया। संकलन की भूमिका में उन्होंने निराला काव्य का मूल्यांकन करते हुए उसे तीन चरणों में विभाजित किया है : 'राम की शक्तिपूजा से 1936 में निराला का काव्य साधना का पहला चरण समाप्त होता है; नये पत्ते की रचनाएँ सन् 1946 में दूसरा चरण; शेष रचनाएँ सन् 1961 तक तीसरे चरण की हैं। इन तीनों चरणों में निराला की विचारधारा अथवा भावबोध में कोई मौलिक अन्तर नहीं हुआ।' (रामविलास शर्मा, 'राग-विराग', इलाहाबाद 1978, पृ. 36)

यद्यपि निराला बादलराग जैसी कविताएँ लिखकर क्रान्ति का आह्वान कर चुके थे तथापि 1937 से पूर्व और बाद के भावबोध में एक मौलिक अन्तर था। 1936 तक का निराला अभिजात सुरुचियों का कवि है जबकि 1937 से लेकर 1961 तक का निराला जनवादी भावबोध का कवि है। 'बादलराग' और 'तोड़ती पत्थर' जैसी कविताओं में भी (जो 1937 से पहले की हैं) संस्कृत-प्रचुर हिन्दी और अभिजात सुरुचिशास्त्रसम्मत पदावली है :

'श्री बिखेर, मुख फेर कली के निष्ठुर पीड़न!
छिन्न भिन्न कर पत्र-पुष्प-पादप-वन-उपवन,
वज्र घोष से ऐ प्रचण्ड
आतंक जमाने वाले!
कम्पित जंगम,—नीड़-विहंगम,
ऐ न व्यथा पाने वाले!'
(बादलराग-2, 'परिमल')

...   .

'कोई न छायादार
पेड़ वह है जिसके तले बैठी हुई स्वीकार,
श्याम तन, भर बँधा यौवन
नत नयन, प्रिय कर्म रत मन
गुरु हथौड़ा हाथ,
करती बार बार प्रहार
सामने अट्टालिका तरुमालिका प्राकार।'
(तोड़ती पत्थर, 'अनामिका')

यद्यपि ये दोनों कविताएँ अपनी विषय-वस्तु की दृष्टि से प्रगतिशील कविताएँ हैं तथापि इनके भाषाबोध तथा कलात्मक रुचि और निराला की परवर्ती कविताओं (1937 से 1961 तक के दौरान लिखी गयी कविताओं) के भाषाबोध तथा कलात्मक रुचि में एक गुणात्मक अन्तर लक्षित किया जा सकता है।

'जल्द जल्द पैर बढ़ाओ, आओ, आओ!
आज अमीरों की हवेली
किसानों की होगी पाठशाला
धोबी पासी चमार तेली
खोलेंगे अँधेरा का ताला,
एक पाठ पढ़ेंगे, टाट बिछाओ।'
(बेला, गीत संख्या 62)

... ...

'बाँधो न नाव इस ठाँव, बन्धु!
पूछेगा सारा गाँव बन्धु!
यह घाट वही जिस पर हँस कर
वह कभी नहाती थी धँस कर
आँखें रह जाती थीं फँस कर
कँपते थे दोनों पाँव, बन्धु।'
(अर्चना, गीत सं. 37)

... ...

'जीर्ण है वह आज तीली
आग सारी फुक चुकी है
रागिनी वह रुक चुकी है'
(सान्ध्यकाकली)

... ...

'मारें मूर्च्छित हुई
निशाने चूक गये हैं
झूल चुकी है खाल ढाल की तरह तनी थी'
(सान्ध्यकाकली)

निश्चित रूप से 1936 तक की कविताओं में और 1937 से सन् 1961 तक के दौरान लिखी गयी कविताओं में कला और जीवन सम्बन्धी भावबोध का एक मौलिक अन्तर आ गया है।

आचार्य नन्ददुलारे वाजपेयी ने समस्त निराला काव्य के विकास को पाँच चरणों में विभाजित किया है (नन्ददुलारे वाजपेयी, 'कवि निराला', वाराणसी, 1965, पृ. 42-58) जो युक्तियुक्त प्रतीत नहीं होता। वाजपेयी जी द्वारा किया गया यह वर्गीकरण मात्र विभाजन के लिए किया गया विभाजन प्रतीत होता है क्योंकि उसके पीछे कोई वस्तुगत और आधारभूत कारण नहीं हैं। उदाहरण के लिए निराला ने 1917 से 1927 (वाजपेयी के अनुसार पहला चरण) और 1927-37 (दूसरा चरण) के दौरान स्वच्छन्द और छन्दोबद्ध दोनों प्रकार की रचनाएँ की हैं जबकि वाजपेयी जी ने पहले चरण की विशेषता 'स्वच्छन्दता' और दूसरे चरण की विशेषता 'छन्दोबद्धता' बतायी है और इसी आधार पर सन् 1937 तक के रचनाकाल को दो चरणों में विभाजित किया है। इसी प्रकार तीसरे चरण के रचनाकाल को 'दीर्घ आख्यानों की प्रवृत्ति' के आधार पर अलगाया गया है। यह सही है कि 'सरोजस्मृति', 'राम की शक्तिपूजा' आदि 'दीर्घ आख्यानपरक कविताएँ' 1935-36 के लगभग लिखी गयीं तथापि 'तुलसीदास' 1934 में लिखा गया जो 'द्वितीय चरण' का काल है। फिर तीसरा चरण वाजपेयी जी के हिसाब से 1942 तक चलता है। 1940 में निराला ने 'कुकुरमुत्ता' की रचना की। भला 'राम की शक्तिपूजा' और 'कुकुरमुत्ता' को एक साथ एक ही चरण में कैसे शामिल किया जा सकता है।

अतः उपयुक्त यही होगा कि निराला काव्य को ही नहीं, पूरे निराला साहित्य को केवल दो व्यापक वर्गों में विभाजित किया जाये। सन् 1936 तक के काव्य को (और गद्य साहित्य को भी) पूर्ववर्ती काव्य का चरण (अर्थात् पहला चरण) कहा जाये और 1937 से 1961 तक के दौरान की गयी रचनाओं को परवर्ती काव्य (दूसरा चरण) कहकर अभिहित किया जाये। इस विभाजन का आधार दो घटनाएँ हैं, जिन्होंने (अन्य बातों के साथ-साथ) निराला की मानसिकता को बदल देने में एक निर्णायक भूमिका निभायी। ये घटनाएँ हैं—1. सरोज की मृत्यु और 2. भारत में प्रगतिशील लेखक आन्दोलन की शुरुआत। ये दोनों घटनाएँ 1937 से एक-दो वर्ष पूर्व घटीं और इन्होंने एकदम न सही लेकिन धीरे-धीरे बदलाव की प्रक्रिया को

प्रचालित किया। 1937 तक निराला अभिजात-सुरुचि-शास्त्र के शिखर से जनवादी रुचियों और प्रगतिशील भावबोध की ज़मीन पर उतर आये। इस सम्बन्ध में यह उल्लेख करना अप्रासंगिक न होगा कि 1936 में निराला इलाहाबाद में प्रगतिशील लेखक संघ के अधिवेशन में शामिल हुए। 1937 में उन्होंने 'कुल्लीभाट' की रचना की। कुल्लीभाट के प्रारम्भ में ही उन्होंने 'कुल्लीभाट' जैसे जीवन-चरितों के महत्त्व को पहचानने वाले 'एक ही पुरुष' गोर्की को याद किया। (निराला, 'कुल्लीभाट', नयी दिल्ली, 1978, पृ. 10) अतः यह कहना युक्तियुक्त प्रतीत नहीं होता कि 1936 से पूर्व के निराला और बाद के निराला की रचनाओं में विचारधारा अथवा भावबोध के स्तर पर 'कोई मौलिक अन्तर नहीं हुआ।' (रामविलास शर्मा, 'राग-विराग', पृ. 36) हालाँकि यह सही है कि उनके काव्य में आदि से अन्त तक 'सुव्यवस्थित दार्शनिक चिन्तन की जगह परस्पर विरोधी विचार मिलेंगे'। (वही, पृ. 24) लेकिन मानवजीवन ही अन्तर्विरोधों से भरा है और अन्तर्विरोध ही विकास की प्रेरकशक्ति का काम करते हैं। निराला के काव्य में परस्पर विरोधी विचारधाराओं, रुचियों और भावबोध का एक गहरा और सतत अन्तर्द्वन्द्व लक्षित होता है। लेकिन इस अन्तर्द्वन्द्व द्वारा ही निराला की काव्यचेतना के विकास को एक प्रगतिशील दिशा में अग्रसर होने में मदद मिली है। शुरू-शुरू में सन् 1937 के आसपास जो बदलाव की प्रक्रिया प्रारम्भ होती है वह अपनी अपरिपक्व व्यवस्था में अपने साथ एक प्रकार की मूल्यहीनता को भी जन्म देती है, जो 'कुकुरमुत्ता' जैसी रचनाओं में लक्षित होता है। लेकिन धीरे-धीरे यह भावबोध युग की समाजवादी विचारधारा से प्रभावित होता हुआ 'बेला' और 'नये पत्ते' की रचनाओं में परिपक्व रूप में प्रतिफलित होता है। भावबोध सम्बन्धी यह बदलाव पन्त में निराला से पहले आता है। लेकिन जैसा कि प्रोफेसर शिवकुमार मिश्र का कथन है, यद्यपि निराला प्रगतिशील कविता की ज़मीन पर पन्त की अपेक्षा कुछ देर से आये तथापि 'उनकी प्रगतिशीलता केवल पन्त के समान ओढ़ी हुई अथवा किताबी न थी, वह साधारण जनों के साथ उनके गहरे लगाव का परिणाम थी, अतः देर-सवेर का सवाल लगभग बेमानी हो गया। ('हिन्दी कविता की प्रगतिशील भूमिका', पृ. 146, डॉ. शिवकुमार मिश्र का लेख)

1937 से पहले और बाद के काव्य में परस्पर विरोधी विचारधाराओं की द्वन्द्वात्मक प्रक्रिया को एक मल्ल-युद्ध के रूपक द्वारा इस प्रकार स्पष्ट किया जा सकता है। 1936-37 तक अभिजात वर्ग की विचारधारा और सुरुचिशास्त्र सम्बन्धी रुझान जनवादी विचारधारा और प्रगतिशील भावबोध सम्बन्धी रुझान की छाती पर सवार रहता है; 1937 तक आते-आते, नया भावबोध पुरानी विचारधारा और पुराने भावबोध को पटकी देकर गिरा देता है और स्वयं उसकी छाती पर सवार हो जाता है। लेकिन नये और पुराने भावबोध का यह द्वन्द्व पूरी तरह समाप्त नहीं होता और अन्त तक चलता रहता है। किन्तु आभिजात्य-सुरुचियाँ फिर जनवादी रुझान पर हावी नहीं हो पातीं।

पूर्ववर्ती काव्य (पहला चरण)

इस दौर की रचनाओं में आभिजात्य-सुरुचिशास्त्र के प्रति गहरी आस्था अभिलक्षित होती है। यही आस्था उन्हें बंगला, संस्कृत, उर्दू और हिन्दी के क्लासिक्स की वीथियों में ले जाती है। इन वीथियों में भ्रमण करते हुए वे दोनों हाथों से प्रचुर काव्य-सम्पदा लूटते हैं और यथाशक्ति अपनी रचनाओं में इस सम्पदा का सर्जनात्मक इस्तेमाल करते हैं। यद्यपि 'भिक्षुक', 'बादलराग' और 'तोड़ती पत्थर, जैसी रचनाओं के रचनाकार के बारे में ऐसा कहना अटपटा लग सकता है तथापि ऐसी दो-चार या पाँच-सात कविताओं और 'जब कड़ी मारें पड़ी, दिल हिल गया' जैसी इनी-गिनी पंक्तियों के आधार पर उनके पूर्ववर्ती काव्य के समग्र-स्वर को अनसुना नहीं किया जा सकता। 'रंग गयी पग-पग धन्य धरा', 'अमरण भर वरण गान', 'प्रिय यामिनी जागी', 'वसन-बासन्ती लेगी', 'वर दे वीणावादिनी', 'भारती जय विजय करे', 'अलि घिर आये घन पावस के' जैसे गीतों और 'जूही की कली', 'हिन्दी के सुमनों के प्रति', 'तुलसीदास', 'सरोजस्मृति' और 'राम की शक्तिपूजा' जैसी सभी श्रेष्ठ रचनाओं में आभिजात्य-सुरुचिबोध, संस्कृत प्रचुर हिन्दी, अलंकृत शब्द चयन, अक्षरों के चुनाव, पदों के लालित्य, नादसौन्दर्य, कल्पनाविलास, भावों की गरिमापूर्ण अभिव्यक्ति, भाषायी मार्जन और परिष्कार को नज़रन्दाज़ नहीं किया जा सकता। अभिजात वर्ग के 'सत्यं शिवं सुन्दरम्' की अभिव्यक्ति ही इन रचनाओं का प्रतिपाद्य है। कहीं 'काव्यस्य आत्मा ध्वनि' है तो कहीं वक्रोक्तियों का सौन्दर्य है, कहीं सकल रीतियों का निबाह है तो कहीं शब्दालंकारों, अर्थालंकारों और उभयालंकारों का निर्वाह है। ज़ाहिर है कि काव्य गुणों के साथ-साथ दोष भी यत्रतत्र आ गये हैं। साथ ही साथ पश्चिम के अभिजात वर्ग का सौन्दर्यशास्त्र और काव्यशास्त्र भी निराला की इस दौर की रचनाओं पर हावी रहा है। लांजाइनस का उदात्त तत्त्व, कालरेज का 'श्रेष्ठ क्रम से श्रेष्ठ शब्द बन्ध', क्रोचे का अभिव्यंजनावाद और फ्रेंच काव्यशास्त्रियों के बिम्ब और प्रतीक सम्बन्धी दृष्टान्तों से भरपूर ये रचनाएँ देशविदेश की अभिजात सुरुचियों का समाहार प्रस्तुत करती हैं। दूसरे छायावादी कवियों (प्रसाद, पन्त और महादेवी) की ही तरह निराला भी इन अपेक्षाओं की पूर्ति करते हैं। वे आभिजात्य-सौन्दर्यबोध के अन्तिम और श्रेष्ठ महाकवि हैं। उनका इस दौर का काव्य आभिजात्य-अभिरुचियों की तुष्टि करता है लेकिन उसकी विकृतियों और अमानवीयताओं को समर्थन नहीं देता। अभिजात वर्ग की क्रूरताओं का विरोध करते हुए वह स्वच्छन्दतावादी रुचियों तथा मानवीय संवेदनाओं का पक्ष लेता है। जैसा कि डॉ. शिवकुमार मिश्र ने अपनी 'यथार्थवाद' शीर्षक पुस्तक में संकेत किया है, 'परिमल', 'गीतिका' और 'अनामिका' की रचनाएँ स्वच्छन्दतावादी चेतना का प्रतिनिधित्व करती हैं जबकि उसकी बाद की रचनाएँ 'कुकुरमुत्ता', 'अणिमा', 'बेला' और 'नये पत्ते' (परवर्ती काव्य) यथार्थवादी चेतना का। (शिवकुमार मिश्र, 'यथार्थवाद', नयी दिल्ली, 1978, पृ. 178)

लेकिन इस स्वच्छन्दतावादी चेतना और परवर्ती चेतना के बीच अन्तःसम्बन्धों का एक सिलसिला है। स्वच्छन्दतावादी कवि और यथार्थवादी कवि दोनों ही यातनाग्रस्त मानवता के प्रति अत्यन्त मानवीय और संवेदनशील दृष्टि अपनाते हैं और इनमें कुछ ऐसे भी हैं जो अन्यायी तथा आततायी शक्तियों के खिलाफ संघर्ष को वाणी देते हैं। पश्चिम के स्वछन्दतावादी कवि कीट्स, बायरन, वड्र्सवर्थ और शैले यातनाग्रस्त मानवता के पक्षधर कवि हैं। निराला भी अपने पूर्ववर्ती काव्य में इसी पक्षधरता का स्थान-स्थान पर परिचय देते हैं :

'वह आता
दो टूक कलेजे के करता पछताता पथ पर आता
... ...
ठहरो अहो मेरे हृदय में है अमृत
मैं सींच दूँगा
तुम्हारे दुःख मैं अपने हृदय में खींच लूँगा।'
(परिमल, भिक्षुक)
... ...
वह क्रूर काल ताण्डव की स्मृति-रेखा-सी,
वह टूटे तरु की छुटी लता-सी दीन
दलित भारत की ही विधवा है।
(परिमल, विधवा)
... ...
जब कड़ी मारें पड़ी, दिल हिल गया
(परिमल, अध्यात्म फल)
... ...
अपने उर की तप्त व्यथाएँ
क्षीण कण्ठ की करुण कथाएँ
कह जाते हो!
(परिमल, दीन)
... ...
देखा मुझे उस दृष्टि से जो मार खा रोयी नहीं
(अनामिका, तोड़ती पत्थर)
... ...
लू के झाँकों झुलसे हुए थे जो
(बेला, गीत सं. 73)

यातनाग्रस्थ मानवता के प्रति यह पक्षधरता ही स्वच्छन्दतावादी कवि को सामाजिक दृष्टि से जागरूक रखती है। स्वच्छन्दतावादी चेतना की दो ही परिणतियाँ होती हैं। एक तो यह कि वह घोर आत्मनिष्ठा और आत्ममुग्धता की ओर कवि को धकेलती हुई उसे पलायनवाद की ओर भटका देती है। ऐसी स्थिति में रचनाकार यातनाग्रस्त मानवता से कटकर अपनी ही पीड़ाओं को महिमामण्डित करने लगता है। यह स्थिति स्वच्छन्दतावादी चेतना और यथार्थवादी चेतना के बीच एक शत्रुतापूर्ण अन्तर्विरोध खड़ा कर देती है। स्वच्छन्दतावाद की दूसरी परिणति यह है कि यह यातनाग्रस्त मानवता के दुखदर्दों और अपनी निजी पीड़ा को एकाकार करती हुई अन्यायी-आततायी शक्तियों के विरुद्ध संघर्ष का बिगुल बजा देती है। स्वच्छन्दतावाद की यह प्रगतिशील परिणति ही यथार्थवादी चेतना के साथ रचनाकार के अन्तःसम्बन्धों को और अधिक गहरा, सघन और सुदृढ़ बना देती है। निराला की 'बादलराग' कविता (परिमल) और 'तोड़ती पत्थर' कविता (अनामिका) में हम देखते हैं कि निराला यातनाग्रस्त मानवता के पक्षधर होकर अन्यायी और आततायी शक्तियों के विरुद्ध संघर्ष का बिगुल बजाते हैं :

'जीर्ण बाहु, है शीर्ण शरीर,
तुझे बुलाता कृषक अधीर,
ऐ विप्लव के वीर!
चूस लिया है उसका सार
हाड़ मात्र ही हैं आधार।'
(परिमल, बादलराग)

... ...

गुरु हथौड़ा हाथ
करती बार बार प्रहार
सामने तरु मालिका अट्टालिका, प्राकार
(अनामिका, तोड़ती पत्थर)

यहाँ हाथ के हथौड़े ने तरुमालिका से आच्छादित अट्टालिका के विरुद्ध प्रहार करना प्रारम्भ कर दिया है। निराला के स्वच्छन्दतावादी चेतनापरक काव्य की यह प्रगतिशील परिणति है। निराला अपनी पीड़ाओं, अपने दुखदर्दों से दुखी हुए हैं। जो दूसरों के प्रति कठोर नहीं हो सकता वह अपने प्रति भी कठोर क्यों होता और कैसे होता लेकिन अपने दुखदर्दों के अहसास में निराला ने यातनाग्रस्त मानवता के दुखदर्दों के अहसास की उपेक्षा नहीं की। 'मै अकेला', 'मुझे स्नेह क्या मिल न सकेगा' जैसी कविताओं में अपने दुखदर्दों को भी वाणी दी है लेकिन उन्होंने अपने दुखदर्दों

को यातनाग्रस्त संसार के दुखदर्दों के एक हिस्से के रूप में ही देखा। संसार के दुखदर्दों की उपेक्षा करते हुए अपने दुखदर्दों को अतिरंजित करने के फितरती वे नहीं हुए :

'माँ मुझे वहाँ तू ले चल
देखूँगा वह द्वार—दिवस का पार—
मूर्च्छित हुआ पड़ा है जहाँ वेदना का संसार!'
(परिमल, आग्रह)

'सरोजस्मृति' कविता में दुखों के पहाड़ के विस्फोट में क्षतविक्षत निराला की आत्मकरुणा उभरती है लेकिन यहाँ भी व्यंग्यार्थ द्वारा वे सामाजिक सन्दर्भों से प्रतिबद्ध उस जीवनपद्धति और जीवनदृष्टि की ओर इशारा करते हैं जो अपने लिए काँटों का रास्ता चुनती है क्योंकि वह यातनाग्रस्त मानवता की आँखों में आँसू नहीं देख सकती :

'जाना तो अर्थागमोपाय
पर रहा सदा संकुचित-काय
लखकर अनर्थ आर्थिक पथ पर
हारता रहा मैं स्वार्थ समर
शुचिते पहनाकर चीनांशुक
रख सका न तुझे अतः दधिमुख
क्षीण का न छीना कभी अन्न,
मैं लख न सका वे दृग विपन्न'
(अनामिका, सरोजस्मृति)

यह जीवनपद्धति और जीवनदृष्टि स्वच्छन्दतावादी होते हुए भी यातनाग्रस्त मानवता की पक्षधर है इसलिए अपने लिए काँटों का रास्ता चुनती है। 'सरोजस्मृति' में वह आत्मालोचन के दौर से गुज़रती है और भाववादी शहादत से उसका मोहभंग होने लगता है। इसी कविता के अन्त में जिस कवि-कर्म को निराला शाप देते हैं वह अभिजात अभिरुचियों के जंगल में भटकने वाला 'कवि-कर्म' है। 'राम की शक्तिपूजा' में वे पुनः मनोबल बटोरते हैं। वही जीवनपद्धति और जीवनदृष्टि जो 'सरोजस्मृति' में अपने मनोबल पर कठोरतम परिस्थितियों का दबाव महसूस करती है, 'राम की शक्तिपूजा' में पुनः पराजयधर्मी नैराश्य के मुकाबले स्वाभिमान और विजय की आकांक्षा-आशा को तरजीह देती है। मर्यादा पुरुषोत्तम राम के संघर्ष को आदर्श के रूप में अपने सामने रखती हुई वह जीवन-समर में पराजित न होने की संकल्पधर्मी जिजीविषा को अंगीकार करती है :

'वह एक और मन रहा राम का जो न थका
जो नहीं जानता दैन्य, नहीं जानता विनय'
... ...
'होगी जय, होगी जय, हे पुरुषोत्तम नवीन!'
(अनामिका, राम की शक्तिपूजा)

लेकिन ऐसी स्थिति अनायास उपलब्ध नहीं हो जाती। इस उपलब्धि से पूर्व उसे एक मर्मांतक अन्तर्द्वन्द्व से गुजरना पड़ता है :

'स्थिर राघवेन्द्र को हिला रहा फिर-फिर संशय
रह-रह उठता जग जीवन में रावण-जय-भय
जो नहीं हुआ आज तक हृदय रिपु-दम्य-श्रांत
एक भी, अयुत-लक्ष में रहा जो दुराक्रांत,
कल लड़ने को हो रहा विकल वह बार-बार
असमर्थ मानता मन उद्यत हो हार-हार'
(अनामिका, राम की शक्तिपूजा)

लेकिन इस मर्मान्तक अन्तर्द्वन्द्व से गुज़र कर यह संकल्पधर्मी जिजीविषा और अधिक सक्रिय होती हुई यातनाग्रस्त मानव समुदाय के साथ एकमेक होकर एक नयी आशा, नयी दृष्टि और नये विश्वास के साथ अग्रसर होती है। अपने और जनजीवन के दुखदर्दों को मिटा देने की संकल्पधर्मी सक्रियता ही वह शक्ति है जो निराला की स्वच्छन्दतावादी चेतना को यथार्थवादी चेतना के रूप में विकसित और गुणान्तरित करने में एक उत्प्रेरक (कैटेलिटिक) का कार्य करती है। सक्रिय स्वच्छन्दतावाद और सक्रिय यथार्थवाद के बीच एक साम्य है, और कई तरह के अन्तःसम्बन्ध हैं। निराला के पूर्ववर्ती काव्य (सन् 1936 तक की रचनाओं) और परवर्ती काव्य (सन् 1937 से सन 1961 तक की अवधि के दौरान लिखी गयी रचनाओं) के बीच भी लगभग वैसे ही साम्य और अन्तःसम्बन्धों का एक लम्बा सिलसिला है। गोर्की ने सक्रिय स्वच्छन्दतावाद (एक्टिव रोमांटिसिज्म) के बारे में कहा था : 'सक्रिय स्वच्छन्दतावाद मनुष्य की जिजीविषा को सशक्त बनाने में सहायक होता है। वह आसपास की परिस्थितियों तथा उनके द्वारा लादे गये जुए के विरुद्ध सिर उठाने की शक्ति प्रदान करता है।' (मैक्सिम गोर्की, 'आन लिटरेचर', मास्को, वर्ष का उल्लेख नहीं है, पृ. 32-33)

कहना ही होगा कि व्यक्तिगत और सामाजिक अन्याय तथा अत्याचार के जुए को उखाड़ फेंकने वाली संकल्पधर्मी जिजीविषा सक्रिय स्वच्छन्दतावाद को जिस

यथार्थवादी चेतना के रूप में विकसित और गुणान्तरित करती है, वह यथार्थवादी चेतना भी सक्रिय ढंग की ही होती है। निष्क्रिय यथार्थवाद से उसकी पटरी नहीं बैठ सकती।

परवर्ती काव्य

प्रसिद्ध कवि और आलोचक गजानन माधव मुक्तिबोध ने अपनी 'नये साहित्य का सौन्दर्यशास्त्र' शीर्षक पुस्तक में संकलित अपने 'प्रगतिशीलता और यातनाग्रस्त मानवता' शीर्षक निबन्ध में प्रगतिशील साहित्य की अन्तर्वस्तु का विश्लेषण करते हुए लिखा है :

> 'सच तो यह है कि स्वयं के मनोभावों की कविता प्रत्यक्षतः व्यक्ति की होने से जनविरोधी नहीं हो जाती, बशर्ते की वे मनोभाव जनता के बीच में रहकर स्वाभाविक हुए हों। जन-मन की सर्वसाधारण मनःस्थिति व्यक्ति की मनोदशाओं द्वारा प्रकट हो तो फिर क्या कहना। वे मनोभाव तो गरीब वर्गों की साधारण मनःस्थिति के द्योतक हैं। अपनी बिकी हुई बेसहारा जिन्दगी की आकांक्षाएँ, सामाजिक उलझनों से होने वाले मानसिक तनाव, स्थिति-परिस्थिति की क्रिया-प्रतिक्रियात्मक संवेदनाएँ आदि को अपने में सम्मिलित करने वाला विचार वेदना-मण्डल जब लोक-मुक्ति की नयी क्रान्तिकारी विचारधारा से और भी सशक्त और भी संवेदनामय हो जाता है तब जिस साहित्य का आविर्भाव होता है, उसमें महान 'मनुष्य सत्य' होता है।' (गजानन माधव मुक्तिबोध, 'नये साहित्य का सौन्दर्यशास्त्र', दिल्ली, 1971, पृ. 74)

लेकिन आयरनी यह है कि मुक्तिबोध ने भी इस सन्दर्भ में निराला का कहीं नाम तक नहीं लिया। निराला के परवर्ती काव्य में ऐसे ही 'मनुष्य सत्य' से हमारा साक्षात्कार होता है। 'कुकुरमुत्ता' में उस मनुष्य-सत्य का स्वरूप साफ-साफ दिखाई नहीं देता तथापि धुँधली छवि के रूप में उसका आभास मिलने लगता है :

रहते थे नव्वाब के खादिम
अफ्रीका के आदमी आदिम
खानसामा, बावर्ची, चोबदार
सिपाही, साईस, भिश्ती, घुड़सवार
तामजान वाले कुछ देशी कहार,
नाई, धोबी, तेली, तम्बोली, कुम्हार,
फीलवान, ऊँटवान, गाड़ीवान

एक खासा हिन्दू-मुस्लिम खानदान।
एक ही रस्सी से किस्मत की बँधा
काटता था ज़िन्दगी गिरता-सधा।
बच्चे, बूड्ढे, औरतें और नौजवान
रहते थे उस बसती में, कुछ नागवान
पेट के मारे वहाँ पर आ बसे,
साथ उनके रहे, रोये और हँसे।
(कुकुरमुत्ता)

अभिजात सुरुचि के उत्तुंग शिखर पर मनु की तरह बैठे हुए निराला 'राम की शक्तिपूजा' जैसी कविता लिखने के बाद किस ज़मीन पर उतर रहे हैं। इस उतार को शिखर की ऊँचाई जाने बिना नहीं समझा जा सकता। पहली बार बड़ी बोली की कविता में अफ्रीका के आदिम आदमियों और देशी कहारों के जीवन की ओर किसी महाकवि ने देखा है। कविता छायावाद की ऊँचाई से उतरकर यथार्थवादी ज़मीन पर आयी है।

जब प्रसिद्ध कवयित्री महादेवी वर्मा ने निराला की श्रेष्ठ कविताओं का चयन किया और 'अपरा' की पाण्डुलिपि तैयार की तो उसमें 'कुकुरमुत्ता' को शामिल नहीं किया। निराला ने उन्हें बहुत समझाया और कहा कि वह 'तुलसीदास' कविता की ही कोटि की रचना है और 'आज की सबसे सुन्दर कविता है; जीवन के यथार्थ से घबराना नहीं चाहिए।' (रामविलास शर्मा, 'निराला की साहित्य साधना', खण्ड 1, पृ. 369) इस प्रसंग का उल्लेख करते हुए डा. रामविलास शर्मा ने एक मनोरंजक टिप्पणी की है कि 'महादेवी जी ने अपने भाई का जो छायावादी चित्र बनाया था, उसमें 'कुकुरमुत्ता' की गुंजाइश न थी।' (वही) महादेवी जी ने अपरा में 'कुकुरमुत्ता' को शामिल करने से इनकार कर दिया। लेकिन इससे भी ज्यादा मनोरंजक तथ्य यह है कि आदरणीय डॉ. रामविलास शर्मा ने जो निराला की श्रेष्ठ कविताओं का संकलन सम्पादित किया तो उसमें भी 'कुकुरमुत्ता'को शामिल करने की गुंजाइश नहीं समझी।

निराला ने 'कुकुरमुत्ता' को जो उस समय की सबसे सुन्दर कविता कहा था वह अतिशयोक्ति थी। लेकिन 'कुकुरमुत्ता' की रचना-प्रक्रिया द्वारा निराला के भावबोध में जो गुणात्मक परिवर्तन आया और रचना के स्तर पर चरितार्थ हुआ, यह घटना उस युग की हिन्दी कविता के इतिहास में निश्चय ही एक महत्त्वपूर्ण घटना थी। रचना-प्रक्रिया के उस दौर में जो खिचड़ी 'कुकुरमुत्ता' के रूप में तैयार हुई वह अभी अधकचरी और कसरी थी। लेकिन समकालीन यथार्थ की जो खिचड़ी 'अणिमा', 'बेला' और 'नये पत्ते' की रचनाओं के रूप में रंधी, वही उस युग की सबसे ताज़ी कविता थी :

'खुला भेद विजयी कहाये हुए जो
लहू दूसरों का पिये जा रहे हैं'
(बेला, कविता सं. 52)

... ...

भेद कुल खुल जाय वह सूरत हमारे दिल में है
देश को मिल जाय जो पूँजी तुम्हारी मिल में है
(बेला, कविता सं. 59)

... ...

जल्द जल्द पैर बढ़ाओ, आओ, आओ
आज अमीरों की हवेली किसानों की होगी पाठशाला
धोबी पासी चमार तेली खोलेंगे अँधेरे का ताला
एक पाठ पढ़ेंगे, टाट बिछाओ।
(बेला, कविता सं. 62)

... ...

'अरहर काकुन सावाँ उड़द और कोदों की
खेती लहरायी। वन आयी है आमों की
निकले कमल सरों में और करंबुए लहरे;
आये खग; ऊँचे ऊँचे पेड़ों पर ठहरे।
खेत निराती हैं बालाएँ लिए खुरपियाँ
गाती बारहमासी सावन और कजलियाँ।
जुही मुस्करायी। नागन बल खायी आयी
मन्द गन्ध से पुरवाई डस गयी सुहाई।'
(नये पत्ते, देवी सरस्वती)

... ...

'जमींदार का गोड़ाइत दोनाली लिए हुए
एक खेत फासले से गोली चलाने लगा
भीड़ भगने लगी।
कान्स्टेबल खड़ा हुआ ललकारता रहा।
झींगुर ने कहा,
चूँकि हम किसान-सभा के,
भाई जी के मददगार जमींदार ने गोली चलवायी
पुलिस के हुक्म की तामीली को।
ऐसा यह पेच है।'
(नए पत्ते, झींगुर डटकर बोला)

... ...

पौ फटी।
किरनों का जाल फैला।
दिसाओं के होंठ रंगे
दिन में वेश्याएँ जैसे रात में
दगा की इस सभ्यता ने दगा की
(नये पत्ते, दगा की)
... ...
'जनता पर जादू चला राजे के समाज का
लोक नारियों के लिए रानियाँ आदर्श हुईं।
धर्म का बढ़ावा रहा धोखे से भरा हुआ।
लोहा बजा धर्म पर, सभ्यता के नाम पर।
खून की नदी बही
आँख कान मूँद कर जनता ने डुबकियाँ लीं
आँख खुली—राजे ने अपनी रखवाली की।'
(नये पत्ते, राजे ने अपनी रखवाली की)

इन कविताओं में 'लहू', 'पूँजी', 'मिल', 'अँधेरे का ताला', 'टाट', 'अमीरों की हवेली', 'अरहर', 'काकुन', 'करंबुए', 'सावाँ', 'खुरपियाँ', 'कजलियाँ', 'जमींदार का गोड़ाइत', 'दोनाली', 'कान्स्टेबल', 'किसान-सभा', 'दगा की', 'पेच है', 'राजे का समाज', 'राजे ने अपनी रखवाली की' जैसे नये प्रयोगों को आप किसी भी क्रम में रख लें, बदलती हुई नयी दुनिया के सन्दर्भ ज़रूर गूँजेंगे। क्योंकि सवाल महज़ एक नयी काव्यभाषा की तलाश और उपलब्धि का ही नहीं था। एक नया कंटेंट अभिव्यक्ति के लिए कसमसा रहा था। नया फार्म (नये शब्द, नये पद, नया शिल्प, नया काव्यरूप, नयी भंगिमा और नयी भाषा) इस नये कंटेंट के साथ ऐसे ही बहा चला आ रहा है जैसे नयी हवा के साथ नयी मिट्टी। मुक्तिबोध ने नयी कविता के सौन्दर्यशास्त्र में जिस नये 'मनुष्य सत्य' का उल्लेख किया है, वह यही नया 'मनुष्य सत्य' है। यह नया 'मनुष्य सत्य' कोई अनायास उपलब्धि नहीं थी, जनजीवन से जुड़े हुए, यातनाग्रस्त मनुष्यों के पक्षधर रचनाकार की सक्रिय साहित्य-साधना और जीवन-पद्धति की यह एक तार्किक परिणति थी। इस सम्बन्ध में प्रगतिशील आलोचक शिवकुमार मिश्र का यह कथन अनायास स्मरण हो आता है :

> निराला के प्रगतिशील स्वर आकस्मिक नहीं हैं, वे उस गहरी साधना की उपज हैं जो रामकृष्ण परमहंस तथा विवेकानन्द द्वारा प्रदत्त नव्य वेदान्त का जीवित सन्दर्भ लिए युग के ज्वलन्त यथार्थ में तपकर निखरी और फलीभूत हुई हैं।

'नये पत्ते' संग्रह की 'देवी सरस्वती' रचना को निराला की प्रगतिशील रचनाधर्मिता की सर्वोत्तम उपलब्धि कहा जा सकता है। लोकजीवन का ऐसा मर्मस्पर्शी चित्रण, साधारण जन के प्रति आत्मीयता तथा संवेदना का ऐसा विशद आख्यान, जनता की अपनी सरस्वती की ऐसी साफ-सुथरी, जीवन्त तथा उदात्त प्रतिमा तथा जनसंस्कृति के विकास की ऐसी प्रगल्भ झाँकी जो इस कविता में उपलब्ध होती है, केवल निराला की लेखनी में ही ढल सकी थी। ('हिन्दी कविता की प्रगतिशील भूमिका', पृ. 146, डॉ. शिवकुमार मिश्र का लेख)

शिवकुमार मिश्र के इस कथन के बाद इस सन्दर्भ में और कुछ कहना आवश्यक प्रतीत नहीं होता। इसमें कोई सन्देह की गुंजाइश नहीं है कि 'कुकुरमुत्ता' से लेकर 'नये पत्ते' तक की रचनाओं में 'देवी सरस्वती' निराला की 'प्रगतिशील रचना धर्मिता की सर्वोत्तम उपलब्धि है'। साथ ही यह भी जोड़ना चाहूँगा कि यह रचना निराला की ही नहीं हिन्दी कविता की प्रगतिशील रचनाधर्मिता की सर्वोत्तम उपलब्धियों में से एक है। जाने क्यों, रामविलास शर्मा ने निराला की श्रेष्ठतम कविताओं के संग्रह 'राग-विराग' में इस रचना को शामिल नहीं किया। यही कहा जा सकता है कि भूल से यह रचना उक्त संकलन में सम्मिलित नहीं की जा सकी होगी। निराला को जब ग़रीब आदमी का ध्यान आता है तो वे ईश्वर से इस तरह प्रोटेस्ट करते हैं :

'प्रखर शीत के शर से जग को बेधा तुमने
हरीतिमा के पत्र-पत्र को छेदा तुमने
शीर्ण हुई सरिताएँ; साधारण जन ठिठुरे
रहे घरों में जैसे हो नागों में गिठुरे।

रामविलास शर्मा ने निराला की 1950 से 1961 के दौर की रचनाओं को 'तृतीय चरण' की रचनाएँ माना है। लेकिन इस सम्बन्ध में जैसा कि पहले निवेदन कर चुका हूँ मैं निराला के समस्त काव्य को केवल दो ही चरणों में विभाजित करना उपयुक्त समझता हूँ। पूर्ववर्ती काव्य—यानी पहला चरण, इसके अन्तर्गत 1936 तक की रचनाएँ और परवर्ती काव्य—दूसरा चरण जिसके अन्तर्गत 1937 से 1961 तक के दौरान लिखी गयी रचनाएँ आती हैं। क्योंकि इस अवधि (1937-1961) की रचनाओं में भावबोध-सम्बन्धी कोई मौलिक अन्तर लक्षित नहीं होता। यह सही है कि 'कुकुरमुत्ता', 'बेला' और 'नये पत्ते' के रचना-संसार तथा 'अर्चना', 'आराधना', 'गीत गुंज' और 'सान्ध्यकाकली' के रचना-संसार में भिन्नता है। लेकिन इसी आधार पर परवर्ती काव्य को दो चरणों में विभाजित करना उपयुक्त प्रतीत नहीं

होता क्योंकि 'अणिमा' का रचना-संसार 'कुकुरमुत्ता', 'बेला', 'नये पत्ते' की बजाय 'अर्चना', 'आराधना', 'गीत गुंज' के रचना-संसार से अधिक मिलता-जुलता है। इस आधार पर 'अणिमा' को भी 'तीसरे चरण' की रचनाओं में शामिल किया जाना चाहिए था। लेकिन डॉ. रामविलास शर्मा ने ऐसा नहीं किया। ऐसा करना स्वाभाविक भी नहीं था क्योंकि 'अणिमा' का प्रकाशन 'कुकुरमुत्ता' के बाद और 'बेला' तथा 'नये पत्ते' से पहले हुआ। इन्हीं सब विसंगतियों को देखते हुए यही उपयुक्त प्रतीत होता है कि 1937 से 1961 तक की रचनाओं के परवर्ती काव्य (दूसरे चरण की रचनाएँ) कहकर ही अभिहित किया जाये। 'कुकुरमुत्ता', 'बेला' और 'नये पत्ते' की रचनाओं में 'धर्म' और 'ईश्वर' को ताक पर रख देते हैं जबकि 'अणिमा' की रचनाओं में वास्तविकता मुखर होती है :

'दलित जन पर करो करुणा
दीनता पर उतर आये प्रभु तुम्हारी शक्ति अरुणा'
(अणिमा, कविता संख्या 6)

इसी प्रकार ईश्वर को सम्बोधित करते हुए 'अणिमा' की 'तुम और मैं' कविता में निराला कहते हैं :

'झुकता है सर,
दुनिया से मैं धोखा खाकर
गिरता हूँ जब
मुझे उठा लेते हो तुम तब
ज्यों पानी को किरन तपा कर।'
(अणिमा, तुम और मैं)

लेकिन बावजूद इसके 'परिमल' की 'तुम और मैं' कविता और 'अणिमा' की 'तुम और मैं' कविता के भावबोध का अन्तर साफ झलकता है। 'परिमल' की 'तुम और मैं' कविता अभिजात सुरुचि से सम्पन्न रहस्यवादी रचनाकार की 'बुद्धिजीविता' को प्रतिफलित करती है जबकि 'अणिमा' की 'तुम और मैं' कविता एक जागरूक किन्तु धर्मभीरु खेतिहर की सजगता को प्रतिध्वनित कर देती है। क्योंकि इस स्थिति में दुनिया से धोखा खाकर भी ऊपर उठने की आकांक्षा बनी रहती है। भावबोध का यह अन्तर अन्तर्वस्तु (कंटेंट) के स्तर पर ही नहीं, रूप (फॉर्म) के स्तर पर भी झलक जाता है। 'ज्यों पानी को किरन तपाकर' जैसी पंक्तियों की भाषा और उपमा अभिजात रुचि से मेल नहीं खाती। 'अणिमा' की कविताओं में निराला

की धार्मिक आस्था वेदान्ती पण्डितों जैसी नहीं रही। वही बैसवाड़े के किसान की धार्मिकता के रूप में (अपने स्वाभाविक रूप में) लौट आयी है। भावबोध का अन्तर इस स्तर पर घटित हुआ है कि रहस्यवादी-छायावादी आभिजात्य का नकाब उतर चुका है। इसी तरह 'अर्चना', 'आराधना', 'गीत गुंज' और 'सान्ध्यकाकली' की कविताओं में निराला की प्रगतिशील चेतना और अनुभववादी आस्तिकता का द्वन्द्व चलता है लेकिन निराला अभिजात वर्ग की सुरुचियों और भावबोध के शिकार नहीं होते :

'चोट खाकर राह चलते होश के भी होश छूटे,
हाथ जो पाथेय थे ठग-ठाकुरों ने रात लूटे'
(अर्चना, गीत सं. 59)

इस गीत में निराला अपनी तुलना एक ऐसे ग़रीब किसान से कर रहे हैं जो अपना पाथेय लेकर कहीं जा रहा था लेकिन ठग-ठाकुरों ने उसे रात के अँधेरे में लूट लिया है। इसी प्रकार 'अर्चना' के ही इस गीत में :

'तरणि तार दो, अपर पार को
खे-खेकर थके हाथ,
कोई भी नहीं साथ,
श्रम-शीकर भरा माथ,
बीच-धार, ओ!'
(अर्चना, गीत सं. 72)

दारागंज के एक ऐसे मल्लाह की दिनचर्या का चित्र उभरता है जो सुबह से शाम तक प्रयाग के तीर्थयात्रियों को ढोते-ढोते थक गया है। जब-जब नाव मँझधार में पहुँचती है, बूढ़े नाविक की साँस फूल जाती है। उसके हाथ जीवन-भर इस नौका को खे-खेकर थक गये हैं। उसके माथे पर पसीना है। ऐसे क्षणों में वह ईश्वर को याद कर रहा है और उनसे नौका को पार लगाने की प्रार्थना कर रहा है। यह लघुगीत अर्नेस्ट हेमिंग्वे के प्रसिद्ध उपन्यास 'The Old man and the Sea' की याद दिला देता है। निराला की इस आस्तिकता और पूर्ववर्ती काव्य की छायावादी-रहस्यवादी आस्तिकता में एक फ़र्क है और यह कोई मामूली फ़र्क नहीं है।

'आराधना' के गीतों में भी भावबोध का यह अन्तर बराबर लक्षित किया जा सकता है। वस्तु-विषय-बोध के स्तर पर भी और भाषा-बोध के स्तर पर भी :

'किस साधन का स्वांग रचा यह
किस बाधा की बनी त्वचा यह
...   .
पक पककर ऐसा फूटा है
जैसे सावन का फोड़ा है।'
(आराधना, गीत सं. 73)
...   .
'ऊँट बैल का साथ हुआ है।
कुत्ता पकड़े हुआ जुआ है।
यह संसार सभी बदला है
फिर भी नीर वही गदला है'
(आराधना, गीत सं. 72)

'गीत गुंज' और 'सान्ध्यकाकली' की रचनाओं में भी भावबोध का आभिजात्य-विरोधी रंग गहराता चला गया है। लोकजीवन की धुनें, सूर और मीरा का टच और जनसाधारण का हर्ष और विषाद इन कविताओं में अभिव्यक्ति पाता है। भाषा सहज और सरल किन्तु व्यंजनात्मक है। जैसे-जैसे निराला अपनी जीवन सन्ध्या की ओर बढ़ते हैं उनकी रचनाओं पर भी हल्के विषाद की छाया घिरती दिखाई देती है लेकिन जनजीवन का सहज, नैसर्गिक और आभिजात्य-विरोधी उल्लास बार-बार अपनी छवि दिखला देता है :

'फिर उपवन में खिली चमेली
....
जुही, मालती आदिक सखियाँ
हँसती करती हैं रंगरेली'
(गीत गुंज)
...   .
'फिर नभ घन घहराये
....
उगी दूब की अति हरयाली
गली-गली सुख-सेज बिछा ली
प्रकृति-सुन्दरी ने शोभा के
रंग, कर दिखलाये'
(गीत गुंज)
...   .

'फिर बेले में कलियाँ आयी
....
आमों की सुगन्ध से खिंचकर
वैदेशिक जन आये हैं घर
....
सरिताएँ उमड़ीं, उतरायीं।'
(सान्ध्यकाकली)

इस दौर की कविताओं में भारत के देहात में रहने वाली ग़रीब जनता के सुखदुखात्मक अनुभवों, आकांक्षाओं, स्वप्नों और राग-विरागों को वाणी देते हुए निराला ने प्राकृतिक जीवन के साथ उनके गहरे घनिष्ठ लगाव को भी अभिव्यक्त किया है। निराला और खेतिहर जनता के सुखदुख एक दूसरे के साथ इस तरह घुलमिल गये हैं कि निराला के हर्ष-विषाद और उन लोगों के हर्ष-विषाद को अलग करके देखना सम्भव नहीं है :

'खेत जोतकर घर आये हैं;
बैलों के कन्धों पर माची
माची पर उल्टा हल रक्खा
बद्धी हाथ, अधेड़ पिता जी
माता जी, सिर गट्ठल पक्का;
पिता गये गौंवों के गोंडे
माता घर, लड़के धाये हैं
....
पुए लगाकर बड़ी बहू ने
मुन्नी से पर पकवाये हैं।'
(आराधना, गीत सं. 74)

जनजीवन पर लिखी जाने वाली आरोपित और यान्त्रिक रचनाओं की तरह और जनवादी मुद्राओं को ओढ़ने वाली आजकल की बहुत-सी प्रगतिशील दिखने वाली कविताओं की तरह ये कविताएँ पाठकों के मन में खीझ उत्पन्न नहीं करतीं बल्कि उनके साथ एक सहज और सम्प्रेषणीय संवाद स्थापित करती हैं। इन कविताओं में अपनी धरती की गन्ध, अपने परिवेश की महक और अपने आकाश का खुलापन है। निराला की ऐसी ही रचनाएँ आगे के कवियों (त्रिलोचन, नागार्जुन, केदारनाथ अग्रवाल और शील तथा अन्य जनवादी कवियों) के लिए एक विरासत बन चुकी

हैं। विशेष रूप से त्रिलोचन की 'धरती' के गीतों की ज़मीन यही है।

निराला ने जीवन के व्यक्तिगत, पारिवारिक, सामाजिक, आर्थिक, राजनैतिक आदि सभी स्तरों पर संघर्ष किया। उनकी बाद की कविताओं में जो अवसाद, वेदना, विषाद, निराशा और मृत्यु का स्वर प्रधान होता गया है उसका इस संघर्ष से गहरा और अविच्छिन्न सम्बन्ध है। जीवनव्यापी इस संघर्ष के सन्दर्भों से काटकर उनके अवसाद, विषाद और निराशा की व्याख्या करना एक बहुत बड़ी गलती होगी। एक निष्क्रिय व्यक्तिवादी रचनाकार के विषाद और निराशा के स्वरों से ये स्वर बिल्कुल भिन्न हैं। मौत का साक्षात्कार एक संघर्षरत योद्धा को भी करना पड़ता है और एक अकर्मण्य को भी। दोनों के साक्षात्कार में एक गुणात्मक अन्तर होता है। इसीलिए निराला द्वारा किये गये 'मृत्यु से साक्षात्कार' की कविताओं में युद्ध की स्मृतियाँ गूँजती हैं, जीवनव्यापी संघर्ष की अनुगूँजें हैं, यह उनकी अन्तिम कविताओं में भी ध्वनित हुई हैं। इसीलिए इन कविताओं में भी एक दुर्लभ प्रकार का औदात्य है जो किसी भी संघर्षशील मनुष्य को सुकून दे सकता है :

> खिल चुका है फूल मेरा, पंखड़ियाँ हो चली ढीली
> चढ़ी थी जो आंख मेरी, बज रही थी जहाँ भेरी
>
> ....
>
> जीर्ण है वह आज तीली, आग सारी फुक चुकी है
> (सान्ध्यकाकली)
>
> ... ...
>
> ताक रहा है भीष्म शरों की कठिन सेज पर
>
> ....
>
> मल्ल मल्ल की—
> मारें मूर्च्छित हुईं, निशाने चूक गये हैं
> झूल चुकी है खाल ढाल की तरह तनी थी।
> (सान्ध्यकाकली)

निराला का कथासाहित्य

ग्रामीण जीवन पर आधारित कथा-चित्रण में निराला किसी भी अच्छे कथाकार से पीछे नहीं हैं। 'अप्सरा', 'अलका', 'निरुपमा', 'प्रभावती', 'कुल्लीभाट', 'चोटी की पकड़' और 'काले कारनामे'—ये सात उपन्यास और इसके अतिरिक्त 'बिल्लेसुर बकरिहा' जिसे लघु उपन्यास (या लम्बी कहानी?) कहा जा सकता है—इस प्रकार निराला ने कुल आठ उपन्यास लिखे हैं। कुछ लोग 'कुल्लीभाट' को उपन्यासों में शामिल करना नहीं चाहेंगे और उसे मात्र 'जीवनी' कहना चाहेंगे। लेकिन मैं 'कुल्लीभाट' को हिन्दी में नये ढंग का पहला यथार्थवादी उपन्यास मानता हूँ। क्योंकि 'कुल्लीभाट' न तो निराला की सम्पूर्ण जीवनी है और न ही कुल्ली की। अधिक-से-अधिक वह एक जीवनीपरक या चरितप्रधान औपन्यासिक कृति है।

उपन्यासों के अतिरिक्त निराला ने लगभग दो दर्जन कहानियाँ लिखी हैं। इनमें 'चतुरी चमार', 'देवी', 'राजा साहब को ठेंगा दिखाया' और 'श्यामा' आदि कहानियाँ हिन्दी की श्रेष्ठ कहानियों में शुमार की जा सकती हैं। उनके कथासाहित्य की यह विशेषता है कि उन्होंने मात्र 'कला कला के लिए' के सिद्धान्त को चरितार्थ करने वाली कहानियाँ नहीं लिखीं। समाज में जो कल्मष, अनौचित्य और अन्याय उन्होंने देखा और जो उनसे देखा नहीं गया, उसे उघाड़कर एक्सपोज़ करने तथा उस पर चोट करने के ही प्रयोजन से उन्होंने कथासाहित्य की सृष्टि की। जीवन और प्रकृति में व्याप्त परमसौन्दर्य के द्रष्टा निराला ने अपने कथासाहित्य में जीवन और समाज के कुरूप दृश्यों को भी नज़रन्दाज़ नहीं किया।

उपन्यास

काव्य की ही तरह निराला के कथासाहित्य और उसमें भी विशेष रूप से उपन्यास-साहित्य को दो चरणों में विभक्त किया जा सकता है। सन् 1936 तक के उपन्यास और सन् 1936 से बाद के उपन्यास। सन् 1936 तक के उपन्यास हैं : 'अप्सरा' (1930), 'अलका' (1934), 'निरुपमा' (1936) और प्रभावती (1936)। इनमें 'अलका' सर्वश्रेष्ठ है। इस उपन्यास में किसानों और ज़मींदारों के संघर्ष को बड़ी शिद्दत के साथ चित्रित किया गया है। सन् 1936 के बाद के

उपन्यास हैं : 'कुल्लीभाट', 'बिल्लेसुर बकरिहा', 'चोटी की पकड़' और 'काले कारनामे'। इनमें 'कुल्लीभाट' ही सर्वश्रेष्ठ है। इस उपन्यास में निराला ने नये ढंग का यथार्थवादी चित्रण किया और हरिजनों के संगठन और शिक्षा की समस्या को उठाया। उनके प्रत्येक उपन्यास का कालक्रमानुसार विवेचनात्मक और संक्षिप्त परिचयात्मक उल्लेख इस प्रकार है।

अप्सरा

'अप्सरा' एक वेश्यापुत्री (कनक) की कथा है जो नर्तकी है लेकिन किसी गुणी और सदाचारी युवक से विवाह कर गृहस्थ जीवन बसाने की आकांक्षा रखती है। एक नाटक में शकुन्तला की भूमिका में उतरते हुए वह दुष्यन्त का अभिनय करने वाले तरुण और सुन्दर युवक के प्रति आकृष्ट होती है। यह वही युवक है जिसने एक अंग्रेज़ अफसर को पीटा था और इस प्रकार कनक के साथ अंग्रेज़ अफसर द्वारा बलात्कार करने की कोशिश को असफल कर दिया था। अंग्रेज अफसर इस युवक को पुलिस द्वारा परेशान कराता है। नाटक के तुरन्त बाद जब पुलिस इस युवक (राजकुमार) को गिरफ्तार कर लेती है तो कनक अपने प्रभाव का इस्तेमाल कर उसे छुड़ा लेती है। यह युवक कनक से विवाह करने से कतराता है। युवक का संकल्प है कि वह आजीवन अविवाहित रहकर देश-सेवा करेगा। कनक निराश होकर पुनः नर्तकी का जीवन बिताने के लिए मजबूर होती है। इसी बीच उसे एक कुँवर साहब की रियासत में मुजरा करने के लिए जाना पड़ता है। वहाँ कुँवर साहब उसकी ओर बुरी तरह आसक्त होते हैं और उसका कौमार्य भंग करने के लिए लालायित दिखाई देते हैं। युवक राजकुमार भी इस जलसे में शरीक होता है, लेकिन मात्र दर्शक के रूप में। कनक भीड़ में भी उसे पहचान लेती है। रात्रि के समय जब कुँवर साहब कनक के साथ बलात्कार करने की योजना बनाते हैं, राजकुमार और उसके साथी कनक को वहाँ से निकाल ले जाने की योजना बना लेते हैं। एक साथी की सहायता से कनक पानी से भरी खाई में कूदकर दूसरी ओर जंगल में छिप जाती है। अनेक तरह की रुकावटों और अन्तर्विरोधों को पार करती हुई कथा आगे बढ़ती है। अन्त में राजकुमार नाम का वह युवक कनक को अपना लेता है। यह निराला का प्रथम उपन्यास है तथापि इस तथ्य का परिचय दे देता है कि निराला एक रोचक प्रेमकथा के घुमावों और उसके विकास की कला में एक सुलझे हुए कथाशिल्पी से कम नहीं हैं। निराला की ज़मींदार-विरोधी दृष्टि यहाँ भी चौकस है। वह ज़मीदारों को 'सुबह के टिमटिमाते हुए नक्षत्रों' के रूप में देखती है और ग़रीब किसानों के प्रति सहानुभूति रखती है। रजवाड़ों के बारे में कनक के ये विचार निराला के विचारों से मेल खाते हैं :

'चरित्र में ये किसी भी तवायफ से कम नहीं। पर समाज इनका है। इसलिए ये अपराधी नहीं। नीचता से ओत-प्रोत, ऐसी वृत्तियों को लिए हुए भी ये समाज के प्रतिष्ठित, सम्मान्य, विद्वान और बुद्धिमान मनुष्य हैं। और मैं?' (ओंकार शरद, 'निराला ग्रन्थावली', खण्ड 3, लखनऊ 1973, पृ. 245, अप्सरा)

रोमांटिक उपन्यास में भी निराला की भाषा जनजीवन के प्रचलित और प्रवाहपूर्ण मुहावरों का सर्जनात्मक इस्तेमाल करने में चूकती नहीं है। 'हृदय की खान में बारूद का धड़ाका हुआ' और 'बासी दाल में सरसों का तेल डालकर खाय' जैसे प्रयोग स्थान-स्थान पर मिल जाते हैं।

अलका

'अलका' हिन्दी साहित्य की एक महत्त्वपूर्ण कृति है। उपन्यास का प्रारम्भ ही विश्वव्यापी और देशव्यापी सन्दर्भों को प्रतिध्वनित कर देता है :

'महासमर का अन्त हो गया है। भारत में महाव्याधि फैली हुई है। एकाएक महासमर की जहरीली गैस ने भारत के घर को धुएँ की तरह घेर लिया है।... (निराला, 'अलका', नयी दिल्ली, 1978, पृ. 9)

भारत के गाँव-गाँव में महामारी फैली हुई है। निराला जानते हैं कि इस महामारी का भाग्य से सम्बन्ध उतना नहीं है जितना कि पूँजीवादी देशों के बीच होने वाले महायुद्ध की विभीषिका से। ऐसे ही एक अभागे गाँव की लड़की शोभा (जिसका बालपन में ही विवाह हो चुका है, लेकिन जिसका पति रोज़गार की तलाश में परदेश में भटक रहा है) माता-पिता से विहीन होकर पति की प्रतीक्षा में निराश आत्मरक्षा के लिए गाँव छोड़ अज्ञात गन्तव्य की ओर भाग निकलने के लिए मजबूर होती है, क्योंकि अवध के एक ताल्लुकेदार राजा मुरलीधर शोभा को उठवाकर अपने यहाँ ले आना चाहते हैं। इस षड्यन्त्र में उसी गाँव का निवासी महादेव जिलेदार राजा मुरलीधर का सहायक है। शोभा का पति, समाचार मिलते ही (कि शोभा अनाथ हो गयी है,) महामारी की चपेट में आकर उसके माँ-बाप चल बसे हैं) ट्यूशन के रुपये उगाहता हुआ (आसानी से न मिलने पर अभिभावकों से मारपीट करता हुआ) किसी तरह किराये आदि का बन्दोबस्त करके शोभा के गाँव के लिए प्रस्थान कर देता है। गाँव में उसे शोभा नहीं मिलती, केवल उड़ती हुई यह खबर मिलती है कि शोभा किसी के साथ भाग गयी है।

शोभा भटकती हुई स्नेहशंकर नाम के एक मध्यवित्त शरीफ़ आदमी के यहाँ

आश्रय लेने के लिए विवश होती है। स्नेहशंकर उसे अपनी बेटी की तरह स्नेह देते हैं और उसका नाम बदलकर 'अलका' रख देते हैं। उधर शोभा का पति विजय और उसका मित्र अजित राष्ट्रीय नवजागरण आन्दोलन में कूद पड़ते हैं और साथ ही साथ शोभा की तलाश भी जारी रखते हैं। वे गाँव-गाँव घूमकर किसानों को संगठित करते हैं और उन्हें जमींदारों-ताल्लुकेदारों के अत्याचारों के खिलाफ़ प्रतिरोध के लिए तैयार हो जाने की शिक्षा देते हैं। लेकिन ज़मींदारों का प्रभाव अभी काफ़ी जड़ जमाये है और किसान अशिक्षित हैं। ज़मीदार किसानों में फूट डलवा देते हैं और विजय के खिलाफ़ गवाही देते हुए उसे गिरफ्तार करवा देते हैं। इधर स्नेहशंकर के यहाँ आश्रिता शोभा (अलका) शहरी ढंग से शिक्षा प्राप्त समझदार और सब कुछ भाँप लेने वाली युवती में रूपान्तरित होती जाती है। कथा अनेक मोड़ लेती हुई आगे बढ़ती है। अलका की मुलाकात प्रभाकर नाम के एक सुशिक्षित युवक से होती है। राजा मुरलीधर यहाँ भी अलका का पीछा नहीं छोड़ता। अलका पढ़ाने जाती है और शाम को देर से घर लौटती है। मुरलीधर साँझ के धुँधलके में लौटते समय उसे उठवा लेने का षड्यन्त्र रचता है। अलका इस षड्यन्त्र को भाँप लेती है और शाम को पढ़ाकर लौटते समय चौकन्नी होकर चलती है। वह एक पिस्तौल भी अपने पास रखे हुए है। मुरलीधर अपने गिरोह के साथ आता है और उसे कार में बैठा लेता है। राजा मुरलीधर की बगल में बैठकर अलका बड़े इत्मीनान के साथ पिस्तौल दाग़ देती है। पिस्तौल दाग़ने के बाद वह घबराकर कार से निकल भागती है लेकिन ज़मीन पर गिर पड़ती है। उसी समय उसी रास्ते प्रभाकर मिलता है और उसे घर पहुँचा देता है। घर पहुँचकर अलका को तेज़ बुखार चढ़ता है। प्रभाकर अलका के सिर पर गुलाब की पट्टी रखता है। इसी समय विजय का मित्र अजित (जो अलका का परिचित है लेकिन यह नहीं जानता कि 'अलका' ही विजय की पत्नी शोभा है) वहाँ आता है और प्रभाकर को पहचान लेता है (प्रभाकर विजय ही है)। इस प्रकार अलका को अपना खोया हुआ पति मिल जाता है।

निराला प्रेम-कथाओं के माहिर कथाकार हैं। लेकिन 'अलका' उपन्यास का महत्त्व उसकी रोमांटिक कथा में उतना नहीं है जितना कि वह इस तथ्य में अन्तर्निहित है कि सन् 1934 के आसपास ही निराला भारत के ज़मींदारों, ताल्लुकेदारों, रजवाड़ों और अंग्रेज शासकों की साँठ-गाँठ के कुचक्र में पिसती हुई भारतीय खेतिहर जनता को सुशिक्षित, सुसंगठित और जुझारू बनाने की ज़रूरत को बड़ी शिद्दत के साथ महसूस करने लगे थे। 'अलका' के कथ्य में निराला का यह अहसास पूरी बेचैनी के साथ सक्रिय रूप में अभिव्यक्त होता है। इस उपन्यास में निराला पूँजीपतियों, रईसों और ताल्लुकेदारों की भर्त्सना करते हैं। 'लक्ष्मीपतियों' को लक्ष्मी के वाहन 'उलूक़ महाशय' कहकर उनकी खिल्ली उड़ाते हैं और उन सब

के लिए ऐसी भाषा का प्रयोग करते हैं : 'नव्वाबी सभ्यता के सूक्ष्मतम तन्तुओं सी देह वाले, तहजीब के रूपक, लखनऊ के रईस, तअल्लुकेदार और देशी अफसर' जैसे 'रेत पर सटे बगुले बैठे हों।' (वही, पृ. 72)

पुरुषों की सामन्ती सेक्स-मनोवृत्ति पर व्यंग्य करते हुए कहते हैं : '...इच्छानुसार वर बनते रहने की स्वतन्त्रता का वरण किये बैठे थे। यह भी प्राचीन संस्कारों का शुभधर्म था, इसीलिए उनके इस शृंगार रस में दुर्भावना की मक्खी नहीं पड़ी।' (वही, पृ. 73)

यह भाषा निराला को समकालीन आदर्शवादी और भाववादी लेखकों से अलग करती है। आदर्शवादी कला की सीमाओं को निराला अभी से पहचानने लगे थे। 'अलका' एक आदर्शवादी नाटक देख रही है। इस प्रसंग पर टिप्पणी करते हुए निराला कहते हैं :'लड़का पेट में था, इसलिए लेखक को निकालना ही पड़ा। यदि आदर्शवादी कला को पेट से बच्चा उड़ाने का कोई कौशल हासिल होता तो हिन्दी के नाटक-उपन्यास-सम्राट ऐसे समय जरूर प्रदर्शन करते।' (वही, पृ. 76)

उपन्यास का एक महत्त्वपूर्ण पात्र अजित सोचता है कि ईश्वर की बातचीत खाते-पीते हुए मनुष्यों का प्रलाप है। (वही, पृ. 99) पाखण्डी साधुओं और धर्म के ठेकेदारों का मज़ाक उड़ाते हुए कहते हैं : 'साधु के पास जो जायेगा, वह पापी होगा' (वही, पृ. 92) धर्मान्धता के पीछे जो मनोवैज्ञानिक कमज़ोरी छिपी होती है, उसे निराला खूब पहचानते हैं। धार्मिक पराधीनता का विरोध करते हैं। (वही, पृ. 99) विद्याहीन रईसजादों के 'कला-प्रेम' पर फबती कसते हुए कहते हैं : 'विद्या की अगम चारदीवारी के अन्दर न आने पर भी संगीत और शायरी के रसज्ञ रईस फड़क उठे'। (वही, पृ. 72) लेखकों की उच्चवर्गीय रुचि पर चोट करते हुए अलका से कहलवाते हैं : 'हश! सफेद झूठ, यह लेखक की चालबाजी है! यह नीच कुल की है, इसलिए साधारण जनों की दृष्टि में पत्नी रूप से इसे न मिलने देगा। (वही, पृ. 74-75) कुल मिलाकर यह कहा जा सकता है कि 'अलका' उपन्यास निराला की सामाजिक जागरूकता का एक महत्त्वपूर्ण दस्तावेज़ है।

प्रभावती

उपन्यास की भूमिका में स्वयं निराला ने प्रभावती को एक 'रोमेंटिक उपन्यास' बताया है। यह उपन्यास ऐतिहासिक रोमांस के रूप में लिखा गया है। कथा पृथ्वीराज चौहान और कान्यकुब्जेश्वर जयचन्द के समय की है। दलमऊ के सरदार राजा महेश्वर सिंह की कन्या प्रभावती लालगढ़ के राजकुमार से छिपकर विवाह कर लेती है। राजा महेश्वर सिंह कन्या का विवाह मणिपुर (मनवा) के सरदार राजा बलवन्त सिंह से करना चाहते थे और इसके लिए बलवन्त सिंह को वचन दे चुके थे। लालगढ़ के राजकुमार देव को गिरफ्तार कर बलवन्त सिंह घायल

अवस्था में ही बन्दी बनाकर मणिपुर ले जाते हैं। प्रभावती के पिता राजा महेश्वर सिंह और राजा बलवन्त सिंह कान्यकुब्जेश्वर से लालगढ़ के राजा और उसके पुत्र की शिकायत करते हैं और प्रभावती के साथ देव के विवाह की घटना को बाप-बेटे द्वारा कन्या के अपहरण के रूप में प्रस्तुत करते हैं। ये सभी राज्य कान्यकुब्जेश्वर के अधीनस्थ राज्य हैं। कान्यकुब्जेश्वर लालगढ़ के राजा महेन्द्रपाल (राजकुमार देव के पिता) के वध की आज्ञा दे देते हैं। राजा बलवन्त सिंह की बहन यमुना, जिसे भाई ने राज्य से निष्कासित किया हुआ है, (अपराध यमुना का यही है कि उसने स्वेच्छापूर्वक वीर सैनिक वीरसिंह से विवाह कर लिया था) छद्मवेश में प्रभावती की दासी और अभिभाविका के रूप में उसके साथ रहती है। यमुना प्रभावती और देव के प्रेमविवाह में उनका साथ देती है। राजकुमार देव की गिरफ्तारी के समय भाई बलवन्त सिंह से युद्ध करती है और राजकुमार देव के पकड़े जाने पर प्रभावती की रक्षा करती है। दोनों स्त्रियाँ अपने-अपने राज्यों से निष्कासित होकर जंगलों में भटकती हैं और फिर वहीं से अपनी भावी योजनाएँ बनाती हैं। यमुना प्रभावती को लेकर अपने पति वीरसिंह से मिलती है जो छद्मवेश में धीरसिंह के नाम से तापस बने हुए हैं। इनके शिष्य रामसिंह विद्या नाम की नर्तकी से प्रेम करते हैं जो कान्यकुब्जेश्वर के दरबार में आती-जाती है। इसी नर्तकी की सहायता से राजकुमार देव के पिता राजा महेन्द्रपाल को (जिनके वध की आज्ञा हो चुकी है) बन्दीगृह से मुक्त कराने में रामसिंह सफल हो जाते हैं।

उधर राजकुमार देव जो बलवन्त सिंह के राज्य में बन्दी हैं, बलवन्त सिंह की एक और छोटी बहन रत्नावली की देख-रेख में रखे गये हैं। रत्नावली राजकुमार देव पर मुग्ध हो जाती है। जब सारी स्थिति स्पष्ट होती है तो कान्यकुब्जेश्वर राजा महेश्वर सिंह के वध की आज्ञा वापस ले लेते हैं। उल्टे राजा बलवन्त सिंह को दो वर्ष के लिए मणिपुर में प्रवेश न करने की आज्ञा हुई और रत्नावली को दो वर्ष के लिए मणिपुर राज्य के संचालन का दायित्व सौंपा गया। राजा महेश्वर सिंह को निर्दोष करार दिया गया और राजकुमार देव पिता के उत्तराधिकारी हुए। लेकिन प्रभावती से उनका मिलन न हो सका। राजकुमार देव के प्रति रत्नावली की प्रेमभावना का परिचय मिलते ही प्रभावती ने यह निश्चय कर लिया था कि वह देव और रत्नावली के प्रेम के बीच दीवार न बनेगी।

कान्यकुब्जेश्वर की पुत्री संयोगिता के स्वयंवर के दृश्य के साथ उपन्यास समाप्त होता है। जब पृथ्वीराज संयोगिता को घोड़े पर बिठाता है तो एक स्त्री पुरुष-सैनिक के वेश में उनकी रक्षा करती है और स्वयं घायल होकर गिर पड़ती है। राजकुमार देव भी इस अवसर पर उपस्थित हैं। इस दृश्य को देख रहे हैं। जब युवा सैनिक घायल होकर गिरता है तो पगड़ी गिर कर दूर जा पड़ती है और युवा सैनिक के बाल खुल जाने पर उसका स्त्रीरूप प्रकट हो जाता है। राजकुमार देव

आगे बढ़कर गौर से देखते हैं और इस वीरांगना को पहचान लेते हैं। पहचानते ही वे पुकार उठते हैं : 'प्रभा!'

प्रभावती भूमि पर हाथ हिलाने की चेष्टा करती है। असल में वह पैरों की धूल चाहती है। लेकिन शायद राजकुमार देव उसकी इस चेष्टा का अभिप्राय समझ नहीं पाते। फिर बहुत क्षीण स्वर से कहती है—'रतन'। यह शायद यमुना की बहन रत्नावली की ओर संकेत है। उपन्यास की कथा यहीं समाप्त हो जाती है। राजकुमार देव और प्रभावती का प्रथम मिलन जंगल में शिकार खेलते हुए हुआ था। तब भी वह एक युवक के वेश में थी। अन्तिम मिलन के समय भी वह युवक वेश में ही है। कथा के प्रारम्भ और अन्त में यह सादृश्य है। साथ ही एक कंट्रास्ट भी। प्रथम मिलन के समय प्रभावती क्रुद्ध, उद्धत, गर्वोन्नत और अभिमानी युवक की तरह देव से मिली थी, अन्तिम मिलन के समय वह शान्त, उदात्त, विनीत और समर्पित युवती की तरह प्रियतम के पैर छूना चाहती है। निराला ऐसी बारीकियों का बहुत खयाल रखते हैं। उनका कथा-शिल्प अत्यन्त सुलझा हुआ, जटिल और कौतूहलपूर्ण होता है जो कथा के विकास में मार्मिक स्थलों की गहरी पहचान का परिचायक होता है।

इस उपन्यास में प्रभावती और यमुना के चरित्र विशेष रूप से निखरे हैं। निराला यमुना को सीता और दमयन्ती के मुकाबले पूरी क्षत्राणी कहकर सम्बोधित करते हैं। ऐतिहासिक उपन्यास में समकालीन युग भी प्रतिध्वनित होता है। आधुनिक राजनीतिज्ञों पर व्यंग्य करते हुए कहते हैं : 'राजनीति विराजमान होने की पद्धति है' ('निराला ग्रन्थावली', खण्ड 1, लखनऊ, 1973, पृ. 354, 'प्रभावती') निराला अतीत का चित्रण करते हुए भी किसानों की सुध लेना नहीं भूलते : 'एक ओर गाँव में ग़रीब किसान छप्परों के नीचे, दूसरी ओर दुर्ग में महाराज धनधान्य और हीरे-मोतियों से भरे प्रासादों में। फिर भी उन्हीं के पास फैसले के लिए, न्याय के लिए जाना, उन्हें भगवान का रूप मानना, नियम था।' (वही, पृ. 334) राजाओं की धनलोलुपता पर व्यंग्य करते हुए कहते हैं : 'दुष्यन्त ने अँगूठी को पहचाना था, प्रिया को नहीं।' (वही, पृ. 320)

प्रभावती राज्य में विद्रोह कराने के लिए सिपाही को भड़काती हुई कहती है : 'सुनो, यह जितना अर्थ विलास में खर्च होता है उसका एक चौथाई भी तुम्हें नहीं मिलता।' (वही, पृ. 389)

निरुपमा

यह एक सामाजिक उपन्यास है। कुमार नामक युवक यूरोप की मुख्य भाषाओं का अध्ययन करने के पश्चात लन्दन से 'डी. लिट', की उपाधि लेकर भारत लौटा है। रिक्त स्थान होते हुए भी कलकत्ता विश्वविद्यालय में उसकी योग्यता को स्वीकृति

नहीं मिली। अतः उदास होकर लखनऊ चला आया है। लेकिन यहाँ भी किसी 'चांसलर, वाइस चांसलर, प्रिंसिपल, प्रोफेसर या कलक्टर से उसकी रिश्ते की गिरह नहीं लगी, इसलिए किसी को विद्वत्ता का अस्तित्व मालूम नहीं दिया।' (निराला, 'निरुपमा', इलाहाबाद, 1975, पृ. 9) कुमार 'श्रम की प्रतिष्ठा' (डिगनिटी आफ़ लेवर) में विश्वास करता है अतः 'डी. लिट.' होकर जूता-पालिश का काम शुरू करता है। इसी समय उच्चवर्गीय परिवार की एक युवती निरुपमा से उसकी मुलाकात होती है। निरुपमा अपने ममेरे भाई सुरेश के साथ लखनऊ में ही रहती हे। यामिनी बाबू सुरेश के पिता योगेश बाबू (निरुपमा के मामा) की साली की ननद के लड़के हैं। सुरेश से उनकी अच्छी मित्रता है। निरुपमा ज़मींदार घराने की है और स्वयं भी कुछ ज़मींदारी की स्वामिनी है। यामिनी बाबू के साथ सुरेश बाबू अपनी बहन निरुपमा का विवाह करना चाहते हैं।

कुमार का छोटा भाई जिस गाँव में अपनी माँ के साथ ग़रीबी के दिन बिता रहा है, वह गाँव निरुपमा की ज़मींदारी के अन्तर्गत आता है। गाँव वालों ने माँ बेटे का लगभग बहिष्कार कर दिया है। कुमार का घर का मकान यामिनी बाबू ने रेहन कर रखा है। यामिनी बाबू को कालेज की वही नौकरी सिफारिश के आधार पर मिल गयी है जो कुमार बाबू को योग्यता के भी आधार पर नहीं मिली। धीरे-धीरे निरुपमा कुमार की ओर आकर्षित होती है। उधर निरुपमा की ज़मींदारी सुरेश सँभालते हैं और कुमार की माँ और छोटे भाई के साथ सख़्ती से पेश आते हैं। उनका बाग़ और ज़मीन बेदखल कर ली जाती है। निरुपमा गाँव जाती है तो यहाँ आकर सारी स्थिति को भाँप लेती है। कुमार की माँ से मिलकर क्षमा माँगती है। कुमार अपने छोटे भाई की पढ़ाई के लिए निरुपमा द्वारा दी जाने वाली सहायता को स्वाभिमानवश अस्वीकार करते हैं। निरुपमा उनका बाग़ और खेत लौटा देती है। जो मकान यामिनी बाबू के यहाँ रेहन रखा है उसे भी ख़रीद कर कुमार के छोटे भाई को दिला देती है। उपन्यास के अन्त में यह रहस्य खुलता है कि यामिनी बाबू मिस दुबे नाम की एक लड़की को झाँसा दे चुके हैं। यह लड़की गर्भवती है। उसकी सखी और निरुपमा की भी परिचिता कमल एक योजना बनाती है और बड़े नाटकीय कौशल के साथ यामिनी बाबू और निरुपमा का विवाह कराने के आयोजन के बहाने यामिनी बाबू और मिस दुबे का विवाह करा देती है। सुहाग रात के पहर में यामिनी बाबू की समझ में आता है कि उनके साथ 'विश्वासघात' किया गया है (जिसके कि वे परम योग्य थे) इसी आयोजन का दूसरा पहलू यह रहा कि कमल ने निरुपमा और कुमार का विवाह भी सम्पन्न करा दिया।

कुमार के गाँव में भी नाटकीयता के साथ सम्पन्न हुए इन दोनों विवाहों का समाचार पहुँचा। "बड़ा सन्नाटा छाया, लोग बहुत डरे। आखिर मुखिया के दरवाजे पर बैठक हुई। सबने सलाह ली। मुखिया ने कहा—"पागल हो, राजा से कोई बैर

करता है। अब वे दिन नहीं हैं। लखनऊ में कितने बिलइतिहा हैं, इनके हाथ का पानी बन्द है'?" (वही, पृ. 133)

संक्षेप में उपन्यास की यही कथा है। निराला इस उपन्यास में बेरोज़गारी, सिफारिश, भाई-भतीजावाद और ज़मीदारों की मनमानी के खिलाफ तथा जातितोड़ विवाहों के समर्थन में लेखनी चला रहे हैं। जात-पाँत में जकड़ी विवाह प्रणाली की गलाजत से वे घृणा करते हैं। इस उपन्यास में भी उनकी प्रगतिशील दृष्टि स्थान-स्थान पर अपना परिचय देती है। निरुपमा विवाह के सम्बन्ध में बिल्कुल आधुनिक दृष्टिकोण का परिचय देती है : 'प्राणों की मैत्री के लिए समाज की आवश्यकता है, वैषम्य की सृष्टि करे—इसके लिए नहीं; जो समाज शान्ति नहीं दे सकता, उसका त्याग करना ही उचित है और विवाह जो जीवन की ऋतुकुंचित गति को सहज, साध्य और रसमय करने के लिए है, अगर रत्ती भर अनुकूल न हुआ—सारी वृत्तियाँ विरोध पर रहीं तो किसी नीति या लोकरुचि के विचार से करना आत्महत्या तुल्य होगा।' (वही, पृ. 46) धर्म और सम्पत्ति के अन्तःसम्बन्धों पर प्रकाश डालते हुए निराला कहते हैं : 'बेनी वाजपेयी कानपुर के मिठाई वाले हैं, पर धर्म की रक्षा के लिए बीसों बिस्वे बचाये हुए हैं।' कुमार एक स्थान पर मौसम के बारे में टिप्पणी करते हुए कहता है : 'आकाश और पृथ्वी दोनों का पेट भरा हुआ है, इसीलिए हँस रहे हैं।' (वही, पृ. 101) श्रम की प्रतिष्ठा की ओर भी निराला अपने देशवासियों का ध्यान आकर्षित करते हैं। कमल कुमार को जूता-पालिश का काम करते देखती है तो कहती है कि यह कैसा स्वांग रच रखा है। उत्तर में कुमार का कथन है कि यह स्वांग नहीं है, मेरे साथ भारत का सच्चा रूप है। 'निरुपमा' उपन्यास में निराला ऐसी सरकार का स्वप्न देखते हैं जहाँ ज़बरदस्त कमज़ोर पर हमला न करे। (वही, पृ. 66)

चरित्र-चित्रण की दृष्टि से 'निरुपमा' उपन्यास शरत् के उपन्यासों की याद दिला देता है। विशेष रूप से 'निरुपमा' की कमल शरत् के 'शेष प्रश्न' की कमल की ही तरह आधुनिका और बुद्धिजीवी नारी है। निरू से यह कुमार का विवाह सम्पन्न कराती है लेकिन स्वयं भी कुमार से प्यार करती है। उसका कहना है : 'प्यार करती हूँ, इसका एक ही अर्थ मेरे पास है, उससे विवाह का कोई तअल्लुक है, यह मैं नहीं जानती; दूसरे अलबत्ते यही अर्थ-संयोग लेते हैं।' (वही, पृ. 119)

कुल्लीभाट

गिराला ग्रन्थावली के सम्पादक श्री ओंकार शरद ने इसे हास्यपूर्ण जीवनी कहा है। इस उपन्यास के प्रमुख पात्र कुल्लीभाट निराला के एक परिचित थे और इस रूप में यह एक वास्तविक जीवन का पात्र है। साथ ही अनेक घटनाएँ निराला के जीवन की वास्तविक घटनाओं से मेल खाती हैं तथापि इसे जीवनीपरक उपन्यास या

चरितप्रधान उपन्यास ही कहना उचित है क्योंकि यह कृति इतिहासवृत्त या जीवनवृत्त की शैली में नहीं लिखी गयी। जैसा कि भूमिका में स्वयं निराला ने संकेत किया है प्रस्तुत कृति में कुल्टीभाट के परिचय के साथ निराला का अपना चरित भी आया है जो 'कदाचित अधिक विस्तार पा गया है'। उपन्यास के पहले अध्याय में निराला कहते हैं : 'बहुत दिनों की इच्छा—एक जीवन चरित लिखूँ, अभी तक पूरी नहीं हुई; चरितनायक नहीं मिल रहा था, ठीक जिसके चरित में नायकत्व प्रधान हो।' इसी से यह भ्रम हो गया कि 'कुल्लीभाट' एक जीवनी है। दरअसल जीवन चरित लिखने की तत्कालीन प्रवृत्ति पर निराला व्यंग्य कर रहे हैं। आगे चलकर व्यंग्य स्पष्ट हो जाता है : 'कितने जीवन चरित पढ़े, सबमें जीवन से चरित ज्यादा; भारत के कई महापुरुषों के पढ़े—स्वहस्त लिखित; भारत पराधीन है, चरित बोलते हैं।' कुल्लीभाट एक नये किस्म का यथार्थवादी चरित्र है। इसमें मनुष्य की कमज़ोरियाँ भी हैं और शक्तियाँ भी। कुल्लीभाट न तो देवता है न राक्षस। अपनी कमज़ोरियों पर विजय पाने की वह कोशिश करता है। गोर्की के 'चेल्काश' जैसे पात्रों की तरह वह कमज़ोरियों का पुतला होकर भी एक संवेदनशील इनसान है। अक्रूर और मानवीय। इस सम्बन्ध में निराला कहते हैं : 'जीवन चरित जैसे आदमियों के बने और बिगड़े, कुल्लीभाट ऐसे आदमी न थे। उनके जीवन का महत्त्व समझे ऐसा अब तक एक ही पुरुष संसार में आया है, पर दुर्भाग्य से अब वह संसार में रहा नहीं—गोर्की।' (निराला, 'कुल्लीभाट', नयी दिल्ली, 1978)

यह संयोग मात्र नहीं है कि निराला 'कुल्लीभाट' लिखते समय गोर्की को याद कर रहे हैं। निराला अपने नायक की इस नयी यथार्थवादी किस्म के प्रति सचेत हैं। ऐसा लगता है कि 'कुल्लीभाट' की रचना की प्रेरणा में गोर्की के नये ढंग के यथार्थवादी नायकों की प्रभावात्मक भूमिका है। 'कुल्लीभाट' की कथा इस प्रकार है। निराला 'अज्ञात यौवन युवक' की तरह विवाहित होकर शायद दूसरी बार ससुराल पहुँचे ही थे कि स्टेशन पर उनकी मुलाकात 'कुल्ली' से हो गयी। 'कुल्ली' को निराला की ससुराल के लोग पसन्द नहीं करते थे क्योंकि उन्हें तरुणों का व्यसन था। कुल्ली इन पर भी रीझे लेकिन इन्होंने ठीक समय पर उन्हें डपट दिया। तभी से कुल्ली सँभल गये और दुबारा फिर कभी उन्होंने वैसी जुर्रत नहीं कीं लेकिन निराला ने 'कुल्ली' से मित्रता नहीं तोड़ी। कुल्ली ने ही निराला को डलमऊ के ऐतिहासिक स्मारकों की यात्रा करायी। इस दौरान वे वाचक (निराला) के गाइड बन रहे। उन स्थानीय स्मारकों के इतिहास से कुल्ली ने वाचक का परिचय कराया। कुल्टीभाट निपट अकेले और मौजी प्रकृति के आदमी थे। शुरू-शुरू में एक्का चलाते थे। निराला इन्हीं के इक्के पर चलकर ससुराल पहुँचे थे। उनकी सासुजी इस बात पर नाराज़ भी हुई थीं क्योंकि कुल्ली अछूत थे।

कुल्ली एक मुसलमान औरत से प्यार करते थे। बाद में निराला की सलाह पर

कुल्ली ने उससे विवाह कर लिया। कुल्ली हरिजनों को शिक्षित समाज के एक अंग के रूप में देखने के आकांक्षी थे। इसके लिए उन्होंने हरिजनों और उनके बच्चों को पढ़ाने का व्रत ले लिया। एक हरिजन-पाठशाला खोली। इसके लिए स्वयं निराला ने चन्दा इकट्ठा करने में कुल्ली की मदद की। कुल्ली ने निराला के कहने पर सहायता हेतु गाँधी और नेहरू को भी पत्र लिखे लेकिन उन्हें कोई ठोस मदद उस ओर से नहीं मिली। कुल्ली ने अन्तिम दिनों में बेहद ईमादनारी के साथ कांग्रेस के लिए और देश की आज़ादी के लिए कार्य किया। 'गर्मी' की बीमारी से इनकी मृत्यु हो गयी।

निराला ने इनके इलाज के लिए चन्दा इकट्ठा किया था, इनका इलाज कराया था लेकिन कुल्ली नहीं बचे। कुल्ली की मृत्यु पर एक विशाल जनसमुदाय उमड़ पड़ा। कांग्रेस कार्यकर्ताओं ने एक विशाल जुलूस भी निकाला। निराला इस जुलूस को देखकर प्रभावित हुए। कुल्ली के एकादशाह पर पण्डित ने आने से इनकार कर दिया तो कुल्ली की मुसलमान बीवी हिन्दुओं के दोगलेपन को कोसने लगी। निराला के कहने पर उसने सपिंडी ले ली, पर पण्डित नहीं आये। पण्डित को डर था कि कुल्ली की मुसलमान बीवी के यहाँ होम करने जायेंगे तो कोई घर का पानी भी न पीएगा। तब निराला ने निश्चय किया कि वे स्वयं पण्डित बनकर जायेंगे और हवन कराएँगे। सासुजी ने सिर पीट लिया, कहा—'बच्चा तुम हमें मेटोगे।' निराला ने कहा कि उनका दिया पिण्डपानी सासुजी को नहीं मिल सकता। और आगे से सासुजी उन्हें चौके में बैठा कर न खिलाएँ। निराला ने कुल्ली की बीवी के यहाँ जाकर हवन कराया। संक्षेप में कुल यही कथा है। 'कुल्लीभाट' का महत्त्व उसकी कथा में उतना नहीं है जितना कि उसके परिवेश और परिप्रेक्ष्य के यथार्थ अंकन में है। निराला की प्रसिद्ध कविता 'जल्द जल्द पैर बढ़ाओ...' में जो हरिजन पाठशाला का परिवेश ध्वनित होता है उसका आधार 'कुल्लीभाट' की ही हरिजन-पाठशाला है। सन् 1936 के बाद जो निराला की साहित्यिक दृष्टि में एक गुणात्मक परिवर्तन आया उसके संकेत सूत्र भी इसी कृति में मिलते हैं :

> इसी समय बिना स्तव के, बिना मन्त्र के, बिना वाद्य, बिना गीत के, बिना बनाव, बिना सिंगार वाले वे चमार, पासी, धोबी और कोरी दोने में फूल लिए हुए मेरे सामने आ-आकर रखने लगे। मारे डर के हाथ पर नहीं दे रहे थे कि कहीं छू जाने पर मुझे नहाना होगा। इतने नत। इतना अधम बनाया है मेरे समाज ने इन्हें।...बिना वाणी की वह वाणी, बिना शिक्षा की वह संस्कृति प्राण का पर्दा-पर्दा पार कर गयी। लज्जा से मैं वहीं गड़ गया। वह दृष्टि इतनी साफ है कि सब कुछ देखती है, समझती है। वहाँ चालाकी नहीं चलती। ओफ! कितना मोह है! मैं ईश्वर, सौन्दर्य, वैभव और विलास का कवि हूँ!—फिर क्रान्तिकारी!! (वही, पृ. 70)

'कुल्लीभाट' निराला के व्यक्तित्वान्तरण की प्रक्रिया को उद्‌घाटित कर देता है। सन् 1937 में कुल्लीभाट की रचना हुई और यही वह समय है जब निराला अभिजात सौन्दर्य और तत्सम्बन्धी अभिरुचियों के मोह-पाश से मुक्त होकर जनवादी मूल्यों और अभिरुचियों की ओर तेज़ी से आकृष्ट हुए। 'कुल्लीभाट' का कंटेंट ही नहीं फॉर्म भी जनवादी ढंग का है। सरल, सहज, सुबोध, रोचक, हास्यपूर्ण, व्यंग्य प्रधान, लोकोक्तियों से लैस मुहावरेदार जनभाषा के तेवर उभरने लगे हैं।

चोटी की पकड़

'चोटी की पकड़' निराला का दूसरा यथार्थवादी उपन्यास है, जिसमें रजवाड़ों की तिलस्मी दुनिया का बड़ा ही यथार्थपरक चित्रण किया गया है। अंग्रेज़ हाकिमों, हिन्दू-मुसलमान चाकरों, रजवाड़ों, तअल्लुकेदारों, पुलिस अफसरों से मिलेजुले तन्त्रजाल में फँसी भारतीय जनता का आँखों देखा हाल :

> 'राज्य की क्रिया का ढंग सब स्थानों में एक-सा है। सब जगह एक ही प्रकार के नाटकीय नाटक, षड्‌यन्त्र, अत्याचार किये जाते हैं। सब जगह रेअय्यत की नाक में दम रहता है।...जमींदार हो, तअल्लुकेदार, राजा हो या महाराज; कृपा कभी अकारण नहीं करता।...सारे राज्य में उसके खास आदमियों का जाल फैला रहता है। वह और उसके कर्मचारी प्रायः दुश्चरित्र होते हैं, लोभी, निकम्मे, दगाबाज़।...निर्दोष युवतियों की इज्जत जाती है, रिश्वत में रुपये लिए जाते हैं...पुलिस भी साथ ली जाती है। कभी चढ़ा-ऊतरी की प्रगति में दोनों अपने-अपने हथियारों के प्रयोग करते रहते हैं।' ('निराला ग्रन्थावली', खण्ड 2, लखनऊ, 1973, पृ. 310; 'चोटी की पकड़')

ज़मींदारों के जुल्म का उल्लेख करते हुए इसी उपन्यास में एक स्थान पर निराला टिप्पणी करते हैं, 'किसी ने लगान नहीं दिया। वह गरीब है। विश्वास दिलाकर बुलाया गया कि सरकार से अपना दुख रोए। आने पर अँधेरी कोठरी में ले जाया गया। वहाँ ऐसी मार पड़ी कि उसका दम निकल गया।' (वही, पृ. 311) इन पंक्तियों को पढ़ते ही निराला की 'अध्यात्म फल' कविता की याद ताज़ा हो जाती है : 'जब कड़ी मारें पड़ीं, दिल हिल गया/पर न कर चूँ भी कभी पाया यहाँ।'

इस उपन्यास में एक युवती के अपमान और उत्पीड़न की कथा है। युवती का भतीजा जागीरदार की लड़की से ब्याहा गया है। बुआ साधारण परिवार की लड़की है लेकिन भतीजे की मान्य तो है ही।

जागीरदार ने एकमात्र सहारा 'भतीजा' तो ले लिया लेकिन बुआ की कोई पूछ

न हुई। पूछ तो क्या होनी थी, दुर्गति ही होती चली गयी। भतीजे को ज़मीदारी मिली। उच्चवर्गीय आचार-व्यवहार में दीक्षित किया गया। भतीजे के साथ बुआ को भी आना पड़ा। बुआ के साथ न तो भतीजे की बहू (जागीरदार की कन्या) ने अच्छा सलूक किया न उसकी माँ ने। यहाँ तक कि 'मुन्ना' नाम की दासी ने भी बदसलूकी की। राजा के पुलिस कर्मचारी और दासी मुन्ना के आशिक रुस्तम ने भी बुआ के साथ बलात्कार करना चाहा। बुआ की उम्र अधिक नहीं थी और वह विधवा थी। इसी समय प्रभाकर नाम का युवक, जो अंग्रेजों की बंग-भंग की नीति के खिलाफ बंगाल की जनता को लामबन्द करने के लिए संघर्षरत है, बुआ की सहायता करता है और उसे अपने आन्दोलन में शरीक कर लेता है। उपन्यास के अन्त में हम प्रभाकर द्वारा बुआ को इस तरह समझाते हुए देखते हैं, बुआ भी आन्दोलन के महत्त्व और उसकी रूपरेखा को कुछ-कुछ समझने लगी है। प्रभाकर समझा रहा है :

> मिलों का मुकाबला है, मुश्किल काम है; मिल वाले जमींदारों की तरह इस आन्दोलन में शरीक नहीं, सरकार को उनकी तरफदारी प्राप्त है; दलाल हैं ये लोग; विघ्न डालेंगे; देहात के बाजारों में इनका माल आता है; ज्यादातर विदेशी माल है; दुकानदारों को ये लोग बाँधे हैं; माल खपाते हैं; विदेशी बनियों का भी सरकार पर प्रभाव है; वे ज्यादती करने की प्रेरणा देते होंगे; बड़ी मुश्किलों का सामना है। इन देश के गधों से ईश्वर पार लगाये। (वही, पृ. 395)

आजादी से पूर्व सन् 1940 के आसपास की यह तस्वीर कितनी प्रामाणिक है और आज भी कितनी प्रासंगिक लगती है। निराला की सामाजिक चेतना कितनी प्रखर होती जा रही है। इसी उपन्यास में वे यहाँ तक कह जाते हैं : 'इनकी असली सूरत कुछ और है। यह स्वर्ग दिखता हुआ नरक है। ये राजे-महाराजे राक्षस। ये देवी-देवता पत्थर के, काठ के, मिट्टी के।' (वही, पृ. 318)

काले कारनामे

यह निराला का तीसरा यथार्थवादी उपन्यास है जिसमें ज़मींदारों के आपसी राग-द्वेष, झूठे दर्प और दाँव-पेचों का ज़िक्र है। उपन्यास का प्रमुख पात्र मनोहर है। उसके पिता बम्बई में एक सेठ के यहाँ नौकर हैं। मनोहर का घर गाँव में एक औसत आमदनी वाला घर है। 'खेतीबारी होती है, बैल हैं, गाय-भैंसें हैं और स्नेहशील महिलाएँ हैं। गाँव के लोग इनको भलेमानुस कहते हैं।' मनोहर को पहलवानी का शौक है। वह ज़ोर आज़माइश के लिए पास के गाँव में जाता है। हाल ही में वह

पिता के पास से गाँव लौटा है। पहले बम्बई में पिता के पास संस्कृत पढ़ता था। बम्बई का पानी रास नहीं आया अतः गाँव लौट आया है। पास के गाँव में रामसिंह पहलवान के अखाड़े पर वह रोज़ जाने लगा है। बस वहाँ के ज़मींदार को यही बात खटक गयी। उसने उस्ताद से कहा : '...रात के आठ-नौ बजे के बाद जब यह आपके यहाँ से चले जाते हैं तब कहाँ जाते हैं, क्या करते हैं, किसी को नहीं मालूम। अगर कोई चोरी-डाका हो जाये तो क्या तुम इसके जिम्मेवार होगे?' उस्ताद भी हेकड़ी वाले थे। ज़मींदार की चेतावनी पर कोई ध्यान नहीं दिया। हालाँकि मनोहर भी उसी गाँव के एक और ज़मींदार का रिश्तेदार था लेकिन स्वयं ज़मींदार घराने से सम्बन्ध नहीं रखता था। ज़मीदार की सलाह पर पहलवान ने ध्यान नहीं दिया तो ज़मींदार को खुन्दक हो गयी। उसने झूठी चोरी की रपट दर्ज करवा दी। मनोहर के रिश्तेदार ज़मींदार ने भी ज़मीदार का साथ दिया। मनोहर को घर से फ़रार होना पड़ा। उसके उस्ताद पहलवान रामसिंह को फँसा लिया गया। पुलिस को भी कमाई का एक अच्छा धन्धा मिल गया। गाँव में पुलिस आयी। ज़मींदार ने पुलिस की अच्छी खातिर की। सिपाहियों ने इतने लौंगदार पान चबाये कि 'पत्ते चबाने वाले बकरों को मात कर दिया।' उस्ताद रामसिंह ने 200 रुपये रिश्वत देकर जान बचायी।

बेचारा मनोहर भागकर काशी आया। घर पर परिवार के लोग उसकी खोज में परेशान होते रहे। मनोहर काशी में शूद्रों की बस्ती में उन्हें संस्कृत पढ़ाने लगा। उनके घर की बनी साग-पूड़ी खुल्लम-खुल्ला खाने लगा। स्वयं वह ब्राह्मण परिवार का था लेकिन द्विजों का जो 'शूद्रत्व' उसने गाँव में देखा उसके कारण उसे उच्चवर्ण वालों से घृणा हो गयी। काशी में वह ब्रिटिश राज्य के दमन से क्षुब्ध एक विधवा रानी विमला के सम्पर्क में आया। इस महिला ने मनोहर की आर्थिक सहायता की। मनोहर शूद्रों और निर्धन किसानों को शिक्षित और संगठित करने के काम में तेज़ी से जुट गया।

इधर मनोहर के पिता उसकी तलाश में खूब भटके। जब कुछ पता न चला तो गाँव के ज़मींदार से मिले। आरज़ू-मिन्नतें कीं। ज़मींदार ने असली बात न बतायी, शिकायत करते हुए कहा : 'मनोहर का मिजाज चढ़ा-चढ़ा रहता था, दो एक जगह गये, वहाँ बिगाड़ हो गयी।' लेकिन गाँव भर के जितने ग़रीब किसान थे मनोहर के लिए चिन्तित थे। उन्होंने मनोहर की निन्दा न की। वे मनोहर के पिता को ढाढ़स बँधाते, आदर और सम्मान देते और कहते : 'वह हमारा भैया है। उसको कोई डर नहीं, हम जानते हैं कि लोगों ने उसको रहने न दिया, लेकिन वह वज्र है जो सर फोड़कर टूटे, वह हमारी पुकार है, हमारे आँसू से टपककर भाप बनकर उड़ गया है, कभी खुशी की बारिश लाएगा।' (निराला, 'काले कारनामे', लखनऊ, 1973, पृ. 60)

'काले कारनामे' उपन्यास तक आते-आते निराला 'गाँधीवाद' की सीमाओं को अच्छी तरह पहचान चुके थे। आज़ादी के बाद भी स्थिति नहीं बदली। गाँवों में ज़मींदारों का वही आतंक और पुलिस का वही दमन-चक्र : 'नेकमाश धीरे-धीरे बदमाश करार दिये जाते हैं और बाँधकर भेज दिये जाते हैं, आमदनी का जरिया जेल में भी है...क्या चरखा है।' (वही, पृ. 37) 'क्या चरखा है' कहकर निराला गाँधीवाद को खुलेआम चुनौती दे रहे हैं। कांग्रेसी नेता जेल में चरखा चलाया करते थे और उसे आमदनी का जरिया बताया करते थे। आज़ादी के बाद जो रिश्वतें चलीं और जेल में भी आमदनी के नये-नये ढंग शुरू हुए। उन सभी पर निराला व्यंग्य कर रहे हैं। निराला की भाषा अर्थभरी है और व्यंजनात्मक है। गाँधी के स्वप्नों के 'रामराज्य' की निराला यथार्थवादी तस्वीर पेश कर रहे हैं। निराला देश के उन गिने-चुने बुद्धिजीवियों में थे जिनका आज़ादी सम्बन्धी मोहभंग आज़ादी से पहले ही हो चुका था। उपन्यास का निराला अच्छी तरह समापन नहीं कर सके। उपन्यास अधूरा है लेकिन आज़ादी के बाद भी भारतीय ग्रामीण जनता की, ऐसी जनता की जो ज़मींदारों, सरकारी हाकिमों और राजनैतिक नेताओं की मिली-जुली सत्ता की भागीदारी के चक्र में पिसती जा रही है, तस्वीर उभरती है।

इस उपन्यास में निराला शूद्रों और ग़रीब किसानों की मुक्ति के लिए चिन्तित दिखाई देते हैं तथा भ्रष्ट और दमनकारी व्यवस्था के खिलाफ़ उन्हें संगठित और सुशिक्षित करने वाली क्रान्तिकारी शक्तियों की ओर बड़ी आशा से देखते हैं। 'बादलराग' का विप्लवी इस अन्तिम उपन्यास में अपनी झलक दे जाता है।

ऐसा लगता है कि निराला इस उपन्यास में मनोहर को एक क्रान्तिकारी चरित्र के रूप में विकसित करना चाहते थे जो शूद्रों और ग़रीब किसानों को विद्रोह के लिए संगठित कर शोषक ज़मींदारों और भ्रष्ट सत्ताधारियों के सिर पर वज्र की तरह टूटता और ग़रीब खेतिहर जनता के लिए नयी खुशी की बारिश ला पाता। लेकिन जैसा कि आचार्य नन्ददुलारे वाजपेयी ने कहा है : 'एक-दो अधूरे उपन्यास 'चोटी की पकड़' और 'काले कारनामे' सन् 1950 के आसपास उन्होंने लिखे किन्तु उनकी मनःस्थिति ऐसी नहीं थी कि उन्हें उचित समापन वे दे पाते। फलतः वे अधूरे ही रह गये।' ('कवि निराला', पृ. 56)

बिल्लेसुर बकरिहा

उपन्यासों के बाद कहानियों की चर्चा करने से पूर्व निराला की एक और औपन्यासिक रचना 'बिल्लेसुर बकरिहा' की चर्चा करना उपयुक्त होगा क्योंकि यह कथा, उपन्यास और कहानी के बीच की है। इसे हिन्दी की पहली आधुनिक लम्बी कहानी कहा जाये तो अत्युक्ति न होगी। निराला ग्रन्थावली के सम्पादक ओंकार शरद ने इसे 'वृहद कथा' माना है। यह एक ग्रामीण गरीब परिवार के चार भाइयों

की कहानी है। इसमें प्रमुख पात्र चौथा भाई बिल्लेसुर ही है। बिल्लेसुर के तीन भाई और थे। मन्नी, ललई और दुलारे। इनके पिता दुर्भाग्यवश पुत्रों का विकास देखने से पहले ही चल बसे। माँ जब तक रही, लालन-पालन करती रही। पीसती, चौका-टहल करती, कण्डे पाथती, ढोर छोड़ने जाती, छोटे से बाग के आम-महुए बीनती, रोटी पकाती और इस तरह अपने दिन बिताकर लड़कों को किसानी के काम में लगा, वह भी चल बसी।

फिर चारों भाइयों की दो टोलियाँ हो गयीं। 'मन्नी और बिल्लेसुर एक तरफ, ललई और दुलारे दूसरी तरफ, जैसे सनातनधर्मी और आर्यसमाजी...फिर इनमें भी शाखाएँ फूटीं जैसे वैष्णव और शाक्त, वैदिक और वितण्डावादी। फिर सबकी अपनी-अपनी डफली और अपना-अपना राग रहा।' मन्नी ने एक बेवा औरत को झाँसा दिया, उसकी एक बच्ची को जिसने माँ का दूध छोड़ा ही था, लेकर चम्पत हो गया। उसे पाला, फिर पत्नी बनाया। फिर बीस साल की उम्र में उसे विधवा कर स्वर्ग सिधार गया। ललई कलकत्ता-बम्बई की खाक छानता फिरा, अन्त में रतलाम में डेरा जमाया। यहाँ एक दोस्त के स्वर्ग सिधारने पर उसकी पत्नी, दो बेटों, बड़े बेटे की बहू इन सबका भार सँभाल लिया। सबको लेकर गाँव चला आया। फिर देशोद्धार के काम में लग गया। दुलारे आर्यसमाजी थे। बस्तीदीन सुकुल की बेवा से शादी कर ली। फिर आप परलोक सिधार गये। पत्नी के हमल रह गया था, बच्चा हुआ। माँ भी नहीं रही। अब वह नारद की तरह ललई के दरवाजे पर बैठा खेला करता है। चौथे भाई बिल्लेसुर फटेहाल कानपुर गये। वहाँ से कलकत्ता के लिए बिना टिकट कटाये गाड़ी पर सवार हो गये तो इलाहाबाद में पकड़े गये और गाड़ी से उतारे गये फिर पूरब जाने वाली रेलगाड़ी में चढ़े और फिर मोगलसराय में उतारे गये। चढ़ते-उतरते बर्दवान पहुँचे।

वहाँ महाराज बर्दवान के जमादार श्री सत्तीदीन सुकल के यहाँ रहने लगे। सत्तीदीन जमादार की बीवी दिन भर मशक्कत कराती तब दो जून रोटी मयस्सर होती। साथ-ही-साथ तहसील की चिट्ठियाँ भी बाँटने लगे। सिपाहियों की एवजी में कभी-कभी दैनिक भत्ते पर नौकरी भी करने लगते। सत्तीदीन की बीवी के सन्तान न होती थी। वे जगन्नाथपुरी गयी तो इन्हें साथ लेती गयी। फिर बर्दवान वापस आ गये। सत्तीदीन की बीवी फिर भी निःसन्तान ही रहीं। फलतः 'दिव्य शक्ति छोड़कर मनुष्य शक्ति की पक्षपातिनी बन गयीं, यथार्थवादी लेखक की तरह।' (निराला ग्रन्थावली, खण्ड 1, पृ. 182, 'बिल्लेसुर बकरिहा') बिल्लेसुर ने पुरी में इनसे गुरुमन्त्र ले लिया था। अतः धर्मभीरु बिल्लेसुर को गुरुआइन का 'यथार्थवाद' रास न आया। एक दिन कण्ठी और माला गुरुआइन को सौंपकर अपने देश (गाँव) लौट आये।

गाँव आकर बकरियाँ खरीदीं। गाँव में शोर मच गया कि बिल्लेसुर माल लेकर

लौटे हैं। गाँव में सबकी निगाह पर चढ़ गये। त्रिलोचन नाम का पड़ोसी माल साफ करने की फिराक में पीछे लग गया। जब मौका हाथ न लगा तब एक सोलह साल की 'आग भभूका' से विवाह कराने का झाँसा दिया ताकि इसी सौदे कुछ मोटी दलाली हाथ लगे। लेकिन दुनिया-जहान की खाक छानते-छानते बिल्लेसुर भी काइयाँ हो गये थे। हाथ न रखने दिया। फिर मन्नी की सास को पटाकर उनके यहाँ की एक लड़की को ब्याह लाये, बड़ी शान के साथ बारात लेकर। गाँव वालों को पक्का विश्वास हो गया कि बिल्लेसुर के पास सोने की ईंटें हैं। बिल्लेसुर भी अपनी साख जमाये रहे और अपनी असली आर्थिक स्थिति का राज़ कभी ख़ुलने न दिया। बकरियों का काम छोड़ दिया क्योंकि गाँव के लौंडे चुरा लेते और गोश्त भुनकर खाते। अपने बचे-खुचे खेत में चने और मटर बोने लगे। बिल्लेसुर यद्यपि नीचे से थोड़ा उठे थे लेकिन दूसरों की नज़र में धनी दिखाई देते रहने की मध्यमवर्गीय मानसिकता बिल्लेसुर पर किस तरह हावी होती गयी, इस तथ्य को निराला ने खूब समझा और समझाया है।

इसमें कोई शक नहीं कि निराला अपने युग के एक महत्त्वपूर्ण उपन्यासकार हैं। रोमांटिक भी और यथार्थवादी भी। 'अप्सरा', 'अलका', 'निरुपमा' और 'प्रभावती' जैसे रोमांटिक उपन्यासों में भी वे यथार्थवादी चित्रण का परिचय देते हैं। इन उपन्यासों में समाज के उच्चवर्गीय लोगों की मानसिकता को एक्सपोज़ करते हैं। राजाओं, नव्वाबों, ज़मींदारों, तअल्लुकेदारों और हाकिमों की कारगुज़ारियों का प्रामाणिक और अत्यन्त वास्तविक लेखा-जोखा प्रस्तुत करते हैं।

'कुल्लीभाट' और 'बिल्लेसुर बकरिहा' में मध्यम और निम्नमध्यम वर्गीय मानसिकता को बेलाग तरीके से उघाड़कर रख देते हैं। निम्नवर्गीय पात्रों की मानसिकता के चित्रण में भी तटस्थता का परिचय देते हैं तथापि अपने चित्रण में तटस्थ होते हुए भी, ऐसे हर पात्र के पक्षधर हो जाते हैं, जो किसी-न-किसी तरह के सामाजिक अन्याय का शिकार हो। प्रेमचन्द की ही तरह भारतीय सामाजिक जीवन का और विशेष रूप से भारत के ग्रामीण जीवन का अध्ययन अत्यन्त व्यापक और गहरा है जो उनकी पैनी प्रेक्षण-क्षमता (आब्जर्वेशन कैपेसिटी) का परिचायक है।

कहानियाँ

निराला ने लगभग दो दर्जन कहानियाँ लिखी हैं। जो कहानियाँ सन् 1936 से पहले लिखी हैं वे प्रायः रोमांटिक ढंग की हैं। सन् 1936 के बाद लिखी गयी कहानियाँ परवर्ती उपन्यासों की ही तरह यथार्थवादी ढंग की हैं। लेकिन निराला के रोमांटिक उपन्यासों की ही तरह उनकी रोमांटिक कहानियों में भी ऐसे अनेक प्रसंग आते हैं जो रचनाकार की सामाजिक जागरूकता का प्रमाण दे जाते हैं। इस समय उनके

तीन कहानी संग्रह उपलब्ध हैं—1. लिली (प्रकाशन सन् 1933), 2. सुकुल की बीवी (प्रकाशन सन् 1941) (यद्यपि इसमें संकलित 'क्या देखा' शीर्षक कहानी सन् 1922 से पहले की लिखी है और सन् 1923 में 'मतवाला' में छपी थी) और 3. चतुरी चमार।

लिली

इस कहानी संग्रह में निम्नलिखित कहानियाँ संकलित हैं : पद्मा और लिली, ज्योतिर्मयी, कमला, श्यामा, अर्थ, प्रेमिका परिचय, परिवर्तन और हिरनी।

'पद्मा और लिली' शीर्षक कहानी में समस्या यह है कि ब्राह्मण की लड़की से क्षत्रिय का लड़का रोमांस करता है। विवाह हो तो कैसे हो! कहानी के अन्त में दोनों के विवाह के बारे में आशाजनक संकेत मिलते हैं।

'ज्योतिर्मयी' कहानी में दहेज की समस्या है। साथ ही ज्योतिर्मयी बाल-विधवा है। विजय नामक युवक के सम्पर्क में आती है। उससे प्यार करने लगती है। विवाह के नाम पर विजय को मुकरते देखती है। दहेज की व्यवस्था होने पर विवाह हो जाता है। लेकिन ऐसे लालची परिवार में बहू बनकर आने से उसे आत्मग्लानि होती है। कहानी के अन्त में हम उसे यह सोचते हुए पाते हैं : 'छिः यह मैंने क्या किया!...इससे मेरा वैधव्य शतगुण, सहस्रगुण अच्छा था।' (निराला, 'लिली', नयी दिल्ली, 1978, पृ. 32)

'श्यामा' शीर्षक कहानी में ज़मींदार के खौफनाक जुल्म की कथा है। श्यामा के पिता इस जुल्म के शिकार होते हैं। लगान के साढ़े सात रुपये बाकी थे। इसी कसूर पर वो मार पड़ती है कि उनका प्राणान्त हो जाता है। बंकिम नाम का लड़का श्यामा की सहायता करता है। झोंपड़ी में ही पिता को दफ़नाकर दोनों गाँव छोड़ देते हैं। बाद में बंकिम पढ़-लिखकर अफ़सर बन जाता है और एक मुकद्दमे के सिलसिले में मिलने आये उसी ज़मींदार को कान पकड़कर बाहर निकलवा देता है। अन्यायी और अत्याचारी के प्रति निराला के हृदय में प्रतिकार की भावना विद्यमान रहती है। अतः कहानी के अन्त में वे उसे थोड़ी-बहुत सज़ा ज़रूर दिलाते हैं। अक्सर कहानियों में यह बात पायी जाती है।

लेकिन 'कमला' शीर्षक कहानी में कमला अपने अन्यायी प्रेमी को क्षमाकर देती है। अपने छोटे भाई से उसकी लड़की के विवाह का प्रस्ताव मंजूर करते हुए कहती है : 'मैं विवाह करने के लिए तैयार हूँ, क्योंकि आपको उठा लेना मेरा धर्म है।'

'अर्थ' शीर्षक कहानी में 'हिन्दू धर्म के गपोड़ों' और 'दैवी आस्थाओं' पर करारी चोट की गयी है। कहानी में निराला ने अपने युवा जीवन की भी सांकेतिक झलक दे दी है।

'परिवर्तन' शीर्षक कहानी में राजा की औरस पुत्री 'परिमल कुमारी' और जमादार के लड़के सूरज की कथा है। कहानी में निराला के स्वप्नाकांक्षी मन की अभिव्यक्ति हुई है। ऐसा लगता है जैसे 'सूरज' नामक पात्र के बहाने निराला अपने बचपन की ही स्मृतियों को सांकेतिक ढंग से ध्वनित कर रहे हैं।

सुकुल की बीवी

इस कहानी संग्रह में निम्नलिखित चार कहानियाँ संकलित हैं : सुकुल की बीवी, गजानन्द शास्त्रिणी, कला की रूपरेखा, क्या देखा। पहली तीन कहानियों में पहली और तीसरी संस्मरण-शैली में लिखी गयी हैं। दूसरी कहानी में ज़मींदारों और धर्म के ठकेदारों का मखौल उड़ाया गया है। तीसरी कहानी 'कला की रूपरेखा' जीवन की सत्य घटना का विवरण है। चौथी कहानी 'क्या देखा' एक प्रेम-कथा है। यह निराला की सबसे पहली कहानी है। पहली तीनों कहानियों में छींटाकशी, हास्य और व्यंग्य की प्रधानता है।

चतुरी चमार

निराला का सर्वाधिक महत्त्वपूर्ण कहानी संग्रह 'चतुरी चमार' ही है। इसमें निम्नलिखित कहानियाँ संकलित हैं : 'चतुरी चमार', 'सखी', 'न्याय', 'राजा साहब को ठेंगा दिखाया', 'देवी', 'स्वामी सारदानन्द जी महाराज और मैं', 'सफलता', 'भक्त और भगवान'। इनमें 'चतुरी चमार', 'न्याय', 'राजा साहब को ठेंगा दिखाया, और 'देवी' कहानियाँ विशेष रूप से उल्लेखनीय हैं।

'कुल्लीभाट' की तरह 'चतुरी चमार' कहानी में भी निराला का अपना चरित आ गया है। चतुरी ज़मींदारों और ऊँचे वर्णों के जाल में फँसा है। इस जाल को वह 'काटना चाहता है। भीतर से इसका पूरा जोर उमड़ रहा है, पर एक कमजोरी है, जिसमें बार-बार उलझकर रह जाता है।' निराला जुल्म करने वालों की भर्त्सना तो करते ही हैं साथ ही जुल्म सहने वाले की कमजोरी की ओर भी इशारा करते हैं। चतुरी को इस बात का बड़ा मलाल है कि ज़मींदार के सिपाही को हर साल एक जोड़ी जूता देना पड़ता है। निराला का निष्कर्ष है : चमार दबेंगे ब्राह्मण दबाएँगे। दवा है, दोनों की जड़ें मार दी जायें, पर यह सहज साध्य नहीं'। (निराला, 'चतुरी चमार', इलाहाबाद, 1976, पृ. 11) दोनों की जड़ें मार दी जायें, अर्थात् चमार चमार न रहें, ब्राह्मण ब्राह्मण न रहें। इससे स्पष्ट होता है कि निराला एक सेक्यूलर समाज की कल्पना करते हैं।

लेकिन 'सेक्यूलरिज़्म' सम्बन्धी बूर्ज्वा संकल्पना के वे हामी नहीं हैं। 'जड़ें मार दी जायें' से आशय यही है कि वे 'वर्णाश्रम धर्म' या 'सर्वधर्म समभाव' वाली 'खोखली' संकल्पनाओं के मुकाबले समाजवादी धर्मनिरपेक्षता की ओर इशारा कर

रहे हैं। सन् 1936 से पहले के निराला और बाद के निराला में इतना अन्तर आ गया है। ज़मींदार को किसानों के ख़िलाफ डिग्री मिल जाती है तो चतुरी मुकदमा लड़ता है, ऊपर की कचहरी में जाता है। निराला उसकी सहायता करते हैं। लेकिन गाँव के और किसान साथ नहीं देते। निराला अपनी इस पीड़ा को स्थान-स्थान पर अभिव्यक्त करते हैं कि किसान संगठित होकर जुल्म का प्रतिरोध क्यों नहीं करते! चतुरी कचहरी से लौटता है : "सत्तू बाँधकर, रेल छोड़कर, पैदल दस कोस उन्नाव चलकर, दूसरी पेशी के बाद पैदल ही लौटकर हँसता हुआ चतुरी बोला—'काका, जूता और पुर वाली बात अब्दुल-अर्ज में दर्ज नहीं है।'" (वही, पृ. 18)

'न्याय' शीर्षक कहानी में पुलिस की न्यायप्रणाली का नक्शा खींचा गया है हत्यारे भाग जाते हैं और बचाने वाला पकड़ा जाता है। आज़ादी के बाद की पुलिस का यह नक्शा है।

'देवी' शीर्षक कहानी निराला की 'मोहभंग' सम्बन्धी प्रक्रिया का मर्मान्तक दस्तावेज़ है। कहानी की शुरुआत ही अभिजात सौन्दर्यशास्त्र से मोहभंग की शुरुआत है :

> बारह साल तक मकड़े की तरह शब्दों के जाल बुनता हुआ मैं मक्खियाँ मारता रहा।...फाकेमस्ती में भी मैं परियों के ख्वाब देखता रहा...इसलिए मेरी दुनिया भी मुझसे दूर होती गयी। अब मौत से जैसे दूसरी दुनिया में जाकर मैं उसे लाश की तरह देखता होऊँ।...रतिशास्त्र, वनिता, विनोद, काम-कल्याण में मश्क करते कितनी देर लगती है। चार किताबों की रूह छानकर एक किताब लिख दूँगा। 'सीता', 'सावित्री', 'दमयन्ती' आदि की पावन कथाएँ आँख मूँदकर लिख सकता हूँ। तब बीवी के हाथ 'सीता' और 'सावित्री' आदि देकर बगल में 'चौरासी आसन' दबाने वाले दिल से नाराज न होंगे। उनकी इस भारतीय संस्कृति को बिगाड़ने की कोशिश करके ही बिगड़ा हूँ। अब जरूर सँभलूँगा। (वही, पृ. 38-39)

जिन्होंने निराला का अभिमान ही देखा है वे उनका आत्मालोचन भी देखें। इतना बेलाग आत्मालोचन उस युग के अन्य किसी साहित्यकार ने नहीं किया। साथ ही पुनरुत्थानवादियों, भारतीय संस्कृति के संकीर्णमना ठेकेदारों और जीवन तथा साहित्य के क्षेत्रों में दोगले मानदण्डों (डबल स्टैण्डड्र्स) का पालन करने वाले नैतिकवादियों पर जो चोट निराला कर रहे हैं वह भी देखने योग्य है। निराला निर्णायक रूप से संकल्प करते हैं : 'अब जरूर सँभलूँगा'। 'देवी' कहानी का यह प्रारम्भ निराला की मनःस्थितियों और सौन्दर्याभिरुचियों में जो गुणात्मक बदलाव आया है, उसका सूचक है।

निराला पगली औरत को देख रहे हैं। वह एक जवान औरत है। उसकी गोद में एक बच्चा है। निराला उसे देख रहे हैं और सोच रहे हैं कि वे 'महान साहित्यकार' होकर भी इस औरत के लिए कोई उम्मीद नहीं बन सकते। इसकी किस्मत नहीं पलट सकते। तब क्या लाभ इस साहित्यकारिता का। पच्चीस साल से कम उम्र की युवती, दोनों स्तनों को खोले प्रकृति की मारों से लड़ती हुई जवानी ढलने से पूर्व ही मुरझा चुकी है। वह हिन्दू है या मुसलमान, इससे क्या फ़र्क पड़ता है? क्योंकि कोई भी तो उसे सहारा नहीं देता। इस देश की इस युवती और इसके दूध पीते बच्चे का भविष्य क्या होगा? रास्ते पर पड़ी यह मूक भिखारिन क्या सोचती होगी ईश्वर, संसार, धर्म और मनुष्यता के बारे में?

ये कुछ सवाल हैं जो इस कहानी के बहाने हिन्दी साहित्य के इतिहास में पहली बार निराला ने उठाये थे। इससे पहले हिन्दी के किसी साहित्यकार ने जाति, साहित्य, धर्म, संसार, मनुष्यता और ईश्वर के बारे में इस नज़रिये से नहीं सोचा था। बड़ी-बड़ी कवित्वपूर्ण कल्पनाओं (निराला की एक कविता की पंक्ति है—'सत्य रहे मिट जाये कल्पना।'), दर्शनशास्त्रीय मानसिक सूक्ष्मताओं, पशु-पक्षियों से प्रेमालाप करने वाली कलात्मक संवेदनाओं के चित्रण में निराला किसी से पीछे नहीं रहे। लेकिन अब, इन्हीं 'उपलब्धियों' की खिल्ली उड़ाते हुए कहते हैं :

> इस मौन-महिमा-आकार इंगितों की बड़े-बड़े कवियों ने कल्पना न की होगी। भाव-भाषण मैंने पढ़ा था, दर्शनशास्त्र में मानसिक सूक्ष्मता के विश्लेषण देखे थे, रंगमंच पर रवीन्द्रनाथ का किया अभिनय भी देखा था, खुद भी गद्य-पद्य में थोड़ा-बहुत लिखा था।...पर वह सब कृत्रिम था, यहाँ सब प्राकृत। यहाँ माँ-बेटे के मनोभाव कितनी सूक्ष्म व्यंजना से संचारित होते थे, क्या लिखूँ। डेढ़-दो साल के कमजोर बच्चे की माँ मूक भाषा लिख रही थी।' (वही, पृ. 42)

माँ और बच्चे के मौन-संवाद को निराला समझने और समझाने का अद्भुत प्रयास करते हैं। इस बात पर ज़ोर देते हैं कि वह पगली और गूँगी नहीं है। एक नेता का जुलूस राह से गुज़रता है और उसके बच्चे को कुचलकर आगे बढ़ जाता है। औरत बच्चे की गर्द झाड़कर उसे चुमकारती है फिर 'कैसी ज्वालामयी दृष्टि से उस नेता की 'बरात' की ओर देखती है। नेता दस हज़ार की थैली लेकर चले गये हैं। फिर सिपाहियों का जुलूस निकलता है। सिपाही मिलिटरी ढंग से लेफ्ट-राइट, लेफ्ट-राइट दुरुस्त दर्प से जितना ही पृथ्वी को दहलाते हुए चल रहे थे, पगली उतना ही उन्हें देख-देखकर हँस रही थी।' तो क्या वह पगली थी? गरमी की तेज लू और बरसात की तीव्र धार उसके और उसके बच्चे के ऊपर से पार हो गयी! 'आज तक कितने वर्षा-ग्रीष्म इसने झेले हैं, पता नहीं!' तो क्या वह देवी नहीं थी?

मुझे लगता है कि 'देवी' कहानी एक फन्तासी है। उसकी नायिका भारतीय निर्धन जनता है और उसका बच्चा ऐसे देश का भविष्य।

'राजा साहब को ठेंगा दिखाया' शायद निराला की सबसे छोटी कहानी है। लेकिन कहानी कहने की कला में यह बेजोड़ है। निराला की ऐसी कहानियों से ही आधुनिक जनवादी कहानी की शुरुआत मानी जानी चाहिए। 'देवी', 'राजा साहब को ठेंगा दिखाया', 'चतुरी चमार' हिन्दी की प्रारम्भिक जनवादी कहानियाँ हैं। 'राजा साहब को ठेंगा दिखाया' कहानी में राजा की क्रूरता और अन्याय का दर्दनाक विवरण है।

विश्वम्भर एक सीधा-सादा और सच्चा ब्राह्मण है, विशालाक्षी देवी के मन्दिर का पुजारी है। उसे राज्य की ओर से तीन रुपये महीना वेतन मिलता है। घर में पाँच आदमी हैं। इधर बीस महीनों से वेतन नहीं मिल पाया। साल भर में दो दर्जन से ज़्यादा दरख़ास्तें दे चुका हैं लेकिन सुनवाई नहीं हुई। इस बार प्राणों की भाषा में उसने राजा के सामने जाकर अपने भाव प्रकट करने चाहे थे। नौका विहार करते हुए राजा के सामने नदी तट पर खड़ा हो गया। इशारे से सारी बात समझानी चाही। हवा में लिखकर, कोंचकर बताया—'तुम्हें लिख चुका हूँ।' पेट मलकर कहा—'भूखों मर रहा हूँ।' मुँह थपथपाकर और ठेंगे हिलाकर बतलाया—'खाने को कुछ नहीं है।' लेकिन राजा और उसके सिपाहियों ने समझा कि 'ठेंगा दिखाता है।' विश्वम्भर को बुरी तरह मार पड़ी। उसकी दोनों गदोरी और उँगलियाँ कुचल दी गयीं। बाद में उसे नौकरी से भी निकाल दिया गया।

इस प्रकार निराला के कथासाहित्य में भारत की ग़रीब जनता के सुख-दुखों, आकांक्षाओं, स्वप्नों और उत्पीड़न भरे संसार का चित्रण है। निराला ने अपने रोमांटिक और यथार्थवादी दोनों तरह के कथासाहित्य में इस जनता की तरफ़दारी की है। उनके कथासाहित्य में जो रोमांस चित्रित हुआ है वह निष्क्रिय ढंग का नहीं है। साथ ही उनका यथार्थवाद भी फोटोग्राफिक ढंग का न होकर समाजवादी और वैज्ञानिक किस्म का है। अक्सर पात्रो में प्रतिरोध की भावना मिलती है। जुल्म के सामने वे पात्र नतमस्तक नहीं होते। मजबूर होकर अगर जुल्म सहते भी हैं तो बाद में समय आने पर प्रतिकार के लिए तैयार भी रहते हैं। लेकिन ग़रीब किसान असंगठित हैं, एक दूसरे का साथ नहीं देते, यह स्थिति निराला को क्षुब्ध करती है। लगभग सभी उपन्यासों में कोई-न-कोई पात्र ऐसा मिलता है जो शूद्रों और किसानों को शिक्षित और संगठित करने के लिए क्रियाशील रहता है। 'अलका' के विजय और अजित, 'कुल्लीभाट' के कुल्ली, 'चोटी की पकड़' के प्रभाकर, 'काले कारनामे' के मनोहर जैसे चरित्र ऐसे ही हैं। निराला के कथासाहित्य के सूत्रवाक्य हैं—राजा और ज़मींदार कितने कठोर और निर्दय होते हैं। प्रजा का रक्तशोषण ही उनका धर्म होता है। (वही, पृ. 78)

1936 तक का कथासाहित्य रोमांटिक है, बाद का यथार्थवादी। लेकिन दोनों में एक समानता है कि निराला का रोमांटिसिज्म और यथार्थवाद दोनों सक्रिय प्रकार के हैं। वहाँ निष्क्रियता का आभास भी नहीं मिलता। मानव-जीवन के क्रियाशील स्पन्दनों से युक्त, सामाजिक जागरूकता की परिचायक उनकी किसी भी कहानी या उपन्यास में पलायन को प्रश्रय नहीं मिलता। गोर्की का यह कथन कि महान कलाकारों में यथार्थवाद और रोमांटिसिज्म घुल-मिल जाते हैं, निराला पर पूरी तरह चरितार्थ होता है। '(मैक्जिम गोर्की आन लिटरेचर', पृ. 32) लेकिन रोमांटिसिज़्म भी दो तरह का होता है। निष्क्रिय और सक्रिय। सक्रिय प्रकार का रोमांटिसिज्म मनुष्य की जिजीविषा को सबल बनाता है, परिवेश की सीमाओं के अतिक्रमण का सामर्थ्य देता है और किसी भी गुलामी के जुए को उतार फेंकता है। निराला का यथार्थवादी कथासाहित्य (सन् 1936 के बाद का कथासाहित्य) भी इसी तरह का है। यथातथ्यवाद, आलोचनात्मक या बूर्ज्वा यथार्थवाद से वह आगे है। निराला क्रान्तिकारी स्वच्छन्दतावाद (रोमांटिसिज़्म) और क्रान्तिकारी यथार्थवाद के कथा-शिल्पी हैं। हालाँकि उनकी अपनी सीमाएँ और अन्तर्विरोध भी हैं। तथापि समग्र दृष्टि से उनके कुल कथासाहित्य पर दृष्टिपात किया जाये तो वे सामाजिक दृष्टि से अत्यन्त जागरूक और प्रगतिशील कथाकार का परिचय देते हैं। सामाजिक अन्याय के खिलाफ़ आवाज़ बुलन्द करने वाले वे अपने युग के सबसे बड़े कथाकारों में एक विशिष्ट कथाकार हैं।

निराला के समीक्षा-सिद्धान्त

निराला अपने युग के श्रेष्ठ साहित्यपारखी हैं। लगभग तीन दर्जन साहित्य सम्बन्धी लेख और समीक्षाएँ उपलब्ध हैं जिनके आधार पर निराला के समीक्षा-सिद्धान्तों की पड़ताल की जा सकती है। कुछ लेखों के नाम इस प्रकार हैं : 'साहित्य और भाषा', 'मुसलमान और हिन्दी कवियों में विचार साम्य', 'पन्त जी और पल्लव', 'हमारे साहित्य का ध्येय', 'काव्य के रूप और अरूप', 'साहित्य का फूल अपने ही वृत्त पर' (ये सभी लेख 'प्रबन्ध पद्‌म' शीर्षक निबन्ध संग्रह में संकलित हैं), 'नाटक समस्या', 'रचना सौष्ठव', 'भाषा विज्ञान', 'विद्यापति और चण्डिदास', 'कविवर चण्डिदास', 'कवि गोविन्ददास की कुछ कविता', 'कला के विरह में जोशी बन्धु', 'हिन्दी साहित्य में उपन्यास', 'साहित्य की नवीन प्रगति पर', 'मेरे गीत और कला', 'बंगाल के वैष्णव कवियों की शृंगार भावना' (ये सभी लेख 'प्रबन्ध प्रतिमा' में संकलित हैं), 'भाषा की गति और हिन्दी की शैली', 'खड़ी बोली के कवि और कविता', 'काव्य साहित्य', 'हिन्दी कविता साहित्य की प्रगति', 'हिन्दी के आदि प्रवर्तक भारतेन्दु हरिश्चन्द्र', 'कवि अंचल', 'साहित्य की समतल भूमि', 'कामायनी महाकाव्य परीक्षा' (ये सभी लेख 'चयन' में संकलित हैं), 'भक्त जी और प्रकृति निरीक्षण', 'श्री चकोरी जी की कविता', 'दो महाकवि' (ये सभी लेख 'संग्रह' में संकलित हैं) आदि-आदि। अधिकांश निबन्धों का संक्षिप्त परिचय 'निबन्धकार निराला' शीर्षक अध्याय में दिया गया है। इनके अतिरिक्त एक समीक्षा-पुस्तक 'रवीन्द्र कविता कानन' है। इस पुस्तक के पहले अध्याय में रवीन्द्र का जीवन परिचय है। उसके बाद के अध्यायों में रवीन्द्र की प्रतिभा का विकास, उनकी कविता में स्वदेश प्रेम, रवीन्द्र की शिशु सम्बन्धी रचनाएँ, उनकी कविता में शृंगार और संगीत आदि विषयों पर प्रकाश डाला गया है।

इसके अतिरिक्त निराला की कविताओं, उपन्यासों और कहानियों आदि में भी स्थान-स्थान पर अनेक ऐसे प्रसंग आते हैं जिनके द्वारा प्रकारान्तर से निराला के समीक्षा-सिद्धान्तों पर प्रकाश पड़ता है। जैसा कि पहले कहा जा चुका है 1936 तक निराला अभिजात वर्ग की सौन्दर्याभिरुचियों से प्रभावित रहते हैं लेकिन

अभिभूत नहीं होते क्योंकि प्रारम्भ से ही जनवादी सौन्दर्याभिरुचियों के प्रति भी उनका दृष्टिकोण सकारात्मक और स्वीकारात्मक दिखाई देता है। उदाहरण के लिए 'भिक्षुक' कविता 1921 के आसपास प्रकाशित हुई और 'तोड़ती पत्थर' कविता 1935 में।

सामान्य रूप से यह कहा जा सकता है कि निराला के समस्त साहित्य का अध्ययन करने से उनकी कुछ साहित्य सम्बन्धी धारणाओं और मान्यताओं को रेखांकित किया जा सकता है। कोई चाहे तो उन्हें निराला के समीक्षा सिद्धान्त कहकर भी विश्लेषित कर सकता है।

भावानुसारिणी भाषा

प्रारम्भ से आख़िर तक निराला भाव और भाषा के बीच एक सहज और स्वाभाविक रिश्ता कायम रखने की वकालत करते रहे। भाषा चाहे सरल हो या कठिन वह भावानुसारिणी, भावों का अनुगमन करने वाली होनी चाहिए। शुरू-शुरू में निराला क्लिष्ट भाषा की भी हिमायत लेते हुए 'साहित्य और भाषा' शीर्षक लेख में कहते हैं : '...प्राचीन बड़े-बड़े साहित्यिकों की भाषा कभी जनता की भाषा नहीं रही...सब तरह की अभिव्यक्तियाँ साहित्य में होती हैं।' (निराला, 'प्रबन्ध', 'नयी दिल्ली', 1978, पृ. 17) यह लेख 'प्रबन्ध पद्‌म' में संकलित है जो 1934 में प्रकाशित हुआ। यह वह समय है जब निराला 'तुलसीदास' (प्रबन्ध काव्य) लिख रहे थे। लेकिन इसी लेख में आगे और स्पष्ट करते हुए कहते हैं :

> हमारा यह अभिप्रायः भी नहीं कि भाषा मुश्किल लिखी जाये; नहीं, उसका प्रवाह भावों के अनुकूल ही रहना चाहिए। अपने आप निकली हुई और गढ़ी हुई भाषा छिपती नहीं। भावानुसारिणी भाषा कुछ मुश्किल होने पर भी समझ में आ जाती है। (वही, पृ. 19)

'साहित्य का फूल अपने ही वृंत पर' शीर्षक लेख में (जो 'प्रबन्ध पद्‌म' का अन्तिम लेख है) निराला इस निष्कर्ष के नज़दीक पहुँचते दिखाई देते हैं कि भाषा (भाव के अनुसार ही नहीं) समयानुसार भी अपना स्वरूप बदल लेती है। कला के विकास के साथ-साथ (जो समाज के विकास के अनुसार विकसित होती है) 'साहित्य में नयी भाषा भी विकसित होती है।' (वही, पृ. 126) लेकिन भावानुसारिणी भाषा का सिद्धान्त उन्हें बाद में भी मान्य है। 'प्रबन्ध प्रतिमा' (1940 में प्रकाशित) में संकलित 'भाषा विज्ञान' शीर्षक लेख में पुनः भाव और भाषा के रिश्ते को रेखांकित करते हुए कहते हैं कि रचना युद्ध-कौशल है तो भाषा तदनुरूप अस्त्र। (निराला, 'प्रबन्ध प्रतिमा', इलाहाबाद, 1963, पृ. 86) 'राम की शक्तिपूजा' की

रचना 1936 में हुई; इस रचना रूपी युद्धकौशल में वह भाषा के तदनुरूप अस्त्र का इस्तेमाल कर इस सिद्धान्त को रचनात्मक स्तर पर चरितार्थ भी कर चुके थे। भावानुकूल भाषा के प्रयोग का यह सिद्धान्त ही अपने व्यापक और विकसित रूप में कंटेंट (वस्तुविषय) और फ़ार्म (भाषा, शैली, शिल्प और विधा) के अन्तःसम्बन्धों के सिद्धान्त का रूप ले लेता है।

भाव और भाषा के प्रश्न पर विचार करते समय निराला कृत्रिम और स्वाभाविक भाषा के भेद की ओर भी हमारा ध्यान आकर्षित कर देते हैं। 'बंगाल के वैष्णव कवियों की शृंगार वर्णना' शीर्षक लेख में (जो 'प्रबन्ध प्रतिमा' में संकलित है) एक स्थान पर कहते हैं :

> अस्ल और नकल की तत्काल पहचान होती है। शब्दों के आवरण में कोई अपना अज्ञान छिपा नहीं सकता। शब्द स्वयं प्रकाशवान हैं। चोरी खोल देंगे। उनसे बलात्कार किया जायेगा तो बेधड़क कह देंगे। (वही, पृ. 236-237)

इसी प्रकार 'रवीन्द्र कविता कानन' में शब्द और भाव के सम्बन्ध की चर्चा करते हुए कहते हैं : 'एक ही शब्द के पर्यायवाची अनेक शब्द होते हैं।...किस शब्द से कविता में भाव की व्यंजना अधिक होगी, इसका भी ज्ञान कवियों को रखना पड़ता है। शब्दों की इस परीक्षा में रवीन्द्रनाथ अद्वितीय हैं।' (प्रबन्ध पद्म, पृ. 46)

जातीयता और विश्वजनीनता

निराला जहाँ साहित्य के विश्वजनीन (यूनीवर्सल) होने की ज़रूरत पर ज़ोर देते हैं वहाँ वे साहित्य की जातीयता के ज़बरदस्त कायल हैं। 'एक बात' शीर्षक टिप्पणी में, जो 'प्रबन्ध पद्म' में संकलित है, निराला कहते हैं : 'जरूरत यहाँ के विश्वजनीन भावों को समझने की है।...यही यथार्थ भारतीयता है। विश्व धर्म, मनुष्य धर्म ऐसा ही कुछ किसी भी विशेषण-विशेष्य से कहा जाये।' (वही, पृ. 236-237) वे 'भारतीयता' का संकीर्ण अर्थ नहीं लेते। उनकी राय में भारतीय साहित्य की यह चारित्रिक विशेषता रही है कि वह मानव धर्म या विश्व धर्म का निबाह करता रहा है। हर बात में विदेशी अन्धानुकरण या विजातीय अन्धानुसरण करने के वे खिलाफ़ है। इसी टिप्पणी में आगे चलकर कहते हैं : 'मैंने अनेक बार लिखा है, कार्लाइल और रस्किन, शेली या रवीन्द्रनाथ हिन्दी के लिए गौरव की वस्तु नहीं बन सकते। उनकी अनुवादित भावनाएँ, दूसरी जगह के फूलों को लाते-लाते मुरझाने की तरह हिन्दी में निष्प्रभ हैं।' (प्रबन्ध पद्म, पृ. 46)

साहित्य के क्षेत्र में देशकाल की जातीय विशेषताओं की सर्जनात्मक विशिष्टता की रक्षा करने का सुझाव देते हुए वे साहित्यकार को जातीय स्वाभिमान बनाये रखने

की सलाह देते हैं; साथ ही इस तथ्य को पहचानते हैं कि जिस समाज की स्थिति दीनहीन होती है वहाँ के साहित्यिक स्वाभिमान की रक्षा करने में प्रायः सफल नहीं हो पाते। 'बात यह है कि पेट में जब तक दीनता के पिल्ले कूँ-कूँ करते रहेंगे, मनुष्य की अपनी पहचान अपने आप न होगी।' (वही, पृ. 46) लेकिन इसका आशय यह कदापि नहीं है कि वे कला के क्षेत्र में अन्तर जातीय और देश-विदेश के आदान-प्रदान के प्रति उदासीन रहे हों। इस सम्बन्ध में उनका कथन है : 'कला में देशभाव की जो संकीर्णता थी, आदान-प्रदान की सहृदयता ने उसे तोड़ दिया। कला की सृष्टि व्यापक विचारों से होने लगी और हर जाति की उत्तमता से प्रेमसम्बन्ध जोड़कर लोग उससे अपनी जातीय कला को प्रभावित करने लगे।...उनके रूप-भाग में कुछ देशीय विशिष्टता रह गयी, पर अरूप-भाग से वे मनुष्य मात्र की सम्पति बन गये। अरूप-अंश, वर्णना-भेद के रखने पर भी, पूर्ववत अक्लेद रहा, रूप अंश ने जातीय विशिष्टता को रखते हुए संसार की सभ्यता से भी सहयोग किया।' (वही, पृ. 120-121)

भाववादी तर्कपद्धति पर ही सही, निराला रूप पक्ष से 'फ़ॉर्म' और अरूप पक्ष से 'कंटेंट' की ओर इशारा करते हैं। प्रकारान्तर से वे इस निष्कर्ष पर पहुँचते हैं कि रूप पक्ष (फ़ॉर्म) के स्तर पर जातीय विशिष्टता की थोड़ी बहुत रक्षा की जानी चाहिए लेकिन अरूप पक्ष (कंटेंट) के धरातल पर देश-विदेश के साथ विचारों का आदान-प्रदान करने से तथा संसार भर की सभ्यता के साथ सहभाव स्थापित करते रहने से कला की प्रकृति व्यापक होती है।

फ़ॉर्म के स्तर पर भी आदान-प्रदान करने का वे विरोध नहीं करते। उनका आग्रह केवल इतना है कि रूप (फ़ॉर्म) के धरातल पर कुछ न कुछ जातीय और देशीय विशिष्टता ज़रूर लक्षित होती रहनी चाहिए। नागार्जुन, केदारनाथ अग्रवाल, त्रिलोचन और शील जैसे रचनाकारों ने निराला से यह चीज़ सीखी है।

प्राकृत सत्य

साहित्य में 'प्राकृत सत्य' की अभिव्यक्ति की ओर निराला विशेष रूप से ध्यान आकर्षित करते हैं। 'प्राकृत सत्य' से निराला का आशय पदार्थ, प्रकृति और मानव-जीवन सम्बन्धी प्रेक्षणों (आब्ज़र्वेशनों) के प्रामाणिक चित्रण से है। 'पन्त जी और पल्लव' शीर्षक लेख में पन्त और द्विजेन्द्रलाल राय की निम्नलिखित पंक्तियों के उदाहरण देते हुए निराला ने प्राकृत सत्य सम्बन्धी धारणा को इस तरह स्पष्ट किया है :

‘सघन मेघों का भीमाकाश
गरजता है जब तमसाकार,
(पन्त)
‘जखन सघन गगन गरजे’
(द्विजेन्द्रलाल राय)

इन दोनों उदाहरणों में आकाश ‘गरजते हैं’ मेघ नहीं। इस सम्बन्ध में निराला टिप्पणी करते हैं : दोनों ही प्राकृतिक सत्य से अलग हो रहे हैं...परन्तु सत्य चित्र देखिए—मेघ ही गरजते हैं :

घन घमण्ड गरजत नभ घोरा
(तुलसीदास)
गुरु-गुरु मेघ गुमरि गुमरि
गरजे गगने-गगने (रवीन्द्रनाथ) (वही, पृ. 85)

स्वाभाविकता

निराला साहित्य की रचना-प्रक्रिया के क्षेत्र में किसी भी तरह की कृत्रिमता या बनावट के विरुद्ध हैं। ‘तुलसीकृत रामायण का आदर्श’ शीर्षक लेख में इस बात पर ज़ोर देते हुए कहते हैं : ‘कवि शब्दों को जोड़ते नहीं। उनके शब्द हृदय के स्वाभाविक उद्‌गार होते हैं...कवियों में बनावट का लेश भी नहीं रहता। कृत्रिमता हो तो वे आसन से गिरा दिये जायें।’ (‘निराला ग्रन्थावली’, खण्ढ 1, पृ. 449) उक्ति वैचित्र्य की तुलना में वे स्वाभावोक्ति को तरजीह देते हैं। रवीन्द्र की कविता के इस अंश को उदाहरण के रूप में प्रस्तुत करते हुए कहते हैं :

“आजि ए प्रभाते सहसा केरने
पथ हारा रविकर
आलय न पेय पड़ेछे आसिये
आमार त्राणेर पर
बहुत दिन परे एकटी किरण
गुहाय दियेछे देखा
पड़ेछे आमार आंधार सलिले
एकटी कनक-रेखा”

‘हृदय की इस उक्ति को अपने विचार के तराजू पर तोल कर देखिए, यह पूरी उतरती है या नहीं। स्वाभावोक्ति में कहीं कोई कसर, कोई त्रुटि, कोई वाचालता

या कोई मनगढ़न्त है?' (वही, खण्ड 3, पृ. 383) स्वाभाविकता से निराला का आशय कोरी हार्दिकता या कोरी बौद्धिकता से नहीं है। किसी मनुष्य का मात्र हार्दिकता या केवल बौद्धिकता के स्तर पर रहना स्वाभाविक स्थिति नहीं होती। मानवीय व्यवहार की स्वाभाविक स्थिति यही है कि हार्दिकता और बौद्धिकता परस्पर एक दूसरे के पूरक हों। हृदयहीन बौद्धिकता या बुद्धिहीन हार्दिकता दोनों ही अस्वाभाविक स्थितियाँ हैं। साहित्य में स्वाभाविक स्थितियों का चित्रण उसे अधिक मूल्यवान बनाता है। कृत्रिम या अस्वाभाविक स्थितियों का चित्रण निराला को रास नहीं आता।

आभिजात्य विरोधी मानसिकता

निराला ने सन् 1936 तक अपने साहित्य में अभिजात वर्ग की सुरुचियों और सौन्दर्यचेतना को भी प्रश्रय दिया, लेकिन प्रारम्भ से ही उनकी मानसिकता आभिजात्य-रुचियों के घेरे को तोड़कर बाहर आने का प्रयास करती दिखाई देती है। महलों, अट्टालिकाओं, बन्द कमरों और ड्राइंगरूम के सौन्दर्य का चित्रण करने की बजाय वह खुले वनों, उपवनों, नदियों, पहाड़ों और समुद्रों के वर्णन में रुचि लेती है। जंगल के खुले वातावरण में वह निर्भय होकर विचरण करती है। 'साफ़िस्टिकेशन' से वह कोसों दूर रहना पसन्द करती है और बनावटी साजसज्जा वाले माहौल में उसका दम घुटता है। विद्यापति की कविता में 'भावुकता की मादक शक्ति' की सराहना करते हुए निराला 'नागिन के ज़हर' से उसकी तुलना करते हैं। (प्रबन्ध प्रतिमा, पृ. 110) नागिन के ज़हर की-सी मादक भावुकता 'परिमल' में संकलित कविताओं में है। पन्त जी को लिखे गये एक पत्र में 'परिमल' का उल्लेख करते हुए निराला ने लिखा है : 'परिमल कभी-कभी किसी वन्यझाड़ के जिस चटखारे से निकलता है, दिमाग ही फूँक जाता है।' ('निराला की साहित्य साधना', खण्ड 3, पृ. 254)

वन्यझाड़ों की इस प्रकृति का चित्रण करने वाली यह मानसिकता शुरू से आख़िर तक उनके साहित्य में प्रतिफलित होती रही है। आभिजात्य विरोधी यह मानसिकता ही निराला को नैसर्गिक प्रकृतिचित्रण और जनजीवन की आकांक्षाओं का कवि बनाये रखने में मददगार होती है। अपनी रहस्यवादी कविताओं में भी निराला इसी मानसिकता का परिचय देते हैं। खुली प्रकृति के खुले प्राणों का स्पन्दन वहाँ भी है। 'कुल्लीभाट' तक आते-आते वे ऐसे रहस्यवाद की खिल्ली उड़ाने लगते हैं जो अपनी आँखें तो ढकता ही है साथ ही दूसरों की आँखों पर परदा डालना चाहता है। ('कुल्लीभाट', पृ. 78) 'सखी' कहानी में ऐसे रहस्यवाद-छायावाद का मज़ाक उड़ाते हैं जो किसी की समझ में नहीं आता :

'पूरा रहस्यवाद उर्फ छायावाद' 'निर्मला ने कहा—'वाद-विवाद में देर हो रही है। प्रकाशवाद यह है कि इनके पास मिस्टर श्यामलाल आई.सी.एस. का पत्र आया है...अब तो आया समझ में?' ('चतुरी चमार', पृ. 21-22)

'अब तो आया समझ में?' अन्तिम वाक्य इस व्यंग्यार्थ को स्पष्ट कर देता है कि 'पूरा रहस्यवाद उर्फ छायावाद' किसी की समझ में नहीं आता इसीलिए 'प्रकाशवाद यह है...' के रूप में स्पष्टीकरण की आवश्यकता पड़ती है।

निराला की 'रहस्यवादी चेतना' की आभिजात्य विरोधी मानसिकता के सन्दर्भ में डॉ. रामविलास शर्मा का यह कथन उल्लेखनीय है और अत्यन्त व्यंजनापूर्ण भी, कि 'निराला की रहस्यवादी काव्यचेतना का मूलाधार गढाकोला का चतुरी चमार है।' (हिन्दी कविता की प्रगतिशील भूमिका, पृ. 108; रामविलास शर्मा का लेख)

यथार्थवाद

यूँ तो निराला में यथार्थवादी अभिव्यक्ति पद्धति और यथार्थवादी जीवनदृष्टि के प्रति प्रारम्भ से ही झुकाव दिखाई पड़ता है तथापि सन् 1937 के आसपास वे अत्यन्त सजग रूप से इस ओर प्रवृत्त हुए। रामविलास शर्मा को लिखे गये दिनांक 17-5-43 के पत्र में निराला ने यह संकेत दिया है कि उन्होंने रामविलास शर्मा के 'यथार्थवाद' सम्बन्धी लेखों को पढ़ा था और पसन्द भी किया था। साथ ही उसी पत्र में निराला ने इस सम्बन्ध में और अधिक लिखे जाने की आवश्यकता की ओर भी संकेत किया था। ('निराला की साहित्य साधना', खण्ड 3, पृ. 318) इससे बहुत पहले लगभग एक दशक पूर्व निराला स्वयं भी 'अलका' उपन्यास में आदर्शवादी लेखकों पर व्यंग्य कर चुके थे। (अलका, पृ. 76) निराला की यथार्थवाद सम्बन्धी धारणा 'यथातथ्यवाद' या 'फोटोग्राफिक रीयलिज़्म' से आगे बढ़कर निष्क्रिय यथार्थवाद की सीमाओं का अतिक्रमण करती है। 'रवीन्द्र कविता कानन' में वे रवीन्द्र की कविताओं पर टिप्पणी करते हुए रवीन्द्र के बारे में यह कहते हैं कि वे एक निर्लिप्त फ़ोटोग्राफर की तरह फ़ोटो नहीं उतारते। ('निराला ग्रन्थावली', खण्ड 3, पृ. 408) यहाँ 'निर्लिप्त' विशेषण भी विशेष रूप से ध्यान देने योग्य है। अपने ढंग से ही सही यथार्थ के चित्रण में 'तटस्थ' मुद्रा ओढ़ने वाले रचनाकारों से वे अपना अलगाव व्यक्त करते हैं और प्रत्येक रचनाकार से उसके अन्तर्ग्रस्त होने (इनवाल्वमेंट) की माँग करते दिखाई देते हैं। सामाजिक अन्याय के शिकार किसी भी पात्र के साथ उनकी पक्षधरता उजागर हो ही जाती है। 'चतुरी चमार' जब मुकदमा लड़ता है तो रचनाकार निराला उसके सहयोगी के रूप में अपनी भूमिका का संकेत दे जाता है। इसी प्रकार जब कुल्लीभाट की बीमारी की सूचना मिलती है तो रचनाकार उसके इलाज के लिए साधन जुटाता है।

विचारधारा

निराला विचारहीन या विचारधारा-रहित साहित्य की परिकल्पना नहीं कर सकते। लेकिन विचारधारा के मकैनिकल, गैर-सर्जनात्मक और अधकचरे इस्तेमाल के वे विरुद्ध हैं। निराला वेदान्त और मार्क्सवाद दोनों से प्रभावित थे। लेकिन उनकी आस्था न तो वेदान्त के प्रति अडिग रही और न मार्क्सवाद के प्रति! कुल मिलाकर वे एक प्रगतिशील मानवतावादी विचारक थे। लेकिन उनके मानवतावाद का स्वरूप पश्चिम के मानवतावाद से भिन्न था। वह ऐसा ही था जैसा कि भगवतशरण उपाध्याय के निम्नलिखित कथन में वह लक्षित होता है : 'यह मानवतावाद था भारतीय साहित्य में प्रतिबिम्बित, पन्द्रहवीं सदी के इतालवी मानवतावाद से बहुत पूर्व का, ग्रीक मानववादी मूर्तिशिल्प से भी पूर्व का, अभिनव पर उदात्त, मानव-निर्मित पर लोकोत्तर, अभिराम! परन्तु जब तक आक्रान्तक, मधुर पर रौद्र, मदिर पर संयत, तरल पर संघात कठिन—वज्रादपि कठोराणि मृदूनि कुसुमादपि' (हिन्दी कविता की प्रगतिशील भूमिका, पृ. 18; भगवतशरण उपाध्याय का लेख)

निराला ने 'सफलता' शीर्षक कहानी में नरेन्द्र नामक पात्र की विचारधारा का परिचय इस प्रकार दिया था : 'बीसवीं सदी की समस्त विचारधाराएँ उसकी धरा से बह चुकी थीं, पर जो कुछ उसने धारण किया था वह था मनुष्य धर्म, जिसे अंगरेजी में 'रिलीजियन आफ मैन' नये स्वरपात से, जोर देकर कहते हैं। इसमें भूत, वर्तमान और भविष्य के सब धर्म वह धर देता था।' ('चतुरी चमार', पृ. 63, सफलता) लेकिन साथ ही साथ इस तथ्य को रेखांकित करना भी निहायत ज़रूरी है कि 1940 तक आते-आते निराला उस युग के प्रगतिशील लेखकों की सच्चे मायने में रहनुमाई कर रहे थे। केदारनाथ अग्रवाल के नाम दिनांक 2-9-43 के अपने पत्र में एक आयोजन का निमन्त्रण स्वीकार करते हुए निराला ने लिखा कि उक्त आयोजन में 'प्रगतिशीलों की संख्या अच्छी होनी चाहिए। जनता उनकी आवाज सुन सके, ऐसा प्रबन्ध अवश्य क़िया जाना चाहिए।' ('निराला की साहित्य साधना', खण्ड 3, पृ. 320) द्विवेदी युग की सामाजिक चेतना के सहज विकास के रूप में निराला की सामाजिक जागरूकता का ज़िक्र करते हुए रामविलास शर्मा ने लिखा है कि 'छायावादी कल्पनाशीलता इस बात को छिपा नहीं सकती कि निराला के भावबोध का गहरा सम्बन्ध उनके अपने गाँव से है और यह बात उन्हें प्रेमचन्द से जोड़ती है। इस सारे विकास की अगली कड़ी वह है जहाँ कविचेतना केवल समाजोन्मुख नहीं रहती वरन् समाजवादी हो जाती है।' (हिन्दी कविता की प्रगतिशील भूमिका, पृ. 109; 'रामविलास शर्मा का लेख') तथापि इस सम्बन्ध में यह और जोड़ना होगा कि निराला की चेतना समाजोन्मुख और उत्तरोत्तर प्रगतिशील होते हुए भी भाववादी रुझानों और संस्कारों के अन्त तक पूरी तरह मुक्त नहीं हो पाती।

लेकिन एक बात में निराला उस समय के बहुत से प्रगतिशील रचनाकारों से आगे भी हैं। सुधारवाद की सीमाओं के घेरे से वे बहुत जल्द बाहर आ जाते हैं और क्रान्तिकारी परिवर्तनों के लिए सचेष्ट रूप से लालायित रहते हैं। 'बादलराग' कविता में वे देश के उत्पीड़ित और शोषित किसान की मुक्ति के लिए क्रान्तिकारी वीर का आह्वान करते हैं। 'काले कारनामे' में मनोहर नाम के पात्र को वे ऐसे ही एक क्रान्तिकारी नायक के रूप में विकसित करना चाहते थे। जिस क्रान्ति का वे स्वप्न लेते हैं वह अरुण क्रान्ति से मिलती-जुलती है। गीतों में 'अरुणा' शब्द कई बार आता है जो अरुण क्रान्ति के स्वप्न को व्यंजित करता है। 'निराला स्मृति ग्रन्थ' में श्री नरेश मेहता ने अपने 'अर्चना' शीर्षक लेख में इस तथ्य को रेखांकित किया था। संघर्षों में हर बार वार सहता हुआ जो दलित शोषित जन पराजित होता रहा है उसकी सहज साधिका अरुण क्रान्ति ही है :

'जो जन हारा—
उसकी सहज साधिका अरुणा'
('अर्चना', गीत सं. 1)

'अप्सरा' उपन्यास में भी वे 'अरुणा' का उल्लेख इस तरह करते हैं : 'उषा उगते हुए सूर्य के प्रकाश से अरुण हो चली थी, जैसे भविष्य की कोई क्रान्ति का कोई पूर्णलक्षण हो।' ('निराला ग्रन्थावली', खण्ड 3, पृ. 211-212)

निराला की क्रान्तिकारी दृष्टि एक ईमानदार और जागरूक रचनाकार का परिचय देती है लेकिन वह अनेक तरह के अन्तर्विरोधों से घिरी है। उन्होंने इन अन्तर्विरोधों का छद्म खड़ा नहीं किया। सामाजिक अन्याय से समझौता नहीं किया। अपनी सामर्थ्य के साथ अन्त तक लड़ते रहे। जब लड़ते-लड़ते सामर्थ्य ने जवाब दे दिया तो भी अन्यायी वर्ग के समक्ष घुटने नहीं टेके। वश न चला तो विवश होकर भगवान को याद किया। इस लड़ाई को निराला ने कभी साहित्येतर कहकर नज़रन्दाज़ नहीं किया। सामाजिक अन्याय के विरुद्ध की जाने वाली लड़ाई उनकी रचना-प्रक्रिया का एक हिस्सा हो गयी थी।

उपदेश और साहित्य

साहित्य में उपदेश देने की प्रवृत्ति को निराला रचनाकार की एक कमज़ोरी मानते हैं। उनका कथन है : 'साधक जिस तरह विभूति में आकर इष्ट से अलग हो जाता है, कवि उसी तरह उपदेश करता हुआ कविता की दृष्टि से पतित हो जाता है। फिर भी नीतियाँ, सूक्तियाँ, उपदेश कविता में प्रचलित हैं, कवि लिखते हैं।' (प्रबन्ध प्रतिमा, पृ. 210-211)

तथापि वे उपदेश के सर्जनात्मक उपयोग का समर्थन करते हैं। 'मेरे गीत और कला' में 'जूही की कली' कविता के उद्धरण देकर उन्होंने यह स्पष्ट करने का प्रयास किया है कि 'ठीक-ठीक चित्रण' होने पर उपदेश किस तरह रचना के आन्तरिक गठन में अन्तर्निहित होते हैं और समग्र रचना का 'विकसित रूप किस तरह उपदेश बन जाता है।' उनका आशय यही है कि उपदेश रचना पर थोपा हुआ या आरोपित नहीं होना चाहिए, वह रचना के विकास और गठन की सर्जनात्मक प्रक्रिया में अन्तर्भुक्त होकर भी अच्छा लगता है। भारतीय काव्यशास्त्र की शब्दावली में इसी बात को यूँ कहा जा सकता है कि उपदेश रचना का व्यंग्यार्थ होना चाहिए वाच्यार्थ नहीं।

रचना की समग्रता और सम्पूर्णता

निराला की यह मान्यता है कि रचना का कलासौन्दर्य उसके सम्पूर्ण रूप में ही होता है, उसके खण्ड रूपों में नहीं। निराला के युग में रचना को खण्ड-खण्ड रूप में विश्लेषित करने की प्रवृत्ति ज़ोरों पर थी। 'अमुक रस है, अमुक अंगीभाव है, अमुक स्थायीभाव है, अमुक अलंकार है, अमुक ध्वनि है' आदि-आदि फ़िकरेबाज़ियों के द्वारा जो विश्लेषण किया जाता था, उसी पर सारा ध्यान केन्द्रित करते हुए रचना के समग्र विकास और सम्पूर्ण कलासौन्दर्य से दृष्टि हटा ली जाती थी। निराला की श्रेष्ठ रचनाओं की जो प्रारम्भिक दौर में उपेक्षा हुई उसका एक कारण यह भी था कि खण्ड-खण्ड-विश्लेषण में निराला की कविताओं में निहित कला के समग्र विकास और सम्पूर्ण कलात्मक सौन्दर्य को नज़रन्दाज़ कर दिया गया। इसी बात को समझाने के लिए निराला ने 'मेरे गीत और कला' शीर्षक निबन्ध लिखा था। केवल रस, अलंकार, ध्वनि या वक्रोक्ति को कला की सर्वोत्तम उपलब्धि मानने से निराला ने इनकार किया और उदाहरण दे-देकर यह स्पष्ट किया कि 'जैसे केवल बीज से पुष्प की पूरी कला विकसित नहीं होती, न अंकुर से, न डाल से, न पौधे से; जड़ से लेकर तना, डाल, पल्लव और फूल रंग-रेणु-गन्ध तक फूल की पूरी कला के लिए जरूरी है वैसे ही काव्य की कला के लिए काव्य के सभी लक्षण।' (वही, पृ. 201-202)

इसी निबन्ध में आगे चलकर फिर इसी निष्कर्ष को दोहराते हुए कहते हैं : 'मैं लिख चुका हूँ, केवल रस, अलंकार या ध्वनि कला नहीं।' (वही, पृ. 217) आधुनिक समीक्षा की शैली में इसे यूँ स्पष्ट किया जा सकता है कि निराला फ़ॉर्म और कंटेंट के एक ऑर्गेनिक सिद्धान्त का प्रवर्तन कर रहे थे। निराला के लिए रचना का कलासौन्दर्य एक जीवित शरीर (लिविंग ऑर्गेनिज़्म) के सौन्दर्य की तरह है, जिसे केवल हाथों, पैरों, वक्ष, आँखों या कानों की सुन्दरता को अलग-अलग विश्लेषित करके स्पष्ट नहीं किया जा सकता क्योंकि हाव-भाव, चाल चलन,

क्रिया-व्यापार आदि और कितनी बातें जिन्हें एक जीवित, गतिशील और समग्र प्रक्रिया के रूप में ही देखा और समझा जा सकता है। कंटेंट और फ़ॉर्म की संश्लिष्ट और गतिशील रचनात्मक समग्रता को ही निराला सम्पूर्ण कला-सौन्दर्य कहते हैं। जानकीवल्लभ शास्त्री को लिखे गये एक पत्र में 'तोड़ती पत्थर' शीर्षक कविता के कला-सौन्दर्य की चर्चा करते हुए निराला सम्पूर्ण कला अथवा कला की समग्रता की ओर इशारा करते हैं। पन्त की 'चाँदनी' शीर्षक कविता उन्हें पसन्द नहीं थी क्योंकि उसमें कला की समग्रता का सौन्दर्य उन्हें नहीं मिला। 'डालों में पत्ते, पत्तों से फूल, फूलों से खुशबू। ख़ुशबू अपने तत्त्व में सारे पेड़ को ढके हुए है। तने का रूखापन, डालों की थोड़ी-थोड़ी हरियाली, पत्तों की पूरी, फूलों का एक या अनेक रंगों—केशर, पराग आदि से विकसित रूप, सुगन्ध सारे पेड़ के उच्चतम विकास को स्पष्ट करती हुई, उसी में उसे ढके हुए—यह कला है।' (वही, पृ. 217) कला की समग्रता का यह सिद्धान्त कला के सौन्दर्य में उसकी सामाजिक सोद्देश्यता को भी समाहित करता है। 'मेरे गीत और कला' में 'बादलराग' के कलासौन्दर्य पर टिप्पणी करते हुए निराला ने इस ओर स्पष्ट संकेत किये हैं :

> यह सीधा अर्थ है पर उद्देश्य यह नहीं। अन्तिम पंक्ति का विप्लव सारा ठाठ बदल देता है। व्यंग्यार्थ सामने आ जाता है। 'विप्लव' एक ऐसा शब्द है जो मूल में वाच्यार्थ के अनुकूल जलराशि का अर्थ रखता हुआ, पहले के हुए प्रयोग के अनुसार अर्थात् दूसरे अर्थ से युगान्तर—क्रान्ति (रिवोल्यूशन) की याद दिलाता है। ...'विप्लव' शब्द के साथ जो भाव जागता है वह अन्य शब्दों की लक्षण-शक्ति से पूरे वाक्य को दूसरे सार्थक रूप (सेकेंड्री मीनिंग) में बदल देता है। बाद को सारा पद्य पूर्णार्थ व्यंग्य में बदल जाता है। (वही, पृ. 222)

कला के समग्र सौन्दर्य को ही वे पूर्णार्थ व्यंग्य के रूप में अन्तिम परिणति प्रदान करते हैं।

इसका यह अर्थ नहीं कि निराला कला के अंग-प्रत्यंगों पर अलग-अलग से ध्यान देने की ज़रूरत को नज़रन्दाज़ करते हों। वर्णों के संगीत, अक्षरों के चयन, शब्दों के चुनाव, वाक्यों के गठन, नाद-सौन्दर्य, छन्द-योजना, भाषा-शिल्प, अलंकार, रस, ध्वनि, वाच्यार्थ, लक्षणा, लक्षण और व्यंग्यार्थ आदि कला के सभी अवयवों और उनसे सम्बन्धित बारीकियों का वे पूरा-पूरा ध्यान रखते हैं लेकिन इन सभी के सर्जनात्मक उपयोग द्वारा कला के समग्र-सौन्दर्य को विकसित करने के असली कार्य को वे सर्वाधिक महत्त्व देते हैं। उपर्युक्त सभी अवयव कला के समग्रसौन्दर्य के साधक हैं लेकिन वे अपने आप में किसी प्रकार की कलात्मक सिद्धियाँ

नहीं हैं। अतः जो समीक्षक एक उपमा, एक उत्प्रेक्षा, केवल नाद सौन्दर्य, केवल शब्द-चयन या केवल वाच्यार्थ अथवा केवल व्यंग्यार्थ मात्र को अपूर्व कला मान लेते हैं उन्हें वे योग्य समीक्षक नहीं मानते। उनकी दृष्टि में रचना का महत्त्व उसके समग्र संघट्टन, प्रक्रिया और प्रभाव (टोटल इम्पैक्ट, फिनामिनन एण्ड इफ़ेक्ट) में निहित है।

छन्द और संगीत

कविता में छन्द और संगीत का अपना आवयविक महत्त्व है। निराला छन्दोबद्ध और छन्दमुक्त दोनों तरह की कविताओं के स्रष्टा रहे हैं। प्रायः छन्दोबद्ध कविताओं में 'आर्ट आफ म्यूज़िक' का वे सर्जनात्मक इस्तेमाल करते हैं जबकि छन्दमुक्त कविताओं अथवा मुक्त-छन्द की रचनाओं में वे 'आर्ट आफ रीडिंग' का सर्जनात्मक उपयोग करते हैं। इसके साथ-साथ नाटकीय संवाद-शैली का भी प्रयोग करते हैं। मुक्त-छन्द के प्रवाह को सम्बद्ध करने के लिए शब्दावली में आन्तरिक गठन पैदा करने के लिए निराला ने जिस विशेष कौशल से काम लिया उसे वे 'ध्वनि का आवर्त्त' कहते थे। (शिवमंगल सिद्धान्तकर, 'निराला और मुक्तछन्द', नयी दिल्ली, 1974, पृ. 96) शिवमंगल सिद्धान्तकर ने अपनी पुस्तक 'निराला और मुक्तछन्द' में इस विषय पर विस्तारपूर्वक विचार किया है। निराला भावों की श्रेष्ठ व्यंजना के लिए छन्दों की उपयोगिता को स्वीकार करते हैं। उन्होंने 'रवीन्द्र कविता कानन' में रवीन्द्रनाथ के छन्दों की प्रशंसा करते हुए एक स्थान पर कहा है कि 'जिस तरह शब्दों के बिना रागनी के सच्चे अलाप से उसका यथार्थ-चित्र श्रोताओं के सामने अंकित हो जाता है, उसी तरह छन्दों के आवर्त से ही रवीन्द्रनाथ की कविता का भाव प्रत्यक्ष होने लगता है।' ('निराला ग्रन्थावली', खण्ड 3, पृ. 462) लेकिन साथ ही वे यह भी मानते हैं कि भावों की मुक्ति के संघर्ष की ही एक व्यापक प्रक्रिया के रूप में कविता को छन्दों की पकड़ से मुक्त करना ज़रूरी है। इसी उद्देश्य से उन्होंने मुक्तछन्द का प्रवर्तन किया। ठीक इसी तरह उन्होंने जहाँ अपने गीतों में संगीत के लोकप्रचलित और शास्त्रीय स्वरूपों का सर्जनात्मक इस्तेमाल किया वहाँ उन्होंने गीतों को रागों की जकड़ से भी मुक्त किया। इस प्रकार उन्होंने मुक्तछन्द के साथ-साथ मुक्तराग का भी प्रवर्तन किया। उनकी 'बादलराग' रचना रागों की जकड़ से मुक्त है। इसीलिए उन्होंने 'बादलराग' को मुक्तगीत कहकर सम्बोधित किया है। उन्होंने कहा भी है : 'भावों की मुक्ति छन्द की भी मुक्ति चाहती है। मैंने पढ़ने और गाने दोनों के मुक्त रूप निर्मित किए हैं। पहला वर्णवृत्त में, दूसरा मात्रावृत्त में ('प्रबन्ध प्रतिमा', पृ., 200)

जो रचनाएँ गायी नहीं जा सकतीं वे वर्णवृत्तों में हैं, जैसे 'जूही की कली'। इसमें अंत्यानुप्रास नहीं है। पढ़ने की कला (आर्ट आफ रीडिंग) ऐसी रचनाओं में

व्यक्त होती है। इन्हीं छन्दों को निराला मुक्तछन्द कहते हैं। जो रचनाएँ गायी जा सकती हैं वे मात्रावृत्तों में हैं। ऐसी रचनाओं में 'लड़ियाँ असमान हैं पर अंत्यानुप्रास' हैं। 'बादलराग' शीर्षक रचनाएँ ऐसे ही मुक्तगीत हैं। लेकिन यह याद रखना निहायत ज़रूरी है कि निराला विविध छन्दों और रागों का अन्धाधुन्ध विरोध नहीं करते। 'गीतिका' के गीतों में उन्होंने छन्दों और रागों का सर्जनात्मक उपयोग करने के कौशल का परिचय दिया है। छन्द और राग रचना के फ़ॉर्म से सम्बन्ध रखते हैं। अतः उन्होंने छन्दों और रागों के चुनाव में जातीय और देशीय रुचि का ध्यान रखा है। उनका मुक्तछन्द भी लोकप्रिय जातीय छन्द 'कवित्त' के आधार पर ही विकसित हुआ था।

संक्षेप में निराला की साहित्य सम्बन्धी यही धारणाएँ हैं। डॉ. विश्वनाथ त्रिपाठी ने ठीक ही कहा है कि 'निराला जी मूलतः कवि थे....लेकिन छायावादी कवियों के पास ही नहीं, उनके अधिकांश समकालीन साहित्यकारों के पास उनकी जैसी मर्मभेदी काव्य-दृष्टि नहीं थी। उनका गद्य यथार्थवादी था। उन्होंने भाषा, छन्द, स्थानीयता, सार्वदेशिकता, समसामयिकता आदि के जो प्रश्न उठाये, वे आज भी महत्त्वपूर्ण हैं। समालोचना के नाम पर उन्होंने काव्य-सिद्धान्तों का प्रतिपादन न करके कविता की व्यावहारिक समीक्षा की है। कविता और कविता की आलोचना दोनों दृष्टियों से निराला आज छायावादी कवियों में सबसे अधिक सन्दर्भवान हैं।' (विश्वनाथ त्रिपाठी, 'हिन्दी आलोचना', नयी दिल्ली, 1970, पृ. 110) इसी सन्दर्भ में आदरणीय डॉ. रामविलास शर्मा की राय का उल्लेख करना भी अप्रासंगिक न होगा : 'निराला की आलोचना एक कवि की लिखी हुई आलोचना है। उसमें जगह-जगह ऐसी अन्तर्दृष्टि है जैसी आलोचना-विशेषज्ञों में कम मिलती है। निराला की लिखी हुई आलोचना उनके काव्य के किसी-न-किसी पक्ष को उजागर करती है, उनके कवि मन के गुप्त रहस्य प्रकट करती है।' ('निराला की साहित्य साधना', खण्ड 2, पृ. 288)

निराला की इस अन्तर्दृष्टि का 'परिमल' और 'गीतिका' की भूमिकाओं एवं 'पन्त जी और पल्लव' तथा 'मेरे गीत और कला' जैसे निबन्धों में स्थान-स्थान पर परिचय मिलता है। दोनों निबन्धों की गणना व्यावहारिक समीक्षा के श्रेष्ठ उदाहरणों में की जा सकती है।

निराला का निबन्ध साहित्य

भारतीय काव्यशास्त्र के प्राचीन आचार्यों ने गद्य को कवियों की कसौटी माना था। निराला एक सुलझे हुए गद्यकार हैं। गद्यकार की कसौटी निबन्ध होती है। निराला के सभी निबन्ध तो नहीं लेकिन कुछ निबन्ध ऐसे ज़रूर हैं जो अत्यन्त महत्त्वपूर्ण हैं। एक तो इस दृष्टि से कि वे निराला के काव्य को समझने और समझाने के लिए सहायक सामग्री का काम करते हैं। दूसरे वे निराला के व्यक्तित्वान्तरण की प्रक्रिया को जानने में सहायक होते हैं। तीसरे निबन्धविधा की दृष्टि से उनका स्वतन्त्र रचनात्मक महत्त्व है। 'मेरे गीत और कला', 'पन्त जी और पल्लव', 'परिमल' और 'गीतिका' की भूमिकाएँ, 'मुसलमान और हिन्दू कवियों में विचार साम्य', 'महाकवि रवीन्द्र की कविता', 'साहित्य की समतल भूमि' और 'चरखा' शीर्षक निबन्धों का अपना स्वतन्त्र महत्त्व है। उनके अधिकांश साहित्यिक निबन्धों की चर्चा 'समीक्षा-सिद्धान्त' शीर्षक अध्याय में की जा चुकी है। इस अध्याय में सामान्य रूप से उनके सभी तरह के निबन्धों की ओर विशेष रूप से राजनैतिक, सामाजिक तथा दार्शनिक विषयों पर लिखे गये निबन्धों की चर्चा करूँगा।

कुल मिलाकर निराला ने लगभग सौ के आसपास निबन्ध लिखे हैं। इस समय तक निराला के पाँच निबन्ध संग्रह प्रकाशित हो चुके हैं। जिनमें 'संग्रह' नाम का संग्रह उनकी मृत्यु के बाद प्रकाशित हुआ है। इसमें उनके अधिकांश निबन्ध प्रारम्भिक अवस्था के हैं। ऐसी भी सम्भावनाओं से इनकार नहीं किया जा सकता कि उनके कुछ निबन्ध पत्र-पत्रिकाओं में छपने के बाद लुप्त हो गये हों। हो सकता है भविष्य में खोज करने से कुछ और निबन्ध प्रकाश में आ सकें। प्रकाशित पाँचों निबन्ध संग्रह ये हैं : 1. प्रबन्ध पद्म (प्रकाशन वर्ष 1934), 2. प्रबन्ध प्रतिमा (प्रकाशन वर्ष 1940), 3. चाबुक (प्रकाशन वर्ष 1949), 4. चयन (प्रकाशन वर्ष 1957) और 5. संग्रह (प्रकाशन वर्ष 1962)। इसके अतिरिक्त एक निबन्ध 'चतुरी चमार' शीर्षक कहानी-संग्रह में संकलित है : 'स्वामी सारदानन्द जी महाराज और मैं'। 'रवीन्द्र कविता कानन' शीर्षक आलोचनात्मक कृति में भी 'परिचय', 'प्रतिभा का विकास', 'स्वदेश प्रेम', 'महाकवि का संकल्प', 'शिशु सम्बन्धिनी रचना', 'शृंगार' और 'संगीत काव्य' शीर्षक से सात अध्याय हैं; प्रत्येक

अध्याय रवीन्द्र पर लिखा गया एक स्वतन्त्र साहित्यिक निबन्ध है। 'परिमल' और 'गीतिका' की भूमिकाओं की भी स्वतन्त्र साहित्यिक निबन्धों के रूप में गणना की जा सकती है।

इस प्रकार कुल निबन्धों की संख्या लगभग सौ तक पहुँचती है। इससे सिद्ध होता है कि परिणाम की दृष्टि में भी निराला ने हिन्दी के अपर्याप्त-निबन्ध साहित्य की पर्याप्त श्रीवृद्धि की है। इन निबन्धों में लगभग एक-तिहाई संख्या ऐसे निबन्धों की है जो गुण की दृष्टि से भी निराला को एक उत्तम कोटि के निबन्धकार के रूप में प्रतिष्ठित कर देते हैं। विधा की दृष्टि से कुछ निबन्ध शुद्ध निबन्ध की दृष्टि से लिखे गये हैं, जैसे–'रूप और नारी', 'राष्ट्र और नारी', 'शून्य और शक्ति', 'अधिकार-समस्या', 'अर्थ', 'बाहर और भीतर', आदि तो कुछ प्रबन्ध के रूप में लिखे गये हैं, जैसे–'बंगाल के वैष्णव कवियों की शृंगार वर्णना', 'मेरे गीत और कला', 'पन्त जी और पल्लव', 'साहित्यिक सन्निपात और वर्तमान धर्म', 'परिमल', और 'गीतिका' की भूमिकाएँ आदि। कुछ निबन्ध टिप्पणियों के रूप में हैं, जैसे–'हमारे साहित्य का ध्येय', 'नाटक-समस्या', 'हिन्दी साहित्य में उपन्यास' तो कुछ पुस्तक-समीक्षाओं के रूप में, जैसे–'कामायनी महाकाव्य परीक्षा', 'श्री रामकृष्ण आश्रम धंतौली की पुस्तकें' आदि। कुछ संस्मरणों के रूप में, जैसे–'गाँधी जी से बातचीत', 'नेहरू से दो बातें', 'छत्रपुर में तीन सप्ताह' तो कुछ प्रत्युत्तरों के रूप में, जैसे–'पं. बनारसीदास का अंग्रेजी ज्ञान', 'कला के विरह में जोशी बन्धु', 'मनसुखा को उत्तर' आदि। कुछ निबन्ध व्यक्ति परिचयात्मक हैं, जैसे–'कवि अंचल', 'नन्ददुलारे वाजपेयी' आदि। कुछ निबन्ध अपनी सफ़ाई और स्पष्टीकरण देने के अन्दाज़ में लिखे गये हैं, जैसे–'साहित्यिकों तथा साहित्य प्रेमियों से निवेदन आदि।

विषय की दृष्टि से कुछ निबन्ध शुद्ध दार्शनिक विषयों पर हैं, जैसे–'शून्य और शक्ति', 'बाहर और भीतर', 'प्रवाह' आदि। कुछ शुद्ध रूप से राजनैतिक हैं, जैसे–'चरखा'। कुछ सामाजिक हैं, जैसे–'सामाजिक पराधीनता', 'बाहरी स्वाधीनता और स्त्रियाँ', 'हमारा समाज' आदि। कुछ साहित्यिक, जैसे–'साहित्य का फूल अपने ही वृत्त पर', 'रचना-सौष्ठव' आदि तो कुछ साहित्यकार और साहित्य सम्बन्धी, जैसे–'श्री 'चकोरी' जी की कविता' तथा 'भक्त जी और प्रकृति निरीक्षण' कुछ साहित्यिक-दार्शनिक एक साथ, जैसे–'तुलसीकृत रामायण में अद्वैत तत्त्व' और 'काव्य में रूप और अरूप'। कुछ निबन्ध महापुरुषों के जीवन चरितात्मक ढंग के हैं, जैसे–'युगावतार भगवान श्री रामकृष्ण', 'वेदांत केशरी स्वामी विवेकानन्द' आदि। कुछ निबन्ध भाषा-विषयक हैं, जैसे–'साहित्य और भाषा', 'भाषा विज्ञान', 'बंग भाषा का उच्चारण', 'भाषा की गति और हिन्दी की शैली' आदि।

इन सभी निबन्धों को पढ़ने से उस युग का राजनैतिक, सामाजिक और

साहित्यिक परिवेश आँखों के सामने तैरने लगता है। निराला के ये बड़े-छोटे, महत्त्वपूर्ण और गौण निबन्ध मिल-जुलकर उस युग का एक ऐसा प्रामाणिक इतिहास प्रस्तुत करते हैं जैसा उस युग के किसी और साहित्यकार ने प्रस्तुत नहीं किया। निराला साहित्य के अध्ययन के लिए ही नहीं हिन्दी साहित्य के उस युग के अध्ययन के लिए भी ये निबन्ध अनेक दृष्टियों से महत्त्वपूर्ण सामग्री जुटाते हैं और स्रोत-सामग्री (सोर्स मैटीरियल) के रूप में इनकी अपनी उपयोगिता है। निराला ने अपने युग को समस्त अन्तर्विरोधों और अन्तःसम्बन्धों के साथ पूरे मन, वचन और कर्म से जिया था। इन निबन्धों में उसी विशिष्ट और सक्रिय जीवन-यापन के स्पन्दन हैं। इन्हें पढ़ने से उस युग के साहित्यकारों की मानसिकता और निराला की मानसिकता के टकराव का मर्मस्पर्शी विवरण उपलब्ध होता है।

निराला ने कुछ भी छिपाया नहीं है। जिस बात को एक हाथ से छिपाते हैं बच्चों की तरह उसे दूसरे हाथ में दिखा भी देते हैं। एक सरल, निश्छल हृदय और मेधावी मस्तिष्क इन निबन्धों में बोलता है और बीच-बीच में एक अकलुष आत्मा झाँकती है। बालसुलभ चंचलता, आर्ष गम्भीरता और कलाकार की संवेदनशीलता इन निबन्धों में प्रतिबिम्बित होती है।

अतः उपयुक्त होगा कि उनके प्रत्येक निबन्धसंग्रह पर संक्षेप में अलग-अलग विचार किया जाए। उनके बाद ही एक निबन्धकार के रूप में उनकी शक्ति और सीमाओं का उल्लेख करना समीचीन होगा। सर्वप्रथम, प्रकाशन-काल-क्रम की दृष्टि से उनके पहले निबन्ध संग्रह 'प्रबन्ध पद्‌म' को ही लें।

प्रबन्ध पद्‌म

इस संग्रह में कुल दस निबन्ध संकलित हैं। पहला निबन्ध है 'शून्य और शक्ति'। विवेकानन्द के अन्दाज़ में दार्शनिक विवेचना की गयी है : 'उद्‌भव, स्थिति और प्रलय का शून्य ही रहस्य है।' विज्ञान को दर्शन की तुलना में हेय बताया गया है। लेकिन मूर्तिपूजा के मुकाबले जीवित मनुष्यों की ओर अधिक ध्यान देने की सलाह दी गयी है : '...तैंतीस करोड़ देवताओं के देश में रहने वाले विद्वज्जन कुछ विचार कर लिया करें। देवियाँ बनायी गयीं या वे पहले से ही देवियाँ हैं सजीव'। (प्रबन्ध पद्‌म, पृ. 15) निराला वेदान्त से अभिभूत हैं लेकिन सामाजिक चेतना यहाँ भी कुंठित नहीं है : 'दस पैसे के स्वार्थ में अशक्त एक सजीव मूर्ति की जान लेने के लिए तैयार धनी मूर्तिपूजक जी अपनी इस प्रकार की स्थिति में डटे हुए विश्व को हिला देंगे' (वही, पृ. 14) वह भाषा स्वयं बोलती है। कोरा वेदान्ती ऐसी व्यंग्यात्मक भाषा का प्रयोग नहीं करता। इस निबन्ध के अतिरिक्त बाकी सभी निबन्ध या तो सामाजिक हैं या साहित्य सम्बन्धी हैं।

साहित्यिक निबन्धों में भी सामाजिक सन्दर्भ दरकिनार नहीं होते। 'मुसलमान

और हिन्दू कवियों में विचार-साम्य' शीर्षक निबन्ध में हिन्दू-मुस्लिम एकता का संवेदनात्मक उद्देश्य उभरता है। निराला तर्क देकर समझाते हैं कि 'ला इलाह इल्लिलाह' और 'एकमेवाद्वितीयम' से कोई अन्तर नहीं है।

'हमारे साहित्य का ध्येय' में कहते हैं कि साहित्य में बहिर्जगत सम्बन्धी भावना इतनी विशाल होनी चाहिए कि उसके प्रसार में सम्पूर्ण पृथ्वी आ जाये और तमाम दुनिया ही एक तीर्थ के रूप में दिखाई दे। 'राष्ट्र और नारी' शीर्षक निबन्ध में नारी के बहिर्मुखी सौन्दर्य के साथ-साथ उसके आन्तरिक सौन्दर्य की पहचान पर विशेष बल देते हैं। रीतिकाल में नारी के बहिर्मुखी सौन्दर्य को ही प्रधानता दी गयी। ऐसी सौन्दर्य भावना के अपविकास के विरुद्ध सभी छायावादी कवियों ने विद्रोह किया था। निराला इनमें सबसे आगे रहे। निराला इस निबन्ध में पुरुषों से ही नहीं स्त्रियों से भी यह अपील करते हैं कि वे अपने आन्तरिक सौन्दर्य को पहचानें और उसे प्राथमिकता दें। उन्हें सोने-चाँदी के ज़ेवरों की नहीं 'आत्मिक भूषणों की आवश्यकता है।'

'रूप और नारी' शीर्षक निबन्ध में नारी को 'प्रकृतिरूपा कहकर उसकी उदात्त छवि को चित्रित किया गया है। निराला की कविता में प्रायः प्रकृति नारी के रूप में और नारी प्रकृति के रूप में अन्तरित हो जाती है। ऐसे गत्यात्मक बिम्बों की सृष्टि के पीछे निराला की जो उदात्त मानसिकता क्रियाशील रहती है उसका बहुत कुछ परिचय ऐसे निबन्धों में मिल जाता है। इस निबन्ध के अन्त में निराला कहते हैं :

> नारी भावनामयी बन रूप के शिखर पर चिरकाल बैठी रहती है, अमर, अक्लांत वह अनुपम मूर्ति माइकेल एंजेलो की भावना-मूर्ति की तरह मनुष्य जाति के हृदय की जाग्रत देवी, शक्ति की अपार महिमा, सौन्दर्य की प्रेयसी प्रतिमा बनकर मनुष्य-समाज को स्वतन्त्र विचारों की ओर मौन इंगित भाव से बढ़ाती हुई...। (वही, पृ. 115)

निराला के काव्य में विशेष रूप से और छायावादी काव्य में सामान्य तौर पर प्रकृति और नारी के जो उदात्त और भव्य चित्र मिलते हैं उनकी पृष्ठभूमि में माइकेल एंजेलो की भावना-मूर्ति की भी प्रेरणा की अपनी भूमिका रही है। निराला की कविताओं में यह भावना-मूर्ति कभी सरस्वती के रूप में, तो कभी राष्ट्रीय चेतना के रूप में प्रकट होती है। कभी प्रकृतिरूपा होकर वह पग-पग पर धरा को रंग जाती है तो कभी विश्व-विजय-भावना होकर वह हृदय में भर जाती है :

> 'फूटी स्मिति सीता-ध्यान-लीन राम के अधर,
> फिर विश्व-विजय-भावना हृदय में आयी भर।'
> (राम की शक्तिपूजा)

'पन्त जी और पल्लव' शीर्षक प्रसिद्ध निबन्ध भी इसी संग्रह में संकलित है। इस निबन्ध के सम्बन्ध में 'समीक्षा-सिद्धान्त' शीर्षक अध्याय में चर्चा की गयी है। यह निबन्ध निराला द्वारा की गयी व्यावहारिक समीक्षा का एक श्रेष्ठ उदाहरण है। हालाँकि निबन्ध में कहीं-कहीं पर पन्त जी के प्रति निराला द्वारा किये गये प्रहारों के कटु दंश खटकते हैं तथापि साहित्यिक स्तर पर ज़बरदस्त पालिमिक्स कर सकने की अपनी क्षमता का वे परिचय भी दे जाते हैं।

'प्रबन्ध पद्म' के अन्तिम निबन्ध 'साहित्य का फूल अपने ही वृंत पर' में निराला कला और साहित्य के क्षेत्र में नवीनता की प्रतिष्ठा के लिए आतुर दिखाई देते हैं। कला के क्षेत्र में पुरानापन क्या होता है, इस प्रश्न को रेखांकित करते हुए इसका उत्तर इस प्रकार देते हैं : 'जिसे पुरानापन कहते हैं, वह जैसे एक युग तक खास तौर की कला पर नज़र फेरते हुए अभ्यास के जंग की ही मलिनता हो।' (वही, पृ. 124) संस्कृति क्या है? इस प्रश्न का उत्तर देते हुए कहते हैं कि संस्कृति आबोहवा में मिली खसूसियत की तरह है जो हर क्षण नवीन और ताज़गी का पर्याय बनी रहती है। निराला की मौलिक सूझ और सुलझी हुई तर्कप्रणाली यहाँ अपनी शक्ति का परिचय दे जाती है : 'आब और हवा हर वक्त नये हैं। यहाँ तक कि कूप-मण्डूक को भी अतल सोते में नया-ही-नया जल मिलता है। हवा रोज ताजी चलती है, आस्माँ हर वक्त नये रंग बदलता है।' (वही, पृ. 126)

निराला की तर्क प्रणाली आलोचकों या विचारकों जैसी नहीं है, वह कलाकारों जैसी है। इसीलिए वह सहृदयों के मर्म को छू देती है और कहीं भी गैर सर्जनात्मक या यान्त्रिक लफ़्फ़ाजी का शिकार नहीं होती। लेकिन उसकी सीमा यह है कि वह वैज्ञानिक तर्कप्रणाली का स्थान नहीं ले सकती। भावानुसार उनकी भाषा का रंग बदलता है। संस्कृत और उर्दू के शब्दों का वे बहुतायत के साथ इस्तेमाल करते हैं शैली प्रवाहपूर्ण होती है और उनके निबन्धों को पढ़ते हुए पाठक को ऊब महसूस नहीं होती।

प्रबन्ध प्रतिमा

बाईस निबन्धों का यह संकलन निराला का प्रतिनिधि निबन्ध-संग्रह है। सामाजिक, राजनैतिक, दार्शनिक, साहित्यिक--लगभग सभी तरह के निबन्ध इसमें संकलित हैं। संकलन के पहले निबन्ध में ही हम गाँधी और रवीन्द्र की राजनैतिक बहस में निराला को शामिल होते हुए देखते हैं। निराला गाँधीवादी नहीं हैं जैसा कि वे इस निबन्ध में स्वयं संकेत दे देते हैं : 'मैं यह नहीं कहता कि गाँधी जी निर्दोष हैं और रवीन्द्रनाथ सदोष। मेरी दृष्टि में, जहर दोनों में है और अमृत भी दोनों में है। मुझे समय नहीं मिला कि समालोचना में गाँधी जी का जहर भी निकालकर जनता के सामने रखता। बीमारी ने मुझे लाचार कर दिया था।' (प्रबन्ध प्रतिमा, पृ. 12) यह काम कालान्तर में हंसराज 'रहबर' ने कर दिखाया।

लेकिन समष्टिगत हितों के सवाल पर वे गाँधी जी का पक्ष लेते हैं और श्री रवीन्द्रनाथ ठाकुर द्वारा 'व्यक्तिगत स्वतन्त्रता' की हिमायत लेने पर उनका खुलेआम विरोध करते हैं। यदि सामाजिक हित और व्यक्तिगत स्वतन्त्रता के बीच कोई अन्तर्विरोध खड़ा होता है तो निराला सामाजिक हितों के पक्षधर हैं : 'समष्टिगत फायदे के प्रसंग पर व्यक्तिगत अड़ंगा नहीं लग सकता। यदि कोई उस संघ-कर्म का विरोध करना चाहे तो उसे समष्टि के विचार से ही विरोध करना होगा। अन्यथा एक दूसरे केन्द्र से विचार करना विचार की सीमा से बाहर हो जाता।' (वही, पृ. 8)

अर्थात् समष्टि की दृष्टि से विचार न कर मात्र व्यक्तिवादी ढंग से विचार करना विचार की सीमा से ही बाहर हो जाना है। 'संघ-कर्म' से निराला का आशय सामूहिक कर्म से है। इसी विचार को और अधिक स्पष्ट करते हुए आगे कहते है : 'दरअसल जिसे आप व्यक्तिगत स्वतन्त्रता कहकर चरखे का विरोध करना चाहते हैं, वह स्वतन्त्रता के नकाब में ढकी हुई घोर परतन्त्रता और हठधर्मी है, जबकि उससे व्यक्तिगत फायदे के बदले नुकसान होता है—असंगठित रहने के कारण।' (वही, पृ. 10-11)

निराला की सामाजिक जागरूकता का इससे अधिक प्रमाण और क्या हो सकता है कि वे 'व्यक्तिवाद' के खतरों का सन् 1925 में ही पूर्वानुमान कर रहे थे और रवीन्द्र जैसे महान साहित्यकार को भी उन खतरों से आगाह कर रहे थे। निराला सामाजिक इतिहास की इस आयरनी से वाकिफ़ हो चुके थे कि असंगठित रहने से सामाजिक हितों को तो धक्का पहुँचता ही है, व्यक्तिगत हितों के महल भी बालू के ढेर पर बने घरौंदों की तरह ढह जाते हैं। इसी निबन्ध में निराला रवीन्द्र द्वारा प्रयुक्त 'विधाता की राय' और 'परमात्मा का दरबार' जैसे पदों का हवाला देते हुए कहते हैं : 'न तो समाज विधाता का ही मन विश्व-मन से अलग कोई वस्तु है और न समाज ही विश्व से अलग कोई चीज है। इस दृष्टि से कविवर का विधाता की एक अलग इच्छा मानना और समाज-विधाता की एक इच्छा अलग, अवैज्ञानिक जान पड़ता है।' (वही, पृ. 6)

ध्यान देने की बात है कि अब निराला पहले की तरह विज्ञान-विरोधी नहीं रहे। इस सम्बन्ध में यह उल्लेखनीय है कि निराला की वर्गचेतना इस कदर जागी हुई है कि वे अपने इष्ट और श्रद्धेय कवि को भी नहीं बख्शते। रवीन्द्र को सम्बोधित करते हुए कहते हैं : '...सबल दुर्बलों को किस तरह सताते हैं, इसके तो आपको प्रत्यक्ष प्रमाण ढेरों मिलते होंगे क्योंकि आप सबल जमींदार हैं, और आपकी रियासत में दुर्बल किसान भी सैकड़ों और हज़ारों रहते हैं।' (वही, पृ. 17)

प्रबन्ध प्रतिमा में ही संकलित 'गाँधी जी से बातचीत' और 'नेहरू से दो बातें' शीर्षक निबन्धों में निराला अपने राष्ट्रीय नेताओं की 'राष्ट्रभाषा और उसके साहित्य

सम्बन्धी अनभिज्ञताओं' पर खेद व्यक्त करते हैं। नेहरू जी से शिकायत करते हैं कि जहाँ सुभाषचन्द्र बोस जैसे नेता अपने जातीय साहित्य और साहित्यकारों पर गर्व का अनुभव करते हैं, अपने अभिभाषणों में शरत् के निधन का उल्लेख करते हैं, वहाँ नेहरू जी की जुबान पर प्रसाद का नाम क्यों नहीं आता। प्रेमचन्द के निधन पर कांग्रेस ने जो 'संक्षिप्त' एवं 'औपचारिक' प्रस्ताव पास किया था, उसके प्रति अपना रोष प्रकट करते हैं।

'नाटक समस्या' शीर्षक निबन्ध में संकेत देते हैं कि निराला हिन्दी में एक नाटककार की भूमिका में उतरना चाहते थे लेकिन परिस्थितियों ने उन्हें ऐसा करने का मौका ही नहीं दिया। 'नाटक' के बारे में निराला की राय है कि इस विधा में वे सभी गुण हैं जो पूर्ण साहित्य के लिए आवश्यक हैं। 'साहित्य के सर्वांग उत्कर्ष के कारण केवल नाटक साहित्य में ही प्रत्यक्ष हो सकते हैं।' निराला के नाटक सम्बन्धी विचारों से प्रकट होता है कि वे नाटक को एक अत्यन्त व्यापक और महत्त्वपूर्ण विधा मानते हैं। तत्कालीन हिन्दी नाटकसाहित्य से निराला सन्तुष्ट नहीं थे। प्रसाद के नाटकों की भाषा के प्रति वे आश्वस्त नहीं थे। नाटकों की भाषा के सवाल पर अपनी टिप्पणी करते हुए कहते हैं : 'कुछ हो, मैं जिस भाषा को नाटक के लिए आदर्श मानता हूँ, उसका अभी तक हिन्दी में आविर्भाव नहीं हुआ।...ऐतिहासिक नाटकों की भाषा जोरदार, थोड़े में अधिक भाव व्यंजित करने वाली होनी चाहिए और सामाजिक नाटकों की प्रचलित, बामुहाविरा'। (वही, पृ. 48-49)

सामाजिकता का ध्यान उन्हें यहाँ भी है : 'नाटककार की साहित्य के सभी अंगों में थोड़ी बहुत गति होनी चाहिए और समाज के लिए किस प्रकार की प्रकृति आवश्यक है, इसका सच्चा अनुभव।' (वही, पृ. 50)

'अधिकार समस्या' शीर्षक निबन्ध में निराला इस निष्कर्ष पर पहुँचते हैं कि वर्णाश्रम धर्म अप्रासंगिक हो गया है। शूद्र को क्षत्रिय होने का हक है। उच्च वर्णों की तरह उसे भी बड़ा कहलाने का उतना ही अधिकार है। मोटर पर सवार होकर भ्रमण करते हुए देहातदर्शन करने वाले और देहातवासियों को उपदेश देने वाले उच्चवर्गीय राजनैतिक नेताओं का मज़ाक उड़ाते हुए कहते हैं कि यह जनता को शिक्षा नहीं है बल्कि शिक्षा का एक शिक्षाप्रद उपहास है।

'रचना सौष्ठव' निबन्ध में साहित्य के नवीकरण की प्रक्रिया को सामाजिक परिवर्तन की प्रक्रिया से जोड़ते हुए यह विचार व्यक्त करते हैं : 'साहित्यिक ऐसे स्थल पर यदि गरीबों को वर्णविचार छोड़कर खिलाता है, तो एक नयी सूझ होती है, साहित्य को नयी शक्ति मिलती है, समाज में एक नवीनता आती है।' (वही, पृ. 84) इसी निबन्ध में यथातथ्यवाद की सीमाओं का अतिक्रमण करते हुए यह राय ज़ाहिर करते हैं : 'अभी हमारा समाज इतना पीछे है कि उसी में रहकर उसी के अनुकूल चित्र खींचते रहने से हम आगे नहीं बढ़ सकते।' (वही, पृ. 84) 'भाषा

विज्ञान' शीर्षक निबन्ध में कहते हैं कि 'गद्य जीवन-संग्राम की भाषा है।' निराला साहित्य के किसी भी स्वरूप को जीवन और समाज के संघर्ष से काटकर ग्रहण नहीं करते। 'बाहरी स्वाधीनता और स्त्रियाँ' शीर्षक निबन्ध में यह आकांक्षा व्यक्त करते हैं कि स्त्रियाँ दीन-हीन और निरुपाय न हों। वे सुशिक्षिता हों, उनके उच्चारण मार्जित हों और संस्कार ऊँचे हों। निराला स्त्रियों की स्वीधानता के पक्षधर हैं। उन्हें चौके या घर की सीमाओं में छिपाकर रखने वालों का वे मज़ाक उड़ाते हैं।

'सामाजिक पराधीनता' शीर्षक निबन्ध में 'वैश्यत्व की प्रतिष्ठा के प्रथम महापुरुष' कहते हुए गाँधी जी पर टिप्पणी करते हैं। 'वैश्यत्व' से यहाँ निराला का आशय आर्थिक वर्चस्व से है। बात-बात में शास्त्रों पर निर्भर रहने वाली शास्त्रीय पराधीनता की भी आलोचना करते हैं। इसी लेख में अन्त में पुरुत्थानवादियों पर तीखा व्यंग्य करते हुए कहते हैं : 'जो लोग भारतीयता और शालीनता आदि कुछ चुने हुए शब्दों के जिम्मेदार हो रहे हैं, चरित्र की रक्षा कराने का ईश्वर के यहाँ से अधिकार-सा लेकर अवतीर्ण हुए हैं, उनकी महान भारतीयता उनके लेखों में ही प्रांजल है।' (वही, पृ. 100)

'कला के विरह में जोशी बन्धु' शीर्षक निबन्ध निराला की प्रत्युत्तर देने की शैली का एक तीखा उदाहरण है। निबन्ध की मारक शैली, व्यंग्यात्मक भाषा और काट प्रस्तुत करने का ढंग देखते ही बनता है : 'कभी सोचा था दलबन्दी के दल-दल में न फँसूँगा, मार का जवाब प्यार से दूँगा; परन्तु...जिस रोज मैंने साहित्य के खाते में नाम लिखवाया उसी रोज से हिन्दी साहित्य के आचार्यों ने पाठ पढ़ाना शुरू कर दिया कि जब तक जियो, अपने हाथों अपनी नाक काटकर दूसरों का सगुन बिगाड़ते रहो, बस साहित्य सेवा के यही माने हैं।' (वही, पृ. 136)

'हिन्दी साहित्य में उपन्यास' शीर्षक निबन्ध में प्रेमचन्द के अतिरिक्त और किसी उपन्यासकार की भाषा की तारीफ़ नहीं करते प्रेमचन्द की आदर्शवादिता के प्रति भी आलोचनात्मक रुख अपनाते हैं। लेख 1933 का है। उस समय प्रेमचन्द गाँधीवादी के प्रभाव से मुक्त नहीं हो पाये थे। निराला 1925 से पूर्व ही गाँधीवादी प्रभाव से मुक्त हो चुके थे। ('चरखा' निबन्ध 1925 में लिखा। इस निबन्ध में इस तथ्य के सूचक संकेत हैं जिनका उल्लेख किया जा चुका है।)

'साहित्य की नवीन प्रगति पर' निबन्ध में आचार्य रामचन्द्र शुक्ल द्वारा रहस्यवाद और छायावाद के सम्बन्ध में किये गये आक्षेपों के प्रत्युत्तर दिये गये हैं। इस निबन्ध में वे छायावादी कवि प्रसाद और पन्त की तारीफ़ करते हैं।

'प्रान्तीय साहित्य सम्मेलन, फैज़ाबाद' एक इण्टरव्यू के रूप में लिखा गया है। श्री नरोत्तम प्रसाद नागर द्वारा लिए गये इस इण्टरव्यू में निराला हिन्दी साहित्य की तत्कालीन स्थिति से काफ़ी असन्तुष्ट दिखाई देते हैं। साहित्य में नयी ज़मीन तोड़ने वाले रचनाकार का यह असन्तोष अस्वाभाविक नहीं है : 'जिन उपकरणों से

बीसवीं सदी का साहित्यिक निर्मित होता है, हिन्दी के प्रवर्तनकाल के लिए जो विचारप्रणाली प्रशस्त और प्रखर होनी चाहिए, वह हिन्दी में नहीं है। नवीन हिन्दी, नवीन खड़ी बोली, प्राचीन परम्परागत भावों से बद्धमूल है।' (वही, पृ. 182) इसी इण्टरव्यू में श्री पुरुषोत्तम दास टंडन से हुई झड़प का भी उल्लेख है।

'मेरे गीत और कला' इस संकलन का सर्वश्रेष्ठ निबन्ध है। अपनी रचनाओं के बारे में तत्कालीन और समकालीन रचनाकारों द्वारा अब तक दिये गये वक्तव्यों में यह अद्वितीय है। निराला के काव्य की तह तक पहुँचने के लिए इस निबन्ध को पढ़ना निहायत ज़रूरी है। निबन्ध की महत्त्वपूर्ण स्थापनाओं के बारे में 'समीक्षा-सिद्धान्त' शीर्षक अध्याय में चर्चा की गयी है।

'बंगाल के वैष्णव कवियों की शृंगार भावना', 'विद्यापति और चण्डिदास', 'कविवर चण्डिदास' और 'कवि गोविन्ददास की कुछ कविता' आदि निबन्धों में निराला एक सहृदय पाठक की तरह अत्यन्त सीधी-सादी भाषा में इन कवियों की विशेषताओं का बखान करते हैं। निबन्धों को पढ़ने से यह स्पष्ट हो जाता है कि निराला ने इन कवियों के काव्य का विशद अध्ययन किया था और इनसे बहुत कुछ सीखा था।

'प्रबन्ध प्रतिमा' में संकलित अन्तिम निबन्ध 'हमारा समाज' निराला के सामाजिक चिन्तन का एक महत्त्वपूर्ण दस्तावेज़ है। उच्चवर्गीय राजनैतिक नेताओं के प्रति उनका मोहभंग हो चुका है तथापि राजनीतिक संगठन की अनिवार्यता को वे नज़रन्दाज़ नहीं करते : 'समाज का सर्वोत्तम बाह्य निष्कर्ष इस समय राजनीतिक संगठन है जहाँ मनुष्य मनुष्य के ही वेश में उतरता, समय और मनुष्यता के साथ पूर्णरूपेण मिल जाता है।' (वही, पृ. 254)

राजनीति के प्रखर आलोचक होते हुए भी वे राजनीतिक संगठन की ज़रूरत को नहीं नकारते। प्रकारान्तर से बूर्ज्वा राजनीति के प्रति क्रिटिकल रहते हुए भी 'राजनीति-हीनता' या 'अराजकता' के खतरों को समझते हैं। यह ध्यान देने लायक स्थिति है कि निराला का चिन्तन अनेक तरह के अन्तर्विरोधों से ग्रस्त होते हुए भी असामाजिक या व्यक्तिवादी नहीं होता। वे समाजविरोधी चिन्तन के शिकार नहीं होते। इस संकलन के पहले निबन्ध में ही वे 'व्यक्तिगत स्वतन्त्रता' के मुकाबले सामाजिक संगठन को वरीयता प्रदान करते हैं और अन्तिम निबन्ध में भी राजनीतिक संगठन की अनिवार्यता को रेखांकित करते हैं। निराला के चिन्तन का यह पक्ष उन्हें व्यक्तिवादी चिन्तनधारा से बिल्कुल अलग खड़ा कर देता है। 'प्रबन्ध प्रतिमा' उनके सामाजिक सरोकार (सोशल कंसर्न) और उनकी व्यक्तिगत एवं सामाजिक ईमानदारी तथा जागरूकता (सोशल कांशसनेस एण्ड सोशल कांशेंसियसनेस) का परिचायक एक प्रातिनिधिक संकलन है।

चयन

सन् 1920 से लेकर सन् 1956 तक के अन्तराल में 'समन्वय', 'सरस्वती', 'सुधा', 'माधुरी', 'हंस' तथा 'देवदूत' आदि पत्र-पत्रिकाओं में समय-समय पर छपे अठारह निबन्धों के संग्रह में अधिकांश साहित्यिक हैं। कुछ लेख साहित्यिक टिप्पणियों और पुस्तक-समीक्षाओं के रूप में लिखे गये हैं।

'चयन' के सर्वप्रथम निबन्ध 'भाषा की गति और हिन्दी की शैली' में ही हम निराला को भाषा और मनुष्य के जीवन के आपसी रिश्ते की ओर इशारा करते हुए देख सकते हैं। 'वे भाषा के प्रवाह' की तुलना मानव के 'प्राणों के प्रवाह' से करते हुए इस तथ्य को रेखांकित करते हैं कि 'जीवन को कर्ममय करने के लिए भाषा की गति को बढ़ाना चाहिए। भाषा की शिथिलता जीवन को भी शिथिल कर देती है।' (निराला, 'चयन', इलाहाबाद, 1969, पृ. 24) यह भाववादी निष्कर्ष है लेकिन हेगेल के निष्कर्षों की तरह अत्यन्त महत्त्वपूर्ण है। क्योंकि निराला भाषा और मनुष्य (जो सामाजिक प्रांणी है) के अन्तःसम्बन्धों को नज़रन्दाज़ नहीं कर रहे और भाववादी ढंग से ही सही, वैज्ञानिक सत्य की ओर बढ़ रहे हैं। निराला के इस निष्कर्ष को उलटकर अपने पावों पर यूँ खड़ा किया जा सकता है—'भाषा को कर्ममय (अर्थात् सक्रिय) करने के लिए जीवन की गति को बढ़ाना चाहिए। जीवन की शिथिलता भाषा को भी शिथिल कर देती है।' निराला के अन्य कई भाववादी निष्कर्षों को इसी प्रकार उलटकर या आड़ा तिरछा करके अपने पाँवों पर खड़ा किया जा सकता है। इसी निबन्ध में हिन्दी के भावी राष्ट्रभाषात्मक स्वरूप की परिकल्पना करते हुए प्रान्तीय भाषाओं और हिन्दी के आपसी आदान-प्रदान का स्वागत करते हैं :

> जिस हिन्दी के सहारे भारत की आर्थिक, सामाजिक, राजनीतिक, वैज्ञानिक, ऐतिहासिक और साहित्यिक सभी शंकाओं का समाधान किया जाना निश्चित है, उसे उन्नत करने के लिए—भिन्न-भिन्न शब्द गढ़ने तथा अपनाने के लिए—उन्हें व्याकरण-सम्मत स्थान देने के लिए भाषा प्रवाह को वर्द्धित करने के लिए—सभी प्रान्तवासियों का समानाधिकार है। (वही, पृ. 25)

'खड़ी बोली के कवि और कविता' शीर्षक निबन्ध में आचार्य महावीरप्रसाद द्विवेदी, सर्वश्री अयोध्यासिंह उपाध्याय 'हरिऔध', मैथिलीशरणगुप्त, रामचरित उपाध्याय, रूपनारायण पाण्डेय, सनेही, लोचनप्रसाद पाण्डेय, ठाकुर गोपालशरण सिंह, सियारामशरण गुप्त, श्रीधर पाठक, नाथूराम शंकर, कामताप्रसाद 'गुरु', गिरधर शर्मा नवरत्न, सैयद अमीर अली मीर, रामचन्द्र शुक्ल, मन्नन द्विवेदी, रामअवध द्विवेदी आदि कवियों और उनकी श्रेष्ठ रचनाओं का अत्यन्त सहृदयता और उदारतापूर्वक उल्लेख किया है।

'काव्य साहित्य' शीर्षक निबन्ध में तत्कालीन आलोचकों की 'अनुदारता' के प्रति आक्रोश व्यक्त हुआ है। 'रहस्यवाद' सम्बन्धी शुक्ल जी की आलोचना से भी निराला असन्तुष्ट दिखाई देते हैं। संस्कृति की संकीर्ण और दकियानूसी व्याख्याओं के आधार पर राय ज़ाहिर करने वाले पुनरुत्थानवादियों पर आक्रमण करते हुए कहते हैं : 'हमारे साहित्य में क्या हो रहा है—यह भारतीय है, यह अभारतीय, असंस्कृत! धन्य है, हे संस्कृति के बच्चो! नस-नस में शरारत भरी, हज़ार वर्षों से सलाम ठोंकते-ठोंकते नाक में दम हो गया, अभी संस्कृति लिए फिरते हैं।' (वही, पृ. 61) निबन्ध का समापन करते हुए पुनः संस्कृतिवादियों की ख़बर लेना नहीं भूलते और भावावेश के साथ कह जाते हैं कि ऐसे संकीर्ण साहित्यिकों की आँख में उँगली कर-करके समझाना है कि साहित्य का उद्देश्य सार्वभौमिक होता है, संकीर्ण या एकदेशीय नहीं।

लेकिन 'हिन्दी कविता साहित्य की प्रगति' में भारतीयता और जातीयता का सवाल उठाते हैं और दृष्टि में पूर्णता लाने का सुझाव देते हैं। इस लेख में निराला पुनः सर्वश्री अयोध्यासिंह उपाध्याय, मैथिलीशरण गुप्त, सनेही, नाथूराम शंकर, रामनरेश त्रिपाठी, रूपनारायण पाण्डेय, गोपालशरण सिंह, लोचनप्रसाद पाण्डेय आदि कवियों का उल्लेख करते हैं। निराला अपनी पूर्वपीढ़ी को और अपने समकालीन रचनाकारों को यथोचित महत्त्व और सम्मान देने से कभी नहीं कतराये। ऐसा करने से उन्हें अपनी महत्ता पर आँच आने का अन्देशा कभी नहीं हुआ।

परवर्ती पीढ़ी के कवियों को यथोचित मान्यता देने में भी उन्होंने कभी कोताही नहीं की। 'कवि अंचल' शीर्षक निबन्ध में वे परवर्ती पीढ़ी के कवि 'अंचल' का उदारतापूर्वक उल्लेख करते हैं। साम्राज्यवादी और पूँजीवादी रुझानों की भर्त्सना करते हुए कवि अंचल का परिचय देते हैं और नये यथार्थवादी रुझानों का स्वागत करते हैं। इस सन्दर्भ में कहते हैं : 'शृंगार करवट बदलना चाहता है, ललकार दूसरी ऐंठ लाना चाहती है, कवियों ने ठाठ बदला है। अंचल उनमें प्रमुख हैं।' (वही, पृ. 76) इसी निबन्ध में अंचल की कविताओं के सन्दर्भ में 'विष्णु दे', 'समरसेन', 'किरण शंकर', 'राशिद' और 'क्लीफोर्ड डाइमेंट' आदि कवियों का उल्लेख करते हुए भाषा-बोध के बदलाव की चर्चा करते हैं और कहते हैं : 'जो लोग प्रसाद, पन्त, महादेवी की भाषा की नाप लेकर अंचल आदि कवियों की जाँच करेंगे, वे धोखा खाएँगे। क्योंकि उनका हिसाब दूसरा है।' (वही, पृ. 79)

इस सूची में वे स्वयं को शामिल नहीं करते। क्योंकि स्थूल काव्य-बोध से लड़ने के लिए छायावाद का साथ उन्होंने ज़रूर दिया था लेकिन अपने को छायावाद की सीमाओं में आबद्ध कर लेना उन्हें कभी रास न आया। इसीलिए 'परिमल' के बारे में पन्त जी को पत्र लिखते हुए उन्होंने 'पल्लव' और 'परिमल' के भाव-बोध सम्बन्धी अन्तर की ओर ध्यान आकर्षित किया था : 'पल्लव' से कोई

हानि नहीं, भय भी नहीं बल्कि आनन्द ही है; पर 'परिमल' कभी किसी वन्यझाड़ से जिस चटखारे से निकलता है, दिमाग ही फूँक जाता है, अस्वस्थ भी कर देता है।' ('निराला की साहित्य साधना', खण्ड 3, पृ. 254)

स्पष्ट संकेत था कि 'पल्लव' यथास्थिति (स्टेटस-क्यो) वाली व्यवस्था के लिए कोई खतरे की घंटी नहीं थी, वह हार्मलेस पोएट्री थी, जबकि 'परिमल' उस व्यवस्था के दिमाग को फूँक सकता था, वह उस यथास्थिति के लिए हानिकारक हो सकता था। क्योंकि उसमें नये यथार्थ की अन्तर्वस्तु की बनैली गन्ध थी। उसमें बादलराग जैसी कविताएँ थीं जो खेतिहर जनता की मुक्ति के लिए क्रान्ति को आमन्त्रण दे रही थीं। 'कवि अंचल' शीर्षक निबन्ध में निराला पुनः भावबोध के बदलाव की चर्चा करते हुए 'परिमल' की याद दिलाते हैं। फिर यह भी कहते हैं कि इस भाषाबोध में गाँधीवाद की बू नहीं है। यह कवि उस राजनीति, उस संस्कृति को पीछे छोड़ आया है। इसी सन्दर्भ में डाइलन टामस् की ये पंक्तियाँ उद्धृत करते हैं :

'दि फोर्स दैट ड्राइव्ज दि वाटर थ्रू
दि रॉक्स
ड्राइव्ज माई ब्लड'

लेकिन 'अंचल' के यथार्थवाद की सीमाओं की ओर भी इशारा करते हैं और कहते हैं कि अंचल की अमुक कविता 'जन गीत नहीं, जनता से साहित्यिक सम्पर्क है।' यानी जनता से सीधा इनवाल्वमेंट नहीं है। गैलरी से, साहित्यिक झरोखे से दीखने वाला यथार्थ है। 'गहरी आलोचना की जा सकती है' लेकिन अंचल तरुण कवि हैं। भावी पीढ़ी के कवि की शक्तियों का परिचय देते हैं लेकिन उसकी सीमाएँ भी पहचानते हैं। किन्तु उन सीमाओं का संकेतमात्र ही करते हैं क्योंकि ये नये कवि की उस प्रकार 'हत्या' नहीं करना चाहते जिस प्रकार पिछली पीढ़ी के और उनकी पीढ़ी के विद्वान आलोचकों ने उनकी 'हत्या' की थी। ('मरा हूँ हजार मरण...')

संकलन में और भी निबन्ध हैं, जैसे—'साहित्य की समतल भूमि', 'महाकवि रवीन्द्र की कविता', 'पं. बनारसीदास का अंग्रेजी ज्ञान', 'अर्थ अर्थान्तर', 'बंगभाषा का उच्चारण' आदि, आदि। इसके अतिरिक्त कुछ पुस्तक समीक्षाएँ हैं, जैसे—'कामायनी महाकाव्य परीक्षा', 'बोलचाल' (हरिऔध जी की पुस्तक की समीक्षा), 'प्राच्य और पाश्चात्य' (महर्षि विवेकानन्द की पुस्तक की समीक्षा) आदि। कुछ टिप्पणियाँ हैं जो निराला ने सन् 50 के बाद लिखी हैं, जैसे—'महादेवी ज़ी के जन्म दिवस पर', 'तुलसी के प्रति श्रद्धांजलि' और 'हिन्दी के आदि-प्रवर्तक भारतेन्दु हरिश्चन्द्र।' भारतेन्दु विषयक टिप्पणी 1950 के आसपास की है। यह टिप्पणी निराला के 'संगम' के सम्पादक को भारतेन्दु पर अंक निकालने के लिए बधाई के

तौर पर भेजी थी। टिप्पणी अत्यन्त संक्षिप्त है और यह आभास दे जाती है कि अब निराला की मनःस्थिति लम्बे लेख आदि लिखने के अनुकूल नहीं रही। लेकिन यहाँ तक निराला के लेखन में उनकी मानसिक और शारीरिक अस्वस्थता का कोई लक्षण प्रतिबिम्बित नहीं होता। किन्तु उसके बाद मानसिक विक्षेप के लक्षणों का आभास मिलने लगता है। महादेवी विषयक और तुलसी विषयक टिप्पणियों को पढ़ने से लगता है कि अर्थ की संगति उनकी पकड़ से छूटने लगी है और ऐसा प्रतीत होता है कि अब उनकी मानसिक और शारीरिक अवस्था उतनी अनुकूल नहीं रही कि वे किसी एक विषय पर केन्द्रित होकर अधिक देर तक सुसंगत ढंग से विचार कर सकें।

संग्रह

निराला का अन्तिम निबन्ध संग्रह 'चयन' ही है क्योंकि सबसे बाद के निबन्ध उसी संकलन में संकलित हैं। 'संग्रह' शीर्षक संकलन में, जो निराला की मृत्यु के बाद बचे खुचे लेखों को इकट्ठा कर तैयार किया गया और प्रकाशित किया गया है, अत्यन्त प्रारम्भिक अवस्था के 13 निबन्ध संग्रहीत हैं। ये निबन्ध सन् 1922 से लेकर सन् 1934 तक के बीच की अवधि के दौरान लिखे गये हैं। जैसा कि निराला जी के सुपुत्र श्री रामकृष्ण त्रिपाठी ने 'संग्रह' के प्राक्कथन में संकेत किया है, इस संकलन में संग्रहीत अधिकांश निबन्ध उस समय के हैं जब निराला प्रख्यात नहीं हुए थे। उसी अवधि के दौरान ये निबन्ध 'समन्वय', 'मतवाला', 'सुधा' और 'माधुरी' के अंकों में प्रकाशित हुए थे। ज्यादातर निबन्ध वेदान्तपरक विचारधारा से सम्बन्धित हैं, जैसे 'श्रीदेव रामकृष्ण परमहंस', 'युगावतार भगवान श्री रामकृष्ण', 'भारत में श्री रामकृष्णावतार', 'वेदान्त केशरी स्वामी विवेकानन्द' आदि। 'युगावतार भगवान श्री रामकृष्ण' में श्री रामकृष्ण परमहंस का जीवनचरित है।

इसी प्रकार 'वेदान्त केशरी स्वामी विवेकानन्द' में विवेकानन्द की जीवनी है। अन्य निबन्धों में विचारधारा सम्बन्धी विवरण और विवेचन है। केवल अन्तिम चार निबन्ध साहित्य सम्बन्धी हैं। इनमें एक श्री गुरु भक्तसिंह के काव्य पर है और दूसरा श्रीमती रामेश्वरी देवी 'चकोरी' की कविताओं पर। 'साहित्यिकों पर साहित्य प्रेमियों से निवेदन' में 'वर्तमान धर्म को लेकर श्री बनारसीदास चतुर्वेदी द्वारा चलाये गये विवाद के बारे में निराला ने अपनी ओर की सफ़ाई दी है।

अन्तिम निबन्ध 'दो महाकवि' में रवीन्द्र और तुलसी दोनों की तुलना की गयी है। तुलसी सम्बन्धी दो निबन्ध हैं—'तुलसीकृत रामायण में अद्वैत तत्त्व' तथा 'विज्ञान और गोस्वामी तुलसीदास'। दोनों निबन्धों में दार्शनिक विवेचन अधिक है साहित्यिक कम। कुल मिलाकर इन सभी निबन्धों का ऐतिहासिक महत्त्व है क्योंकि ये निबन्ध तरुण निराला के प्रारम्भिक लेखन की बानगियाँ

प्रस्तुत करते हैं। जहाँ तक उनके साहित्यिक निबन्धों का सवाल है 'भक्त जी और प्रकृति निरीक्षण' निबन्ध में एक अच्छे निबन्धकार की सम्भावनाओं का आभास मिलने लगता है।

निराला के निबन्धों की एक प्रधान विशेषता यह है कि उनमें एक सिलसिलेवार तर्क-प्रणाली का निर्वाह होता है। चाहे यह तर्कप्रणाली भाववादी ढंग की है तथापि सामाजिक सरोकार, उसका एक मूल संवेदनात्मक उद्देश्य है। उन्होंने न केवल साहित्य बल्कि साहित्य के घेरे से बाहर निकलकर जीवन और समाज को उद्वेलित करने वाले मूलभूत प्रश्नों को अपने निबन्धों में उठाया और 'अपने ढंग से ऐसे प्रत्येक विषय पर अपनी प्रतिक्रिया व्यक्त की। दर्शन, राजनीति, समाजशास्त्र, साहित्य आदि विषयों से सम्बन्धित अनेक पहलुओं पर उन्होंने प्रकाश डाला और मुक्त एवं निर्भीक ढंग से विचार किया।

राजसत्ता या समाज-व्यवस्था का कोई भी अंकुश विचारों की अभिव्यक्ति के उनके खुले अन्दाज़ को विचलित नहीं कर सका। विधा की दृष्टि से उन्होंने छोटे, बड़े और प्रबन्धात्मक प्रकार के निबन्ध लिखे। फ़ॉर्म की अपेक्षा निबन्ध का कंटेंट ही उनके लिए अधिक महत्त्व रखता था। कोई बात अगर दो तीन पृष्ठों में कही जा सकती थी तो उन्होंने निबन्ध को बढ़ाया नहीं, उतने ही पृष्ठों तक सीमित कर दिया और यदि किसी तथ्य को चालीस-पचास पृष्ठों में कहने की ज़रूरत महसूस हुई तो निबन्ध का आकार बढ़ता गया।

रामविलास शर्मा ने निराला के निबन्धों पर विचार करते हुए लिखा है :

> कुछ लघु निबन्ध हैं जैसे 'रूप और नारी'।...इनमें कहीं वह दार्शनिक स्तर पर विवेचन करते हैं, कहीं साहित्यिक वाद-विवाद में दाँव पेंच दिखाते हैं, कहीं सामयिक घटनाओं पर टिप्पणी करते हैं। गद्य में ये निराला के गीतों की तरह हैं...इनसे बड़े कुछ निबन्ध हैं जैसे 'नाटक समस्या' या 'विद्यापति और चण्डिदास'।...इनके विषय अनेक हैं, विवेचन के ढंग अलग-अलग हैं। ऐसे कुछ निबन्धों में एक दोष यह है कि उनकी शुरुआत बड़े ऊँचे स्तर से होती है और आगे चलकर स्वर काफी नीची जमीन पर आ जाता है। इनमें वह नाटकीय कला नहीं है जो उनके काव्य में जगह-जगह देखने को मिलती है। इसका कारण एक परम्परागत संस्कार है...निराला काव्य में जैसे मुक्तक हैं—'जागो फिर एक बार' इत्यादि—वैसे ही गद्य में ये निबन्ध हैं।...'चरखा', 'कला के विरह में जोशी बन्धु', 'बंगाल के वैष्णव कवियों की श्रृंगार वर्णना', 'मेरे गीत और कला', 'पन्त जी और पल्लव', 'साहित्यिक सन्निपात या वर्तमान धर्म?' आदि ऐसे निबन्ध हैं, जिनमें तर्क का विराट ताना-बाना है। गद्य की अनेक शैलियाँ, भाव बोध के अनेक स्तर हैं। जिनके लेखन में

नाट्यकला और प्रबन्ध रचना दोनों का आनन्द है।...निराला कव्य में जैसे 'सरोजस्मृति', 'तुलसीदास' और 'राम की शक्तिपूजा' प्रबन्ध रचनाएँ हैं वैसे ही गद्य में ये निबन्ध हैं। (वही, खण्ड 2, पृ. 486)

इस प्रकार निराला की काव्यरचनाओं के सादृश्य (एनालोजी) पर डॉ. शर्मा ने निराला की निबन्ध रचनाओं के तीन व्यापक प्रकार गिनाये हैं। प्रकार और भी हो सकते हैं लेकिन संरचना की दृष्टि से यही विभाजन उचित है। निराला के निबन्धों की तर्कभूमि के विषय में रामविलास शर्मा ने लिखा है : 'निराला की तर्क भूमि सभी निबन्धों में एक-सी नहीं है। किसी एक निबन्ध से उनके तर्क उठाकर उनके किसी दूसरे निबन्ध के तर्क काटे जा सकते हैं किन्तु ऐसा कम होता है कि एक ही निबन्ध में उनके तर्क आपस में उलझ जायें। सामान्यतः निबन्धों में विवेक का साफ-सुथरा ढाँचा है और उसके भीतर जिन तर्कों का प्रसार किया जाता है, उनमें आन्तरिक संगति होती है।' (वही, पृ. 486)

निराला के एक ही निबन्ध में नहीं, प्रायः सभी निबन्धों के तर्कों में एक आन्तरिक संगति है। अतः यह कहना युक्तियुक्त प्रतीत नहीं होता कि एक निबन्ध से उनके तर्क उठाकर उनके दूसरे निबन्ध के तर्क काटे जा सकते हैं। जो निबन्ध बहुत पहले या बहुत बाद के हैं उन पर यह आरोप लग सकता है लेकिन वहाँ भी निराला की चेतना के विकासक्रम के सन्दर्भों से मिलाकर देखें तो कोई न कोई संगति ज़रूर मिलेगी। हाँ, यह संगति भाववादी तर्क प्रणाली के अनुसार ही होगी। लेकिन हेगेलियन तर्क प्रणाली की ही तरह उसकी भी अपनी प्रासंगिकता और उपयोगिता है। विवेकानन्द की विचारधारा से लेकर आज तक प्रगतिशील विचारधारा के विकासक्रम की वह एक महत्त्वपूर्ण कड़ी है। जहाँ तक अन्तर्विरोधों का प्रश्न है तो इस सम्बन्ध में यही कहना अपर्याप्त होगा कि किसी भी रचनाकार की विचारधारा में ऐसे अन्य और अनेक तरह के अन्तर्विरोध मिल जाएँगे। वैज्ञानिकों तक की विचारधाराओं में अन्तर्विरोध मिलते हैं, फिर निराला कोई वैज्ञानिक विचारक नहीं थे। वे एक सहृदय और विवेकशील कलाकार थे। उनके निबन्धों में व्यक्त किसी भी तार्किक संगति की तलाश उनके रचनाकार सम्बन्धी व्यक्तित्व और कृतित्व के सन्दर्भ में ही की जा सकती है। बावजूद सारी सीमाओं के उनके निबन्धों की शक्ति यह है कि वे निराला को सामाजिक दृष्टि से एक संवेदनशील, विवेकपूर्ण, ईमानदार और जागरूक विचारक के रूप में प्रतिष्ठित करते हैं। 'सामाजिक सरोकार' उनके निबन्धों में अन्तर्वस्तु है। निराला के साहित्यिक निबन्धों की रचना की दृष्टि से अपना स्वतन्त्र महत्त्व है। इस सम्बन्ध में डॉ. विश्वनाथ त्रिपाठी ने निराला के साहित्यिक निबन्धों पर विचार करते हुए जो राय ज़ाहिर की है वह युक्तियुक्त ही है : 'निराला के साहित्यिक निबन्धों की

शैली विश्लेषणात्मक है। ये निबन्ध व्यावहारिक समीक्षा का स्वरूप प्रस्तुत करते हैं। वे कविता पर सिद्धान्तों के माध्यम से विचार नहीं करते, सिद्धान्त की चर्चा कविता के सन्दर्भ में करते हैं। निराला के निबन्ध आज भी यानी आज के मानदण्डों से भी आधुनिक लगते हैं। ('हिन्दी आलोचना', पृ. 104)

'आज के मानदण्डों से भी आधुनिक' लगने का कारण निराला की रचनाधर्मिता है जो उनकी अन्य रचनाओं की ही तरह आने वाले समय में भी ताज़गी का आभास देती रहेगी। जीवनसंघर्षों और सामाजिक चिन्ताओं से अपने ख़ुराक ग्रहण करने वाली यह रचनाधर्मिता बासी नहीं होती।

निराला के निबन्धों की प्रासंगिकता भी कभी कम नहीं होगी। छायावादी युग की रचनाओं और बाद के युग की रचनाओं के बीच के अन्तःसम्बन्धों और अन्तर्विरोधों की पहचान के लिए इन निबन्धों के पठन-पाठन की आवश्यकता से इनकार नहीं किया जा सकता।

निराला की रचनाप्रक्रिया

नयी कविता का आत्मसंघर्ष मुक्तिबोध ने झेला था और छायावादी कविता का निराला ने। 'काव्य की रचनाप्रक्रिया' शीर्षक अपने निबन्ध में मुक्तिबोध कहते हैं : रचना वस्तुतः पुनर्रचित जीवन ही होती है—यह जीवन, जो आत्मपक्ष और वस्तुजगत की क्रिया-प्रक्रिया के उलझे रूप से बना हुआ है। (गजानन माधव मुक्तिबोध, 'नयी कविता का आत्मसंघर्ष', नागपुर, 1964, पृ. 27)

यह अभ्युक्ति कुछ अन्य रचनाकारों के सन्दर्भ में भले ही विवाद की गुंजाइश रखती हो, निराला के बारे में सार्थक रूप से लागू होती है। निराला ने जो जीवन जिया उसे रचना में पुनर्रचित किया। साथ ही उन्होंने जो रचना की उसे जीवन में चरितार्थ किया। कोई भी भाव, विचार, कल्पना और अनुभव उनके जीवन यापन से गुज़र कर ही कलात्मक अभिव्यक्ति बनता है। व्यक्तिगत अनुभव ही सामाजिक अहसास का कारण होता है। फिर सामाजिक अहसास उस अनुभव को पुष्ट और विकसित करता है। यह पुष्ट और विकसित अनुभव निराला द्वारा जीवन-यापित होकर उनकी जीवनानुभूति और जीवनदृष्टि की द्वन्द्वात्मक प्रक्रिया से गुज़रता हुआ सौन्दर्यानुभूति के रूप में गुणान्तरित होता है। फिर कलापरक साधना से सधती हुई यह सौन्दर्यानुभूति ही कलात्मक अभिव्यक्ति के तौर पर रूपायित होती है। निराला के लिए यह कलात्मक अभिव्यक्ति कभी अन्तिम नहीं होती। वे उसे बारम्बार सँवारते रहते थे और अपनी कृतियों के नये संस्करण निकलवाते समय यथासाध्य संशोधन किया करते थे।

भयंकर से भयंकर यथार्थ और कड़वे से कड़वा अनुभव हो, निराला उसे सौन्दर्यानुभूति में गुणान्तरित कर लेते थे। यहाँ तक कि अपनी लाड़ली सन्तान सरोज की मृत्यु के कटु अनुभव को भी वे सौन्दर्यानुभूति के रूप में गुणांतरित कर सके। उसी सौन्दर्यानुभूति को फिर उन्होंने कलात्मक अभिव्यक्ति के रूप में आकार दिया और यह रचना 'सरोज-स्मृति' कहलायी। कोई साधारण कोटि का कलाकार ऐसा नहीं कर पाता। इसका कारण यह है कि बड़ी से बड़ी मार खाकर वे रोते नहीं हैं, मार के व्यक्तिगत अनुभव को सामाजिक अहसास से जोड़ पाते हैं।

सामाजिक अहसास जीवनदृष्टि को विकसित करता है, जीवनदृष्टि जीवनानुभूति को सक्रियता प्रदान करती है। सक्रियता ही रचनाकार की जीवनानुभूति को, जो सामाजिक अहसास और जीवनदृष्टि द्वारा पुष्ट और विकसित हो चुकी है, सौन्दर्यानुभूति के रूप में गुणान्तरित कर देती है।

कल्पना को महत्त्व देते हैं लेकिन सत्य की कीमत पर नहीं :

'बोलूँ अल्प न करूँ
जल्पना
सत्य रहे, मिट जाए
कल्पना'

यही सौन्दर्यानुभूति कलात्मक अभिव्यक्ति के रूप में आकार ग्रहण करती है। एक उदाहरण द्वारा यह प्रक्रिया स्पष्ट हो सकेगी। निराला दारागंज में टहलते-टहलते संगम के किनारे पहुँचते हैं। वहाँ क्या देखते हैं कि एक वय-जर्जर नाविक तीर्थयात्रियों को ढोते-ढोते थककर पसीने-पसीने हो रहा है। लेकिन जीविका कमाने के लिए विवश वह बूढ़ा मल्लाह नौका लादकर फिर ले जा रहा है। मँझधार में पहुँचकर-मल्लाह की साँस फूल जाती है, नाव नियन्त्रण से बाहर हो जाती है। बड़ी सहानुभूति और संवेदना के साथ निराला यह दृश्य देख रहे हैं। यह व्यक्तिगत अनुभव है। निराला का अपना जीवन भी तो इससे मिलता-जुलता है। यह साम्य ही मल्लाह की स्थिति को निराला की अपनी स्थिति के रूप में जीवनयापित कर देता है। निराला की जीवनानुभूति का अंग होते ही यह अनुभव उनकी जीवनदृष्टि और सामाजिक अहसास द्वारा पुष्ट और विकसित होकर एक फन्तासी का रूप ले लेता है। निराला का निजी जीवन, मल्लाह की दिनचर्या और भवसागर के बीच नाविक की ही तरह फँसी शोषित सामान्य जनता का जीवन, ये सभी चित्र घुलमिल कर एक करुण दृश्य उपस्थित कर देते हैं। निराला की जीवनानुभूति, इस प्रकार उनकी जीवनदृष्टि और सामाजिक अहसास से पुष्ट होती हुई, विकसित होती है, फिर सौन्दर्यानुभूति में गुणान्तरित हो जाती है। कलात्मक साधना की प्रक्रिया से गुज़रकर यह सौन्दर्यानुभूति ही इस प्रकार कलात्मक अभिव्यक्ति के रूप में पुनर्रचित होती है :

तरणि तार दो
अपर पार को।
खे-खेकर थके हाथ
कोई भी नहीं साथ

श्रम-शीकर, भरा माथ
बीच धार ओ!
('अर्चना', गीत सं. 72)

एक और उदाहरण से यह प्रक्रिया और स्पष्ट होगी। सर्दी की रात है। जनवरी की सर्दी! गंगा के किनारे ग़रीब कामगारों की एक बस्ती के लोग ठिठुर रहे हैं। निराला इन लोगों, इनके बीवी-बच्चों को कड़ाके की सर्दी में काँपते हुए देखते हैं। इन लोगों की यह स्थिति निराला की अपनी स्थिति से भिन्न नहीं है। निराला के जीवन और इन कामगारों के जीवन का यह साम्य ही इस अनुभव को निराला की जीवनानुभूति से एकाकार कर देता है। निराला की जीवनदृष्टि उन्हें इन लोगों की इस दशा के लिए ज़िम्मेदार उस वर्ग के असली चरित्र की पहचान करा देती है। इस पहचान के ही कारण यह सामाजिक अहसास होता है कि समाज जंगली और फाड़ खाने वाले हिंस्र पशुओं (शोषकों) से भरा है। इस प्रकार जीवनानुभूति ही जीवनदृष्टि और सामाजिक अहसास से पुष्ट एवं विकसित होकर सौन्दर्यानुभूति में गुणान्तरित होती हुई इस फन्तासी की रचना करती है :

शिशिर की शर्वरी,
हिंस्र पशुओं भरी
ऐसी दशा विश्व की विमल लोचनों
देखी, जगा त्रास, हृदय संकोचनों
काँपा कि नाची निराशा, दिगम्बरी।
('अर्चना', गीत सं. 11)

व्यक्तिगत यथार्थ के अनुभव से पूरे सामाजिक यथार्थ का अहसास, फिर उस अहसास और जीवनदृष्टि से पुष्ट और विकसित जीवनानुभूति का सौन्दर्यानुभूति के रूप में गुणान्तरण, फिर कलापरक साधना द्वारा सौन्दर्यानुभूति की कलात्मक अभिव्यक्ति—निराला की रचनाप्रक्रिया में अनुभूति से अभिव्यक्ति तक, विकास की यह यात्रा लक्षित होती है। 'राम की शक्तिपूजा' में निराला का व्यक्तिगत अनुभव ही समाजीकृत होकर 'राम के अनुभव' के रूप में विकसित होता हुआ एक श्रेष्ठ संकल्प से प्रेरित मानव के संघर्षशील अनुभव के रूप में गुणान्तरित होता है। यह स्थिति सौन्दर्यानुभूति की है। फिर कलापरक साधना की प्रक्रिया से गुज़र कर यह सौन्दर्यानुभूति ही कलात्मक अभिव्यति के रूप में पुनर्रचित होती है।

सौन्दर्यानुभूति तक की स्थिति निराला जैसी परिस्थितियों और मनःस्थितियों वाले किसी भी रचनाकार की स्थिति हो सकती है, किन्तु उस सौन्दर्यानुभूति को

कलात्मक अभिव्यक्ति प्रदान करने तक की (और बाद की भी) जो रचनायात्रा है, वह रचना के स्वरूप-निर्माण का समय है। यही वह समय है जब निराला अपनी सौन्दर्यानुभूति की कलात्मक अभिव्यक्ति के लिए रचना के 'रूप निर्माण की तैयारी' करते हैं; उस सौन्दर्यानुभूति के अभिव्यंजक (भाषा, छन्द, शिल्प, विधा आदि) सभी उपकरणों से 'सहयोजन' स्थापित करते हैं। उस सौन्दर्यानुभूति की अभिव्यंजना में सहायक और पोषक भावों, विचारों, संवेदनात्मक उद्देश्यों, बिम्बों, प्रतीकों, कल्पनाओं और उत्प्रेक्षाओं आदि की इस प्रक्रिया में सकारात्मक भूमिका होती है। मुक्तिबोध के शब्दों में इसे यूँ कहा जा सकता है कि वे 'अपने भावों की अभिव्यक्ति के लिए एक रूपरचना तैयार कर लेते है।'

निराला की 'रूपरचना' का यह संसार उनकी सौन्दर्यानूभूति (जो जीवनदृष्टि और सामाजिक अहसास से पुष्ट और विकसित जीवनानुभति का ही गुणान्तरण है) की ही तरह, यानी उनकी वस्तु-रचना की ही तरह पिटी-पिटाई अभिरुचियों, रूढ़ियों और सेंसरों का निषेध करता है। या यूँ कहें कि नयी वस्तु रचना ही पुराने रूपविन्यास की जकड़ को तोड़ती हुई, उससे मुक्त होकर, साथ ही साथ, अपने नये स्वभाव और प्रकृति के अनुरूप एक नये रूपविन्यास का निर्माण करती है।

यह प्रक्रिया एक कठोर और अनवरत साहित्य-साधना की अपेक्षा रखती है। निराला इसे साधते हैं और इसके लिए अपेक्षित श्रम और अभ्यास से कतराते नहीं हैं। अपने पूर्ववर्ती और समकालीन रचनाकारों के साहित्य का अध्ययन करते हैं, उनकी रचना-प्रक्रियाओं से जुड़े अनुभवों और उपलब्धियों से लाभ उठाते हैं। इस प्रकार, निराला एक मौलिक रचनाकार होते हुए, विश्व साहित्य की विविध, पुरानी और नयी परम्पराओं के स्वस्थ और जीवन्त पहलुओं से बहुत कुछ सीखते हैं।

भावों के उतार-चढ़ाव के साथ रूपयोजना में भी उतार-चढ़ाव होता है। प्रतीक और बिम्ब भी भावों के अनुरूप ही अपना स्वरूप ग्रहण करते हैं। निराला की रचनाओं में जैसे वस्तु बदलती है वैसे ही उनका रूपविन्यास भी तदाकार होता जाता है। वाक्यों, शब्दों, अक्षरों, ध्वनियों, अर्थसंकेतों और ध्वनिसंकेतों, लय और संगीत आदि सभी रूपस्तरों पर वस्तु के अनुरूप परिवर्तन होता है। जहाँ दो विरोधी भावों का सामंजस्य होता है, वहाँ शिल्प के स्तर पर भी वे उसका निर्वाह करते हैं। इसी प्रकार जहाँ विरुद्धों में टकराव होता है, वहाँ वह टकराव शिल्प में भी लक्षित किया जा सकता है। उदाहरण के लिए 'राम की शक्तिपूजा' में जहाँ राम-रावण युद्ध का वर्णन करते हैं, तो वहाँ एक वाक्यखण्ड दूसरे वाक्यखण्ड से, एक शब्द दूसरे शब्द से, एक ध्वनि दूसरी ध्वनि से और एक अक्षर दूसरे अक्षर से युद्ध करता हुआ-सा प्रतीत होता है।

उद्धव-लंकापति-मर्दित-कपि-दल-बल-विस्तर
विद्धांग—बद्ध-कोदण्ड-मुष्टि—खर-रुधिर स्राव,
रावण-प्रहार-दुर्वार-विकल-वानर-दल-बल
('अनामिका', राम की शक्तिपूजा)

इसी प्रकार जब सीता और राम के मिलन का वर्णन करते हैं तो वस्तु के अनुसार रूप के स्तर पर भी परिवर्तन होता है। ऐसा प्रतीत होने लगता है जैसे वाक्यों और शब्दों के युगल, अक्षरों तथा ध्वनियों के युगल परस्पर स्नेहालाप कर रहे हैं। जैसे एक वाक्य दूसरे वाक्य से, शब्द-शब्द से, अक्षर-अक्षर से गले मिल रहा हो :

स्नेह का लतान्तराल मिलन
नयनों का—नयनों से गोपन—प्रिय सम्भाषण,—
पलकों का नव पलकों पर प्रथमोत्थान—पतन,—
काँपते हुए किसलय—झरते पराग समुदय
खाते खग नव-जीवन-परिचय,—तरु मलय-वलय
(अनामिका, 'राम की शक्तिपूजा')

इसी प्रकार 'तोड़ती पत्थर' कविता पत्थर तोड़ने वाली युवती के पत्थर तोड़ने की क्रिया में जो टेक है, लगभग वही टेक उसकी भाषा-शैली और छन्द-प्रवाह में है :

गुरु हथौड़ा हाथ,
करती बार बार प्रहार;—
सामने तरु मालिका अट्टालिका, प्राकार।
(परिमल, तोड़ती पत्थर)

मुक्ति-गीत 'बादलराग' कविता में भावों के ही अनुरूप शब्द, ध्वनि, नाद, लय और संगीत से युक्त समग्र रूप-निर्माण क्रान्ति के बादलों की ही तरह गरजता, गड़गड़ाता और मूसलाधार बरसता हुआ-सा सुनाई देता है :

वज्र घोष से हे प्रचण्ड आतंक जमाने वाले
कम्पित जंगम नीड़-विहंगम हे न व्यथा पाने वाले
(परिमल, बादलराग-2)

शिल्प-साधना के प्रति इतनी जागरूकता, सतर्कता और सचेष्टता अन्य आधुनिक कवियों में नहीं मिलती। मुक्तिबोध जिसे 'भावों की अभिव्यक्ति के लिए एक रूप

रचना की तैयारी' कहते हैं, वह निराला की रचनाप्रक्रिया में बख़ूबी देखी जा सकती है। विभिन्न भावों का विभिन्न 'व्यंजक रूपों' से यहाँ 'घनिष्ठतम संयोजन' होता है। निराला का 'काव्य रचना मूलक आलोचना धर्म' (वही, पृ. 24) तथा 'भाव सम्पादन' इतना परिपक्व हो चुका है कि इस स्थिति तक पहुँचकर अपनी अभिव्यक्ति के लिए उन्हें कोई विशेष कठिनाई नहीं होती। इस प्रकार की सक्षम किन्तु सहज अभिव्यक्ति पद्धति का वे विकास कर लेते हैं। इस दृष्टि से वे आधुनिक हिन्दी के एक सिद्ध महाकवि हैं।

अपनी रचनाप्रक्रिया में निराला काव्य की स्वस्थ परम्पराओं का लाभ तो उठाते हैं किन्तु प्रायः वे जड़ काव्य वृत्तियों, रीतियों, अर्थक्षत शास्त्रीय धारणाओं और रचना-रूढ़ियों के शिकार नहीं होते। उनकी भाव और अभिव्यक्ति सम्बन्धी मनोवृत्तियाँ अत्यन्त 'लचीली' बनी रहती हैं, पहले से तैयार 'पुराने शिकंजों' और 'सेंसरों' (वही, पृ. 24) को तोड़कर अग्रसर होती हैं। यही कारण है कि वे सामन्तविरोध के सबसे बड़े आधुनिक कवि होकर भी सम्राट एडवर्ड अष्टम के सिंहासन-त्याग के प्रति उपेक्षा नहीं बरतते। अपने युग में साम्राज्यवादी परिवेश के सबसे बड़े कट्टर विरोधी होने के साथ-साथ अपने युग की इस मार्मिक घटना के प्रति वे सहज और स्वस्थ दृष्टि अपनाते हैं, सृजनशीलता की व्यापक और उदात्त भूमिकाओं से अपना संवाद बनाये रहते हैं जबकि उनके समकालीन अन्य आदर्शवादी और यथार्थवादी रचनाकार इस दोहरे दायित्व का निर्वाह करने में अक्सर चूक जाते हैं। 'अनामिका' में संकलित 'सम्राट एडवर्ड अष्टम के प्रति' शीर्षक रचना इस तथ्य का प्रमाण प्रस्तुत करती है कि निराला साम्राज्यवाद और सामन्तवाद के विरोधी तो हैं, किन्तु इस विरोध के रास्ते पर जो नयी रूढ़ियाँ हैं, उनके भी शिकार वे नहीं होते। इस प्रकार वे आदर्शवादी और यथार्थवादी दोनों ही ओर के अतिवादों और आग्रहों से मुक्त रहते हैं। 'नये साहित्य का सौन्दर्यशास्त्र' शीर्षक पुस्तक में संकलित 'काव्य की रचनाप्रक्रिया' शीर्षक से ही लिखे गये अपनी परवर्ती निबन्ध में मुक्तिबोध इन आग्रहों पर विचार करते हुए कहते हैं :

> आग्रह भी दो प्रकार के होते हैं—एक वे जो कला या दृष्टि के नाम पर, परिवर्तन-क्रम की पिछली अर्थात् विगत कड़ी या सीढ़ी की ओर खींचते हैं और वे जो परिवर्तन-क्रम की अगली कड़ी या सीढ़ी की ओर खींचते हैं। यह अगला या पिछलापन यथार्थ के परिवर्तन-क्रम को देखकर पहचाना जाना चाहिए, न कि वैचारिक दृष्टि से उच्चतरता या निम्नतरता की दृष्टि से। ऐसा मैं क्यों कह रहा हूँ? यह कहना इसलिए आवश्यक है कि जीवन-परिस्थिति में परिवर्तन से और यथार्थ के नये-नये पहलुओं के खुलने से उनके आभ्यन्तरीकरण के द्वारा लेखक का जो संवेदनात्मक वैयक्तिक इतिहास

बनता है, वह इतिहास पूर्ववर्ती प्रवृत्ति के कवियों से सर्वथा भिन्न होता है, अतएव इन नवीन प्रवृत्ति वालों की रचनाप्रक्रिया भी बदल जाया करती है और तदनुसार अभिव्यक्ति शैली भी (गजानन माधव मुक्तिबोध, नये साहित्य का सौन्दर्यशास्त्र, दिल्ली, 1971, पृ. 88-90)

इस सन्दर्भ में निराला का जो 'संवेदनात्मक वैयक्तिक इतिहास' है, वह अपने पूर्ववर्ती (और समवर्ती) कवियों से भिन्न है, तदनुसार उनकी रचनाप्रक्रिया और अभिव्यक्ति शैली भी। असल में, होता यह है कि निराला दोनों ओर के आग्रहों का द्वन्द्व झेलते हैं। कहीं-कहीं वे विपरीत और परस्पर विरोधी आग्रहों के बीच सामंजस्य की सफल-असफल चेष्टाएँ करते हैं, लेकिन किसी भी ओर के अतिवाद को वे अपनी रचनाप्रक्रिया और अभिव्यक्ति शैली पर हावी नहीं होने देते। कोई चाहे तो इसे मुक्तिबोध के ही शब्दों में 'द्विधा विभाजित मन की प्रक्रिया में तटस्थता नामक जो आत्मस्थिति पैदा हो जाती है' वैसी तटस्थता का नाम दे सकता है।

मुक्तिबोध इस तटस्थता को एक क्रियावान शक्ति मानते हैं जो 'क्रिया में गतिमान होने के लिए ही उपस्थित रहती है'। लेकिन यह तटस्थता प्रतिक्रियावादी काव्यशास्त्रियों और रचनाकारों द्वारा प्रतिपादित 'तटस्थता' का पर्याय नहीं है। इलियट द्वारा प्रतिपादित तटस्थता और मुक्तिबोध द्वारा प्रतिपादित तटस्थता की दोनों संकल्पनाओं में कोई भेद तो होना ही चाहिए और वह है भी। दोनों संकल्पनाएँ गुणात्मक रूप से एक-दूसरे से भिन्न हैं। निराला में मुक्तिबोध द्वारा उल्लिखित तटस्थता मिलती है जो उनकी रचनाप्रक्रिया में गतिमान क्रियावान शक्ति के रूप में विद्यमान रहती है।

'तटस्थता' नामक आत्मस्थिति के ही सन्दर्भ में मुक्तिबोध ने रचनाकारक के 'संवेदनात्मक वैयक्तिक इतिहास' की भी चर्चा की थी। किसी भी रचनाकार की रचनाप्रक्रिया में इस 'संवेदनात्मक वैयक्तिक इतिहास' की भी अपनी भूमिका होती है। निराला का 'संवेदनात्मक वैयक्तिक इतिहास' उनके समकालीन और परवर्ती रचनाकारों से सर्वथा भिन्न रहा। इसका एक प्रमुख कारण उनके व्यक्तिगत जीवन में दुखों और संघर्षों का आधिक्य था। 'सम्वेदनात्मक वैयक्तिक इतिहास' की इस भिन्नता और विशिष्टता के ही कारण निराला अपने समकालीन समीक्षकों के लिए एक पहेली बने रहे हैं। किन्तु अधिकांश परवर्ती रचनाकारों और समीक्षकों ने इसी विशिष्टता के कारण उन्हें युगप्रवर्तक रचनाकार के रूप में मान्यता भी प्रदान की। 'मेरे गीत और कला' शीर्षक निबन्ध में स्वयं निराला ने अपनी इस विशिष्टता की ओर संकेत किया है।

'जूही की कली' शीर्षक प्रारम्भिक कविता से ही उनकी रचनाप्रक्रिया में इस विशिष्टता का परिचय मिलने लगता है। इस विशिष्टता का एक पहलू यह है कि

उनकी रचनाप्रक्रिया में मुक्ति के लिए छटपटाहट मिलती है। इस रचनाप्रक्रिया के द्वारा यह रचनाकार एक तरह से अपने आपको लिबरेट करता है। नियत छन्दों से मुक्ति; भावों और विचारों की नियत परिपाटी से मुक्ति; लय, ताल और संगीत के नियत पैटर्न से मुक्ति—और इस प्रकार समग्र रूप में कला की इस नियत नियति से ही वे स्वयं को लिबरेट करते हैं। निराला भाववादी थे, एक व्यापक अर्थ में अपने इच्छा जगत में वे कला की रचनाप्रक्रिया द्वारा स्वयं को कला और जीवन की ही नियत नियति से मुक्त करते हैं। क्रूड मैटीरीयलिज़्म की शब्दावली में इसे एक प्रकार का पलायन भी कहा जा सकता है। किन्तु उनके जीवन में दुखों और संघर्षों के अतिरेक को देखते हुए ऐसा होना स्वाभाविक भी था।

इसी विशिष्टता का एक पहलू यह भी है कि उनकी रचना में जहाँ सीधी सादी वर्णनात्मकता दिखाई देती है वहाँ भी उनकी अभिव्यक्ति गहरे और व्यापक अर्थ एवं ध्वनिसंकेत ट्रांसमिट करती है। 'तोड़ती पत्थर' कविता के बारे में स्वयं उन्होंने श्री जानकीवल्लभ शास्त्री के नाम लिखे गये एक पत्र में इस ओर इशारा किया था :

> कला के सम्बन्ध में पत्र क्या लिखूँ? उसके विकास और सौन्दर्य की बातें लाखों तरह की हैं। एक देखिए :
>
> 'नहीं छायावाद
> पेड़ वह जिसके तले बैठी हुई स्वीकार;
> श्याम तन, भर बँधा यौवन,
> नत नयन, प्रिय कर्म रत मन,
> गुरु हथौड़ा हाथ
> करती बार बार प्रहार;
> सामने तरु-मालिका अट्टालिका, प्राकार।'
>
> यहाँ सीधा वर्णन होने पर भी, हथौड़े की चोट पत्थर पर पड़ने पर भी देखिए किस तरह 'अट्टालिका' पर पड़ती है। लेखक के वर्णन-प्रकार के कारण और निर्देश से! वह जहाँ बैठी है, वह पेड़ छायादार नहीं है और अट्टालिका तरुमालिका है।—अट्टालिका भी तरुमालिका है, फिर आदमी कितनी छाँह में हैं!! 'मैं तोड़ती पत्थर' अन्त का स्वभावतः समझ में आ जाएगा—मैं तोड़ती पत्थर हृदय। (रास्ता इधर है, पृ. 2)

किन्तु इन सभी अर्थ एवं ध्वनि संकेतों की कुँजी रचना के खण्डार्थ में न होकर उसके पूर्णार्थ में ही छिपी रहती है। रचना के पूर्णार्थ को विकसित करने वाले सन्दर्भों से ही वे सार्थक होते हैं। यूँ खण्डार्थ का भी वहाँ महत्त्व कम नहीं होता।

'पत्रांक' से 'पर्यंक' का ध्वनिसंकेत उसका एक अत्यन्त कलात्मक उदाहरण है। किन्तु निराला रचना के पूर्णार्थ को ही ज़्यादा महत्त्व देते हैं। पन्त जी के बारे में उनकी कला के खण्ड-रूपों का उल्लेख करते हुए उन्होंने लिखा : केवल रस, अलंकार, ध्वनि कला नहीं, अगर है तो कला के खण्डार्थ में है, पूर्णार्थ में नहीं। खण्डार्थ में पन्त जी की कला बहुत ही बन पड़ी है। उनके प्रशंसकों की दृष्टि इन्हीं खण्ड रूपों में बँध गयी है। वह विस्तृत होकर बृहद विवेचन में नहीं जा सकी। वे प्रशंसक इस प्रकार की कला के देखने के आदी भी न थे। पहले से छन्द, दोहे, चौपाइयों की जो परिपाटी थी, वह इस कला के अनुरूप न थी।' ('प्रबन्ध प्रतिमा', पृ. 217)

पहले से छन्द, दोहे, चौपाइयों के विशेषज्ञ, तत्कालीन काव्यशास्त्री और समालोचक, निराला की रचनाप्रक्रिया से सर्वथा अनभिज्ञ थे। इसीलिए निराला की रचनाएँ उन्हें हैरान करती थीं। हिन्दी साहित्य में निराला की रचनाप्रक्रिया घिसी-पिटी परिपाटियों, पिटी-पिटाई रीतियों, रूढ़ियों, अनर्गल और अनर्थक निषेधों तथा सेंसरों के शिकंजों से रचना और रचनाकार को मुक्त (लिबरेट) करने और करते रहने की दिशा में—एक शुरुआत है। यह रचनाप्रक्रिया कला की मुक्ति की ही एक प्रक्रिया है जो हमारी शताब्दी के सामाजिक जीवन की मुक्ति की प्रक्रिया का ही एक सांस्कृतिक पुनःसृजन है। 'बादलराग' जैसे मुक्त गीत ऐसी ही रचनाओं के उदाहरण हैं।

निराला ने रवीन्द्रनाथ को नदी के कवि (The river poet) कहकर याद किया था। रवीन्द्र को यह उपाधि पश्चिम से मिली थी। इस दृष्टि से मैं निराला को वन-उपवन का कवि कहकर याद करता हूँ। निराला खुले जंगलों और मुक्त वनों के कवि थे। निराला के मस्तिष्क में जंगल और वन्य जीव-जन्तुओं के दृश्य कौंधते थे। हिंसक पशुओं को याद कर वे सहम उठते थे। हमारा समाज हिंसक पशुओं का समाज है। ऐसे समाज ने उन्हें सन्त्रस्त भी किया था। लेकिन वन-उपवन के कवि की सौन्दर्य चेतना ऐसे परिवेश में मुक्ति का अहसास भी करती थी (लिबरेट होने लगती थी)। जंगल के हिंस्र पशु उन्हें आतंकित करते थे लेकिन जंगल का खुलापन उन्हें रास भी आता था। निराला की रचनाप्रक्रिया में 'खुले जंगल' की एक द्वन्द्वात्मक भूमिका थी—

'वन-वन उपवन-उपवन
जागी छवि खुले प्राण।'
... ...
'फिर क्या? पवन उपवन
सर सरित गहन गिरी कानन'
... ...
'वन उपवन खिल आयी कलियाँ।

मौलिकता और प्रभाव

'कुल्लीभाट' में कुल्ली से बातचीत करते हुए निराला कहते हैं : 'कोई कुछ काम करता है, तो दुनिया से ही वस्तुविषय ग्रहण करता है और उस विषय के काम करने वालों को देखता है, पढ़ता है, सीखता है, समझता है, तब अपनी तरह से एक चीज़ देता है।' (कुल्लीभाट, पृ. 74) निराला के साहित्य में मौलिकता और प्रभाव का पारस्परिक सम्बन्ध ऐसा ही है। साहित्यसृजन के लिए इस दुनिया और इसके साहित्य से ही निराला अपने साहित्य के वस्तुविषय ग्रहण करते हैं। इस संसार को, प्रकृति को, मनुष्य को, जीवन और समाज को वे बड़े ध्यान से देखते हैं; अपने से पूर्ववर्ती विश्व साहित्य के बड़े-बड़े साहित्यकारों को ध्यानपूर्वक पढ़ते हैं, उनसे बहुत कुछ सीखते हैं और प्रभावित होते हैं। साथ ही, उनकी कमज़ोरियों से भी वे सीखते हैं। वाल्मीकि की 'रामायण', कालिदास के 'रघुवंश', तुलसीदास के 'रामचरितमानस' तथा रवीन्द्रनाथ और कृत्तिवास की रचनाओं का पारायण कर लेने के बाद वे 'राम की शक्तिपूजा' लिखते हैं और इन रचनाकारों की उपलब्धियों और सीमाओं का जायज़ा लेते हैं, उपलब्धियों को अपनी कविता की ज़मीन के रूप में इस्तेमाल करते हैं और सीमाओं से आगे बढ़कर उनका अतिक्रमण करते हैं। इसके साथ ही अपने परिवेश और परिस्थितियों के अनुरूप उस सारी अध्ययनसामग्री को ढालकर समकालीन जीवन की आवश्यकताओं को देखते हुए एक सांस्कृतिक ज़मीन तैयार करते हैं। इसी ज़मीन पर वे अपनी रचना खड़ी करते हैं। उर्दू के शायर अक्सर एक मुहावरे का प्रयोग किया करते हैं : 'एक गज़ल लिखी है मीर की ज़मीन पर!' निराला किसी पुराने साहित्यकार की ज़मीन ज्यों की त्यों नहीं अपनाते; उसे अपनी प्रकृति और अपने युग की प्रकृति के अनुसार सँवारते हैं, विकसित करते हैं, दूसरे साहित्यकारों की ज़मीन की मिट्टी भी, अगर जरूरत हो तो उस ज़मीन पर बिछा देते हैं। इस प्रकार अपनी रचना के लिए एक संरचनात्मक आधार तैयार करते हैं। निराला की सभी श्रेष्ठ रचनाएँ ऐसे किसी न किसी आधार पर खड़ी हैं। 'राम की शक्तिपूजा' की जो सांस्कृतिक ज़मीन है, उस पर वाल्मीकि, कालिदास, तुलसी, कृत्तिवास और विवेकानन्द की ज़मीनों की मिट्टी बिछायी गयी

है। लेकिन इस ज़मीन पर जो 'भवन' खड़ा है वह निराला की अपनी कला है। 'भवन निर्माण' में जो ईंट, पत्थर, चूना आदि लगा है, वह भी अपनी जीवन्त परम्परा से ही लिया गया है।

निराला पर और प्रायः सभी महत्त्वपूर्ण छायावादी कवियों पर अनुकरण के आरोप लगाये गये हैं। कहा गया है कि प्रसाद ने द्विजेन्द्रलाल राय का, निराला ने रवीन्द्रनाथ का और पन्त ने वर्ड्सवर्थ का कहीं-कहीं अनुकरण किया है। इस तरह के आरोप विशेषतः बड़े कलाकारों पर लगाना बड़ा आसान होता है क्योंकि प्रायः हर बड़ा कलाकार अपनी कलाकृति के लिए एक ऐसे सांस्कृतिक और पारम्परिक आधार का निर्माण करता है जिसमें अपने देश और विश्व के बड़े-बड़े कलाकारों की पूर्ववर्ती रचनाओं की 'मिट्टी' मिली होती है। ऐसी स्थिति में अनुकरण का भ्रम होना स्वाभाविक भी है। लेकिन ऐसे आरोप लगाना, एक तरह से श्रेष्ठ रचनाओं के लिए एक ठोस और जीवन्त सांस्कृतिक आधार की ज़रूरत को नज़रन्दाज़ करना है। यदि तुलसी अपनी परम्परा से, देश-देशान्तरों की संस्कृतियों से इतना कुछ न लेते जितना कि उन्होंने लिया, तो 'रामचरितमानस' का औदात्य और उसकी गरिमा भी निश्चित रूप से कुछ कम हो जाती। अपने पूर्ववर्ती और समकालीन बड़े-बड़े रचनाकारों से प्रभाव ग्रहण न करने पर वह मात्र एक मौलिक प्रयोगकथा बनकर रह जाती। अतः अनुकरण का आरोप लगाते समय बड़ी सावधानी बरतनी चाहिए और यह याद रखना चाहिए कि हर श्रेष्ठ रचना की एक सांस्कृतिक ज़मीन होती है।

निराला ने 'पन्त जी और पल्लव' शीर्षक निबन्ध में पन्त जी पर जो अनुकरण के आरोप लगाये थे, वे भी उपयुक्त नहीं थे। वे एक प्रकार से मर्माहत और उत्तेजित निराला की प्रतिक्रिया के सूचक थे। निराला और प्रसाद पर भी जो आरोप लगाये गये हैं, वे उपयुक्त नहीं हैं। पन्त ने या छायावादी कविताकारों ने रवीन्द्र या पश्चिम के रोमांटिक कवियों का अनुकरण नहीं किया। इन आरोपों से यही सिद्ध होता है कि छायावादी कवियों की सांस्कृतिक ज़मीन पर रवीन्द्र और अंग्रेज़ी के बायरन, कीट्स, शैले और वर्ड्सवर्थ आदि कवियों का रंग है। इसमें कुछ अनुचित भी नहीं है। क्योंकि हर साहित्यिक आन्दोलन का एक सांस्कृतिक आधार होता है और उस सांस्कृतिक आधार का रंगरूप कमोबेश मात्रा में परम्परागत भी होता है। फिर परम्परा देशीय भी हो सकती है और विश्वजनीन भी। निराला के साहित्य में प्रभाव और मौलिकता सम्बन्धी मसले पर भी इसी दृष्टि से विचार किया जाना चाहिए।

निराला ने दुनिया और दुनिया के साहित्य से विषयवस्तु ग्रहण करने में एक संकल्पधर्मी साधना का परिचय दिया है। शुरू-शुरू में वे संस्कृत, उर्दू, अंग्रेज़ी के विद्वान पाठक नहीं थे। खड़ी बोली का भी उन्हें ठीक-ठीक अभ्यास नहीं था।

लेकिन पच्चीस-तीस वर्षों बाद ही वे उसी खड़ी बोली के महाकवि कहलाये। निराला मैट्रिक पास भी नहीं थे, लेकिन अपने स्वाध्याय के द्वारा उन्होंने एक मिसाल कायम की। उन्होंने संस्कृत, बंगला, अंग्रेज़ी, उर्दू और हिन्दी के साहित्यकारों का विशद अध्ययन किया और उनसे अपार रचनासामग्री की विरासत ग्रहण की। इस विरासत को उन्होंने अपनी रचनाओं के सांस्कृतिक आधार और अपनी संरचनात्मक सामग्री के रूप में एक सिद्धहस्त शिल्पी की तरह प्रयुक्त किया। इसके अतिरिक्त उन्होंने संगीत की भी साधना की। लोकसंगीत और शास्त्रीय संगीत की बारीकियों को पहचाना। फिर पाश्चात्य और भारतीय संगीत दोनों के गुणों का समन्वय किया। निराला के साहित्य में पूर्वकालीन और तत्कालीन साहित्य के अनेकानेक प्रभाव हैं; लेकिन इन प्रभावों के होते हुए भी उनका एक अपना रंग है, एक अपनी चमक है और एक अपनी छाया (शेड) है। यह रंग, यह चमक और यह छाया ही निराला की मौलिकता है।

अनेक परिणामों के मिलने से एक नये गुण का आविर्भाव होता है। निराला के साहित्य में भी विविध प्रभाव मिलकर एक नये गुण को उत्पन्न करते हैं। यह नया गुण ही वह मौलिकता है जिसे मैंने निराला का अपना रंग, अपनी चमक और अपनी छाया कहा है। मौलिकता आसमान से नहीं टपकती। प्रभाव और मौलिकता का सम्बन्ध द्वन्द्वात्मक है। प्रभावों के बिना मौलिकता और मौलिकता के बिना प्रभाव की स्थिति सम्भव ही नहीं है; यदि कोई स्थिति हो भी तो वह हास्यास्पद है। मौलिकता जीवन्त परम्पराओं और विरासतों की ही ज़मीन से मिट्टी की तहों को फोड़ती हुई प्रस्फुटित, अंकुरित, पल्लवित और पुष्पित होती है। क्योंकि जिस वस्तु का प्रभाव पड़ता है, एक तो वह प्रभाव उस वस्तु या विषय से भिन्न होता है, चूँकि वह प्रभावमात्र होता है स्वयं में वस्तु या विषय नहीं। दूसरे वह प्रभाव अलग-अलग व्यक्तियों पर अलग-अलग ढंग से पड़ता है। जिस ढंग से कोई व्यक्ति उस प्रभाव को ग्रहण करता है, वह ढंग ही उस व्यक्ति की 'मौलिकता' का रंग होता है जिसमें रंगकर ही कोई व्यक्ति उस प्रभाव को ग्रहण करता है।

श्रेष्ठ साहित्य और जीवन से प्रभाव ग्रहण किये बिना मौलिक साहित्य नहीं रचा जा सकता। ऐसे प्रभावों के बिना मौलिकता 'कोरी विचित्रता' होकर रह जाती है। ऐसी ही 'मौलिकताओं' की आचार्य रामचन्द्र शुक्ल ने 'व्यक्ति वैचित्र्यवाद' और 'उक्ति वैचित्र्यवाद' कहकर आलोचना की थी। वही प्रभाव नकल कहलाता है जो मौलिक ढंग से ग्रहण नहीं किया जाता अर्थात् जो यान्त्रिक ढंग से, गैर सर्जनात्मक तरीके से ज्यों का त्यों अंगीकार कर लिया जाता है। मौलिकता और प्रभाव दो विरोधी गुण हैं लेकिन रचनाप्रक्रिया के क्षेत्र में ये साथ-साथ रहकर सर्जनात्मकता की सृष्टि करते हैं। प्रभावों के द्वारा ही नये और पुराने का जीवन्त सिलसिला बना रहता है। स्वस्थ और जीवन्त परम्परा से जुड़कर ही नये प्रयोग

सार्थक हो पाते हैं। सामान्य हुए बिना विशिष्ट होना असम्भव है और ऐतिहासिक हुए बिना आधुनिक नहीं हुआ जा सकता। निराला साहित्य में मौलिकता और प्रभाव का अन्योन्याश्रित और द्वन्द्वात्मक सम्बन्ध है। किसी भी श्रेष्ठ रचनाकार के लिए यह एक ज़रूरी शर्त भी है।

उदाहरण के लिए 'राम की शक्तिपूजा' जैसी श्रेष्ठ रचना को ही लें। कविता का प्रारम्भ 'रवि हुआ अस्त' वाल्मीकि की 'रविरस्तं गतः' की ही ज़मीन पर खड़ा किया गया है। लेकिन निराला प्रसंगवक्रता द्वारा दिवस की स्मृतियों के गति-चित्र देने लगते हैं, वाल्मीकि के भावों और विवरणों को पुनरावृत्त नहीं करते। वाल्मीकि की 'रामकथा' से शुरू करते हैं यह उनका ऐतिहासिक बोध है लेकिन उसके बहाने वे आधुनिक युग के राम और रावण के संघर्ष को ध्वनित करते हैं, यह उनकी आधुनिकता है। अतीत की रामकथा में जो युद्ध हुआ था, वह अपराजेय नहीं रहा। निर्णीत रहा था। लेकिन यह समर अभी अनिर्णीत है। चल रहा है। संघर्ष की वर्तमानता उसके अनिर्णीत रहने में है तभी तो वह वर्तमान के संकट की ध्वनि (काव्यस्य आत्मा ध्वनि) दे पायेगा, वरना वह केवल अतीत की रामकथा की पुनरावृत्ति मात्र बनकर रह जाता। हमारे युग का वर्तमान संकट यह है कि आज का संघर्षरत मानव अपने विश्वव्यापी संघर्ष में निर्णायक रूप से अभी विजयी नहीं हो पाया है। अतः 'राम-रावण का अपराजेयसमर'। फिर 'आज का' कहकर पुनःसमर की अतीत-प्रसंगात्मकता को पृष्ठभूमि (बैकग्राउंड) में धकेलकर संघर्ष की वर्तमानता और विद्यमानता को ध्वनित किया गया है। इसी प्रकार कविता के अन्त में 'हुई जय' न कहकर 'होगी जय' कहा। यदि यह मात्र अतीत कथा की पुनरावृत्ति होती तो 'जय हुई' या 'जय हो गयी' कहकर इसका समापन हो जाता। लेकिन 'होगी जय' में पुन : संघर्ष के अनिर्णीत होने के भाव को (अर्थात् संघर्ष अभी जारी है, समाप्त नहीं हुआ है, इस भाव को) व्यंजित करते हुए 'राम-रावण' संघर्ष की अन्तर्वस्तु 'उचित-अनुचित' के समर की आधुनिक प्रासंगिकता को पुनः प्रतिध्वनित किया गया है।

कविता के अन्त में 'जय, होगी जय' के बाद 'हे पुरुषोत्तम नवीन' कहा। यहाँ 'नवीन' शब्द ध्यान देने योग्य है। पुरुषोत्तम तो राम हैं ही, फिर यह 'नवीन' कौन है? 'पुरुषोत्तम प्राचीन' होता तो रामकथा की पुनरावृत्ति ही होती! 'पुरुषोत्तम नवीन' कहकर यह व्यंजित किया गया है कि यह प्राचीन राम की नहीं आधुनिक राम की कथा है। यह आधुनिक राम कौन है? आज का संघर्षरत मानव ही आधुनिक राम है, वह निराला स्वयं भी हो सकते हैं, बादलराग का विप्लवी, खेतिहरों का क्रान्तिकारी नायक, अलका उपन्यास का विजय (प्रभाकर) कोई भी हो सकता है जो आधुनिक युग में न्यायोचित पक्ष की विजय के लिए संघर्षरत है।

इस प्रकार हम देखते हैं कि वाल्मीकि के 'रविरस्तं गतः' की ज़मीन पर

कृत्तिवास और विवेकानन्द की शब्दयोजना तथा कालिदास और रवीन्द्र के पद विन्यास सम्बन्धी प्रभावों का सर्जनात्मक इस्तेमाल करती हुई यह कविता अपनी सम्पूर्ण कला, समग्र रचना और अन्तर्वस्तु की व्यंजना की दृष्टि से कितनी मौलिक है। निराला की प्रत्येक रचना में मौलिकता और प्रभावों की तलाश करते समय इसी द्वन्द्वात्मक दृष्टि से विचार किया जाना चाहिए। प्रस्तुत निबन्ध में सभी उदाहरणों की चर्चा करना सम्भव न होगा।

डॉ. रामविलास शर्मा ने अपनी पुस्तक 'निराला की साहित्य साधना' के द्वितीय खण्ड के 'रविरस्तं गतः रवि हुआ अस्त' और 'रवीन्द्रनाथ, कृत्तिवास' शीर्षक अध्यायों में प्रभावग्रहण सम्बन्धी आरोप 'राम की शक्तिपूजा' पर ही लगाये हैं, अतः मैंने निराला काव्य में कलात्मक मौलिकता की तलाश के लिए इसी कविता को चुना। यूँ भी निराला की यह एक प्रतिनिधि रचना है, और उनके लगभग सभी कलात्मक गुणों का समाहार इस लम्बी कविता में हुआ है। इसी कविता में मौलिकता सम्बन्धी अन्य गुणों की चर्चा डॉ. रामविलास शर्मा उपर्युक्त अध्यायों में कर चुके हैं, अतः उन्हें यहाँ दोहराने की जरूरत नहीं है। फिर भी उदाहरण के तौर पर 'रविरस्तं गतः रवि हुआ अस्त' शीर्षक अध्याय में डॉ. शर्मा ने स्वयं ही संकेत कर दिया है : " 'भिन्नमुष्टि' का स्मरण करते हुए उससे वैषम्य दिखाने के लिए ही क्या निराला ने 'बद्ध कोदण्ड मुष्टि' लिखा है?" यह वैषम्य अकारण नहीं है। डॉ. शर्मा ने 'रवीन्द्रनाथ, कृत्तिवास' शीर्षक अध्याय में इस तथ्य की ओर ध्यान आकर्षित किया है कि : "कृत्तिवास में राम का वह सारा अन्तर्द्वन्द्व ग़ायब है जो 'राम की शक्तिपूजा' का प्राण है।"

इसी सिलसिले में यह कहना भी अप्रासंगिक न होगा कि 'उगरे आंधार' से प्रेरणा लेकर ही यदि 'उगलता गगन घन अन्धकार' लिखा गया हो तो भी यह मानना ही होगा कि निराला की पंक्ति में स्वामी विवेकानन्द की पंक्ति से कहीं अधिक नादसौन्दर्य है। यहाँ मेरा उद्देश्य स्वामी विवेकानन्द की कला पर कोई आक्षेप करना नहीं है। स्वामी विवेकानन्द निराला के (और हमारे भी) श्रद्धेय हैं। निराला ने उनसे बहुत कुछ सीखा था। मेरा उद्देश्य तो केवल यह स्पष्ट करना है कि निराला यदि विवेकानन्द की इस पंक्ति को आधार बनाकर 'उगलता गगन घन अन्धकार' लिखते हैं तो अपनी मेहनत और मौलिक सूझबूझ से कलात्मक उत्कर्ष की और अधिक श्रीवृद्धि करते हैं। यदि वे इसके स्थान पर कोई और मौलिक पंक्ति रचते तो शायद ऐसे सौन्दर्यपूर्ण नाद की सृष्टि न कर पाते, अधिक से अधिक 'उक्ति वैचित्र्य' का उदाहरण ही दे पाते। श्रेष्ठ के आधार पर ही सर्वश्रेष्ठ की रचना की जा सकती है। कोरी मौलिकता द्वारा महान काव्य नहीं रचा जा सकता। महान कविता वही होगी जो पूर्ववर्ती महान प्रभावों को समेट सकेगी। तुलसीदास का 'रामचरितमानस' इस अभ्युक्ति का उदाहरण है।

अतः 'आस्राव सुस्राव' (वाल्मीकि) और 'रुधिर-स्राव' (निराला), 'बद्धौ तु शर-बंधेन' (वाल्मीकि) और 'बिद्धांग' (निराला), 'भिन्न मुष्टि' (वाल्मीकि) और 'बद्ध कोदण्ड मुष्टि' (निराला) 'संप्रबुद्ध' (वाल्मीकि) और 'प्रबोध' (निराला), 'तिमि नक्र झषाः कर्मा,' (वाल्मीकि) और 'नक्र, झष, व्याल' (निराला), 'अंगे अंगे यौवनेर तरंग उच्छल' (रवीन्द्रनाथ ठाकुर) और 'पर बँधा देह के दिव्य बाँध' (निराला), 'भारतेर श्वेत हृदि शतदले' (रवीन्द्र) और 'उर के शतदल पर' (निराला), 'उगरे आंधार' (विवेकानन्द) और 'उगलता गगन घन अन्धकार' (निराला) आदि पदों के साम्य आकस्मिक नहीं हैं, तथापि उनमें जो कलात्मक अन्तर निराला द्वारा उत्पन्न किया गया है उसकी ओर भी ध्यान दिया जाना चाहिए। महान कवियों की रचनाप्रक्रिया में प्रभाव और मौलिकता का सम्बन्ध इतना अविच्छिन्न होता है कि उसे अक्सर भावानुवाद समझ लेने की गलतफ़हमी हो जाती है। तुलसीदास जैसे महान कवि पर भी अक्सर इसी तरह के आरोप लगाये गये हैं। लेकिन इस साम्य से ही कवि की कविता अपनी सांस्कृतिक विरासत से जुड़कर उसकी अगली कड़ी बनती है। निराला रवीन्द्रनाथ से प्रभावित हैं। रवीन्द्रनाथ विद्यापति से और विद्यापति जयदेव से। परम्परा का यह आदान-प्रदान चलता रहता है। स्वयं रवीन्द्रनाथ ने कबीर और पश्चिम के रोमांटिक कवियों से काफ़ी ग्रहण किया है। इसी प्रकार कबीर ने अपने पूर्ववर्ती सिद्ध कवियों से, तुलसी ने जैनकवियों तथा वाल्मीकि से काफ़ी कुछ ग्रहण किया है। लेकिन ऐसे सभी महत्त्वपूर्ण कवियों की यह विशेषता होती है कि वे जो कुछ प्रभाव ग्रहण करते हैं उसे मौलिक ढंग से ग्रहण करते हैं, फिर उसे और सुन्दर बनाकर अपने अवदान के रूप में इस विश्व को दे जाते हैं। इस प्रकार गौरवपूर्ण जीवन्त सांस्कृतिक परम्परा में एक और कड़ी जुड़ जाती है। प्रभाव और मौलिकता का यह द्वन्द्वात्मक तथा अन्योन्याश्रित रिश्ता निराला के काव्य में अपनी सम्पूर्ण अर्थवत्ता के साथ उद्‌घाटित होता है।

निराला की रचनाप्रक्रिया ही ऐसी है कि उसमें प्रभाव और मौलिकता का द्वन्द्वात्मक रिश्ता बना रहता है। अपनी पूर्ववर्ती श्रेष्ठ परम्परा से प्रभाव ग्रहण करने से साहित्य में औदात्य और गरिमा की सृष्टि होती है। उदाहरण के लिए निराला हिन्दी में ग़ज़ल का प्रयोग करना चाहते हैं, वे उर्दू साहित्य की अच्छी-अच्छी ग़ज़लों को टटोलते हैं। उन्हें बिस्मिल की वह ग़ज़ल पसन्द है, जिसे गाते-गाते बिस्मिल फाँसी पर झूल गये थे। यूँ भी यह ग़ज़ल बीसवीं सदी की श्रेष्ठ ग़ज़लों में से एक है :

'सर फ़रोशी की तमन्ना अब हमारे दिल में है।
देखना है ज़ोर कितना बाज़ुए क़ातिल में है।'

निराला बिस्मिल की इस ग़ज़ल की ज़मीन पर अपनी ग़ज़ल खड़ी करते हैं। यानी

निराला की ग़ज़ल को देशभक्ति और आज़ादी के लिए मर मिटने वाली क्रान्तिकारी चेतना के औदात्य का आधार मिल जाता है। यह आधार एक महान सांस्कृतिक आधार है। निराला बिस्मिल की देशभक्ति, उनके त्याग और अमर बलिदान तथा उनकी ग़ज़ल के प्रभाव से अभिभूत हैं। किन्तु वे उस भाव की पुनरावृत्ति नहीं करते। निराला की मौलिकता इस तथ्य में निहित है कि राष्ट्रीय चेतना से प्रभावित होते हुए भी सामाजिक विकास के इस अन्तर्विरोध को देख रहे हैं जिसमें एक वर्ग तो आज़ादी के लिए मर-मिट गया और दूसरा वर्ग इस आज़ादी की उपलब्धियों को अपनी पूँजी और मुनाफ़े के रूप में भुनाता चला गया। परिस्थितियों की यह विडम्बनापूर्ण परिणति बिस्मिल के सामने नहीं थी। वह बीसवीं सदी में भारत के सामाजिक विकास का पहला और प्रारम्भिक चरण था। लेकिन निराला उसके बाद विकास के कई दौर देख चुके हैं। 1942 तक आते-आते स्थितियाँ स्पष्ट से स्पष्टतर होने लगी हैं। अतः बिस्मिल की उक्त ग़ज़ल की ही ज़मीन पर हिन्दी की ग़ज़ल लिखते हुए निराला कहते हैं :

> 'भेद कुल खुल जाय वह सूरत हमारे दिल में है।
> देश को मिल जाय जो पूँजी तुम्हारी मिल में है।'
> ('बेला', गीत सं. 59)

निराला हमारे युग के श्रेष्ठ मौलिक रचनाकार थे। खड़ी बोली में मुक्त छन्द, शक्ति छन्द जैसे छन्दों के वे प्रवर्तक थे। 'राम की शक्तिपूजा' का शक्ति छन्द बिल्कुल नयी किस्म का प्रयोग है। इससे पूर्व हिन्दी में इस छन्द में ऐसी कविता कभी नहीं लिखी गयी थी। काव्यरूप की भी दृष्टि से 'राम की शक्तिपूजा' हिन्दी में नये ढंग की पहली लम्बी कविता है जो पुराने ढंग के प्रबन्ध-काव्यों से पृथक एक आधुनिक प्रबन्ध-कविता है। 'बादलराग' जैसे युक्तिगीत अथवा मुक्तगीत हिन्दी में पहली बार निराला ने लिखे। इसके साथ-साथ नये-पुराने छन्दों की बन्दिशों के निबाह वाली संगीतबद्ध, लय और ताल द्वारा अनुशासित गीतिरचना निराला की अपनी विशेषता है।

शास्त्रीय संगीत पर आधारित गीत 'प्रसाद' ने भी लिखे थे, लेकिन निराला की गीतिरचना अपना एक अलग रंग लिए है। इनमें एक विशेष प्रकार का औदात्य और अर्थगौरव मिलता है। उदाहरण के लिए 'गीतिका' के गीतों को अन्य सभी छायावादी कवियों के गीतों से अलग पहचाना जा सकता है। निराला के अन्तिम चरण के गीतों की शैली भी बिल्कुल अलग किस्म की है। इनमें सन्तों की-सी सुधक्कड़ी ढंग की जनवादी सहज भाषा है जो खड़ी बोली के गीति-काव्य की एक अमर उपलब्धि है। 'बादलराग', 'तोड़ती पत्थर', 'भिक्षुक' और 'विधवा' जैसी कविताएँ अपने रूपविधान की दृष्टि से नितान्त मौलिक हैं। इनमें पदप्रवाह,

छन्दगति, छन्दभंगिमा का सौन्दर्य मुक्त और अपने ढंग का है। 'तुलसीदास' शीर्षक कविता द्वारा निराला फ़ॉर्म और कंटेंट की दृष्टि से पुरानी प्रबन्धकाव्य-परिपाटी को तोड़ एक नये ढंग की प्रबन्धकाव्य-परिपाटी का प्रवर्तन करते हैं।

काव्य के क्षेत्र में ही नहीं कथासाहित्य के क्षेत्र में भी निराला ने कई मौलिक प्रयोग किये। 'कुल्लीभाट' हिन्दी में पहला नये ढंग का यथार्थवादी उपन्यास है। 'बिल्लेसुर बकरिहा' अपनी किस्म की पहली यथार्थवादी लम्बी कहानी है। 'चतुरी चमार', 'बिल्लेसुर' और 'कुल्ली' हिन्दी में नितान्त मौलिक, अपने ढंग के यथार्थवादी कथा-चरित्र हैं। फ़ॉर्म और कंटेंट दोनों की दृष्टि से निराला ने मौलिक प्रयोग किये हैं। यदि 'बिल्लेसुर बकरिहा' लम्बी कहानी के रूप में एक मौलिक प्रयोग है तो 'राजा साहब को ठेंगा दिखाया' छोटी कहानी के रूप में एक मौलिक प्रयोग है। निराला हिन्दी काव्य और कथासाहित्य में नये (समाजवादी) यथार्थवाद के प्रवर्तक हैं।

विचारक की दृष्टि से भी निराला भारतीय मुक्ति संग्राम के एक मौलिक विचारणा वाले बुद्धिजीवी हैं। दयानन्द, विवेकानन्द, रवीन्द्रनाथ, गाँधी, नेहरू और कई कम्युनिस्ट तथा समाजवादी विचारकों से वे प्रभावित होते हैं, लेकिन प्रत्येक प्रभाव को वे मौलिक रूप में ही ग्रहण करते हैं। इन सभी विचारकों से वे कई विषयों पर सहमत नहीं होते और गहरे मतभेद रखते हैं। ईश्वर, धर्म, राजनीति, साहित्य आदि विषयों पर भी वे अपने मौलिक विचार रखते हैं। उदाहरण के लिए :

> ईश्वर की बातचीत खाते-पीते हुए सुखी लोगों का प्रलाप है। ('अलका', पृ. 99)
>
> मैं जरा नास्तिक हूँ। (वही, पृ. 134)
>
> कुल्ली की आग जल उठी। सच्चा मनुष्य निकल आया, जिससे बड़ा मनुष्य नहीं होता। प्रसिद्धि मनुष्य नहीं। यहीं मनुष्य बड़े-बड़े प्रसिद्ध मनुष्यों को भी नहीं मानता। सर्वशक्तिमान ईश्वर की भी मुखालिफत के लिए सिर उठाता है, उठाया है। ('कुल्लीभाट', पृ. 75)

ऋषि दयानन्द की सामाजिक भूमिका को मान्यता देते हैं लेकिन बहुत-सी बातों को स्वीकार नहीं करते : '...आजकल आग में घी फूँकना बेवकूफी है, जब घी खाने को नहीं मिलता...वह घी और यव गरीबों के पेट के अग्निकुंड में जलकर उनकी नसों, रक्त तथा जीवनीशक्ति संचित करके ही यज्ञ की सर्वोच्च व्याख्या में सार्थक होगा।' इसी प्रकार, एकनिष्ठता को महत्त्व देते हैं ('रहे तुम्हारी एक सगाई, इसीलिए कुल ताप सहे थे') लेकिन जुल्म सहते रहने वाले पातिव्रत्य की भर्त्सना करते हैं : 'अलका बिल्कुल न समझ सकी कि यह कौन-सा पत्नीधर्म हो सकता है...' ('अलका', पृ. 75)

आदर्शवादी दृष्टि का मखौल उड़ाते हैं लेकिन उच्चादर्शों के कायल हैं : 'यदि आदर्शवादी कला को पेट से बच्चा निकालने का कौशल हासिल होता, तो हिन्दी के नाटक-उपन्यास-सम्राट ऐसे समय जरूर प्रदर्शन करते।' (वही, पृ. 76) लेकिन जब अलका उपन्यास में ही डिप्टी कमिश्नर प्रभाकर से कहता है : 'अभी कई सदियाँ हमें दूसरे देश वालों के मुकाबले सर उठाने में लग जायेंगी। तब तक न आप रहेंगे, न हम। अगर कुछ भी सुख देश की स्वतन्त्रता का न भोग पाये, तो हाथ-पैर मारना वाहियात ही तो हुआ।' (वही, पृ. 112) तो इसका प्रभाकर जो उत्तर देता है वह निराला की आदर्श-प्रतिबद्धता का ही परिचायक है। लेकिन यह तर्कपटुता और प्रतिबद्धता भी निराला की अपने ढंग की मौलिक चिन्तनपद्धति का संकेत दे जाती है : 'भोग कोई भी करे, हमें कार्य करना चाहिए। सुख और पूरी स्वतन्त्रता वाला सुख हमें अवश्य प्राप्त होगा। ऐसा मनोवैज्ञानिक नियम है। जब विशद भावों की राशि पीछे से धकेलती है, तब स्वच्छ तोय-तरंगों की गति में भी मुक्ति का आनन्द है, चाहे वह समुद्र में न भी मिले या उसके कुछ सीकर ग्रीष्म से तपकर शून्य में लीन हो जायें।' (वही, पृ. 112)

चिन्तन पद्धति ही नहीं, निराला की अभिव्यक्ति पद्धति भी नितान्त मौलिक है। 'नारियल की तरह प्रसन्न', 'अज्ञात यौवन युवक की तरह कुल्ली को देखने लगा', 'अभिमन्यु जैसे हो सकोगे तुम', 'क्रूर काल ताडण्व की स्मृति रेखा-सी', 'रेत ज्यों तन रह गया है' जैसी उपमाएँ नितान्त मौलिक ढंग की हैं। उनकी कथनभंगिमा का सौन्दर्य नितान्त निजी और मौलिक ढंग का होता है : 'ऐसा कोई नेता नहीं, जिसके पीछे, पूँछ में, नाम की बला गोबर की तरह न लगी हो।' (वही, पृ. 113)

'यह अपने भाव की वह सूखी लकड़ी है जो दूसरी तरफ झुक नहीं सकते या झुकाने पर टूट जायेंगे।' (वही, पृ. 113) (ब्यूरोक्रैटों के बारे में)

जब वे जीवन और प्रकृति के सौन्दर्य को व्यक्त करते हैं तो उनकी भाषा अत्यन्त मौलिक और सर्जनात्मक होती है : 'फूल कितना कोमल होता है पर वह काठ की काया के भीतर से निकलता है, कितना अँधेरा पार कर वह प्रकाश के लोक में क्षण भर को हँसकर मुक्त होने के लिए आता है।' (वही, पृ. 112)

पक्षियों के नाम गिनायेंगे तो ऐसे-ऐसे जो एक साथ कभी किसी ने न गिनाये हों : 'बागों से चिड़ियों की महक सुनाई पड़ती हुई। गलारें, तोते, बुलबुलें, पिड़कियाँ, रुकमिनें, सतभैये, कौवे, पपीहे और कोयलें अपनी-अपनी डाल से अपनी-अपनी बोली सुनाती हुई...' ('काले कारनामे', पृ. 38)

'कूपमंडूकता' की भी अर्थवत्ता के बारे में इतने मौलिक ढंग से कभी शायद ही किसी ने विचार किया हो : 'आब और हवा हर वक्त नये हैं, यहाँ तक कि कूपमंडूक को भी कुएँ के अतल सोते से नया ही नया जल मिलता जाता है।' ('प्रबन्ध पद्म', पृ. 126)

इसमें सन्देह नहीं कि निराला एकमात्र ऐसे आधुनिक साहित्यकार हैं जिन्होंने अपनी जातीय और विश्वजनीन परम्पराओं से सर्वाधिक प्रभाव ग्रहण किये। देश-विदेश की विरासत से उन्होंने बहुत कुछ सीखा। इसके साथ-साथ प्रत्येक प्रभाव को मौलिक और सर्जनात्मक ढंग से ग्रहण किया और उसे युग की आवश्यकता के अनुसार एक नयी विषयवस्तु के रूप में मौलिक और सर्जनात्मक ढंग से अभिव्यक्त भी किया। उन्होंने अपने अध्ययन को व्यवहार से और व्यवहार को अध्ययन से निरन्तर पुष्ट किया; उसे चिन्तन, मनन, अनुभावन द्वारा मौलिक और रचनात्मक स्वरूप प्रदान किया। निराला ने अपनी इस विशेषता का प्रकारान्तर से स्वयं भी विश्लेषण किया है। 'रचना सौष्ठव' निबन्ध में वे कहते हैं : 'वर्णन में कुशलता प्राप्त करने के लिए अधिकाधिक अध्ययन और चिन्तन आवश्यक है। अध्ययन द्वारा विषय प्रवेश होता है, और चिन्तन द्वारा मौलिक उत्पत्ति और रचना शक्ति का विकास।' ('प्रबन्ध प्रतिमा', पृ. 83)

श्रेष्ठ साहित्य के प्रभाव के बिना साहित्य में औदात्य नहीं आता लेकिन मौलिकता के बिना यह प्रभाव कोरी नकल का नमूना बन जाता है। निराला का काव्य दोनों तरह के अतिवादों से मुक्त है।

निराला की सौन्दर्यदृष्टि

निराला की सौन्दर्यदृष्टि दृश्य जगत के छोटे से छोटे बिम्बों से लेकर बड़े से बड़े दृश्यों तक फैली हुई है। उनके साहित्य में अणु और ब्रह्माण्ड दोनों का सौन्दर्य है। 'जूही की कली' शीर्षक कविता ओस के बिन्दुओं, कली की पंखड़ियों जैसे प्रकृति के लघु उपकरणों से लेकर गहन गिरि कानन जैसे विराट दृश्यों को समेटती हुई कवि-दृष्टि के प्रसार का परिचय देती है। इसी प्रकार 'राम की शक्तिपूजा' में 'कोद्दण्ड मुष्टि' से लेकर शक्ति की 'भीमा मूर्ति' दिखाई देती है जो समस्त नभ को आवृत्त किये हुए है। 'बादलराग' में 'छोटे पौधे लघु भार' और 'गगन स्पर्शी स्पर्धा धीर' वृक्षों का उल्लेख है। यह दृष्टि पल्लव में छिपे जल को देख लेती है और उपवन के कलरव को भी सुन लेती है (पल्लव में जल, सुरभि सुमन में/फल में दल कलरव उपवन में)। व्यक्ति से लेकर समाज तक, बूँद से लेकर समुद्र तक, जर्रे से लेकर पहाड़ तक, नयन से लेकर आकाश तक और अणु से लेकर भूमा तक को एक ही झलक में नाप लेने वाली यह सौन्दर्यदृष्टि निराला की कला में उस गुण की सृष्टि करती है जिसे औदात्य कहा जाता है।

इस सौन्दर्यदृष्टि की दूसरी विशेषता यह है कि सृष्टि के सुन्दर-असुन्दर, चारु-भदेस, आकर्षक-विकर्षक, दिव्य-आसुरी तथा रमणीय-बीभत्स दोनों पक्षों का बालसुलभ उत्सुकता के साथ अवलोकन करती है। 'कवि अंचल' शीर्षक निबन्ध में एक स्थान पर जीवन के उभयपक्षी यथार्थ के अवलोकन और चित्रण की वकालत करते हुए निराला कहते हैं : 'बीभत्स सौन्दर्य की दूसरी तरफ है।' ('चयन', पृ. 55) 'निरुपमा' उपन्यास के यामिनी बाबू को खूबसूरत उँगलियाँ चम्पे की फूल की पंखड़ियों जैसी लगती हैं पर निरू को बड़े चमगादड़ के पंजे जैसी। ('निरुपमा', पृ. 20) इस सौन्दर्यदृष्टि की तीसरी विशेषता यह है कि वह कोमलता और कठोरता---दोनों के प्रति सम्यक भाव अपनाती है।

कहने का आशय यह है कि यह दृष्टि पदार्थ और चेतना के द्वंद्वात्मक रूपों पर आकर्षित होती है। वह एकपक्षीय नहीं है। अतः किसी भी तरह के अतिवादी आग्रह से अभिभूत नहीं होती। यह द्वन्द्वात्मक पक्षों के अन्तःसम्बन्धों को पहचानती

है। लेकिन यही विशेषता उसकी शक्ति भी है और सीमा भी। क्योंकि यह दृष्टि द्वन्द्वात्मक होते हुए भी भावात्मक है। विवेकानन्द की दृष्टि की ही तरह वह द्वन्द्वात्मक अद्वैतवाद के निकट है लेकिन द्वन्द्वात्मक भौतिकवाद के प्रति भी वह नकारात्मक रवैया नहीं अपनाती।

यही कारण है कि वह कला के एक रूप या एक पक्ष तक सीमित नहीं है। निराला मात्र 'ओज' गुण के कवि नहीं हैं। 'माधुर्य' और 'प्रसाद' गुण के भी वे उतने ही सिद्धहस्त कवि हैं। शैली के विविध स्वरूपों के प्रयोग में वे रुचि रखते हैं। कुछ लोग उन्हें मात्र अनुप्रासों का कवि कहते हैं। ऐसा कहना सरासर अनुचित है। वे अनेकानेक अलंकारों के कवि हैं। शब्दालंकारों के भी, अर्थालंकारों के भी और उभयालंकारों के भी। इसी प्रकार वे सभी तरह की रीतियों के कवि हैं, गौड़ी हो या वैदर्भी। निराला ने अपने समय तक की सभी काव्यशास्त्रीय कसौटियों पर अपनी काव्यसाधना की आज़माइश की है। कुछ लोग उन्हें मात्र मुक्तछन्द का कवि कहते हैं। यह भी अनुचित है। छन्दों की जो बन्दिशें उन्होंने बाँधी हैं, कोई क्या बाँधेगा! निराला छन्दहीन कविता और छन्दोबद्ध कविता दोनों के कवि हैं। इसी प्रकार वे संगीतमुक्त कविता और संगीतबद्ध कविता दोनों के समर्थ रचनाकार हैं। भाषा की दृष्टि से भी निराला क्लिष्टतम और सरलतम दोनों तरह की भाषा के इस्तेमाल में आश्चर्यजनक सफलता का परिचय देते हैं। असल में आश्चर्य की इसमें कोई बात ही नहीं है क्योंकि निराला अपने सामने यही लक्ष्य रखकर साहित्यसाधना करते हैं। उनका यह लक्ष्य उनकी द्वन्द्वात्मक भाववादी दृष्टि ही निर्धारित करती है जो पदार्थ और चेतना के द्वन्द्वात्मक रूपों में सम्यक सौन्दर्य का अवलोकन करती है। जर्मन दार्शनिक हेगेल की सौन्दर्यदृष्टि से यह बहुत ज़्यादा दूर नहीं है। इसलिए निराला कूट भाषा ('वर्तमान धन' और 'तुलसीदास') से लेकर सहज भाषा ('बेला' की ग़ज़लें और कविताएँ) तक सभी रूपों में एक सिद्धहस्त रचनाकार का परिचय देते हैं। इस सन्दर्भ में 'मेरे गीत और कला' शीर्षक निबन्ध में उन्होंने इस प्रकार अपने विचार व्यक्त किये हैं : 'कला केवल वर्ण, शब्द, छन्द, अनुप्रास, रस या अलंकार या ध्वनि की सुन्दरता नहीं, किन्तु इस सभी से सम्बद्ध सौन्दर्य की पूर्ण सीमा है।' ('प्रबन्ध प्रतिमा', पृ. 201)

निराला की सौन्दर्यदृष्टि भाववादी और द्वन्द्वात्मक तो है ही, साथ ही वह खंडता की तुलना में समग्रता को प्राथमिकता देती है। वह एक सम्पूर्ण, द्वन्द्वात्मक सामंजस्यवादी दृष्टि है जो शुक्ल जी के 'विरुद्धों के सामंजस्य' से बहुत कुछ मिलती-जुलती है। लेकिन निराला की सौन्दर्यदृष्टि की यह प्रारम्भिक अवस्था है। सरोज की मृत्यु तक वह सौन्दर्यदृष्टि विरुद्धों में सामंजस्य स्थापित करने की सफल और असफल कोशिशों में लगी रहती है। सरोज की मृत्यु के बाद निराला का मोहभंग होता है। अभिजात सौन्दर्य अभिरुचियों के शिखर से वे नये युग के

नये सौन्दर्य की ज़मीन पर उतरते हैं। उन्हें पहली बार निर्णायक रूप से यह अहसास होने लगता है कि विरुद्धों में सामंजस्य स्थापित करना कभी-कभी असम्भव भी हो सकता है। कुछ विरोधी पक्ष ऐसे हैं जिनमें टकराव होना अनिवार्य है। इस अहसास का कारण, मात्र सरोज की मृत्यु नहीं है। निराला ने तब तक परिस्थितियों की जो मारें झेली हैं, सबका अपना-अपना योगदान है। लेकिन कन्या सरोज की मृत्यु उन मारों में आखिरी और सबसे कड़ी मार है। निराला के अद्वैतवादी संस्कार हिल जाते हैं। 'राम की शक्तिपूजा' और 'तुलसीदास' का रचनाकाल अभिजात सौन्दर्य के शिखर पर चढ़ते रहने की प्रक्रिया है।

लेकिन, उनके अन्तर्जगत में 'विरुद्धों के टकराव' की प्रक्रिया शुरू हो चुकी है। 'कुकुरमुत्ता' और 'बिल्लेसुर बकरिहा' के रचनाकाल के दौरान वे यथार्थवादी सौन्दर्य की ज़मीन पर उतर चुके हैं : 'बिल्लेसुर ने आँखों से आँख मिलाये हुए महावीर जी के मुँह पर वह डंडा दिया कि मिट्टी का मुँह गिली की तरह टूट कर बीघे भर के फासले पर जा गिरा।' ('निराला ग्रन्थावली', खण्ड 1, पृ. 191) क्या कोई सोच सकता था कि 'राम की शक्तिपूजा' के महावीर की मूर्ति के साथ दुखीमना बिल्लेसुर ऐसा व्यवहार करेंगे। निराला की सौन्दर्यदृष्टि में यह प्रसंग एक गुणान्तर का सूचक है। दरअसल कुल्लीभाट के रचनाकाल से ही यह गुणान्तर लक्षित होने लगता है। इससे पूर्व 'सरोजस्मृति' में निराला कविकर्म पर वज्रपात होने का शाप देते हैं। यह अभिजात कवि-कर्म कौशल के ही प्रति उनकी वितृष्णा का द्योतक है। ('इस पथ पर, मेरे कार्य सकल हों भ्रष्ट शीत के से शतदल!') यह पथ आभिजात्य-सौन्दर्य का था जिसका गन्तव्य विरुद्धों का सामंजस्य था। ये शतदल आभिजात्य-सौन्दर्य के ही सरोवर में खिले थे। यह सांयोगिक नहीं है कि कुल्लीभाट के प्रारम्भ में ही निराला गोर्की का उल्लेख करते हैं। छायावाद रहस्यवाद पर इसी उपन्यास में छींटाकशी करते हैं। ईश्वर की मुखालफत करते हैं और गाँधी जी को 'बनियों का भगवान' कहते हैं। ('कुल्लीभाट', पृ. 81) इस दौरान निराला ईश्वर, सौन्दर्य और विलास के कवि होने के लिए संकुचित होते हैं और उनके बैसवाड़ी खेतिहर संस्कार प्रबल हो उठते हैं : 'मैं ईश्वर, सौन्दर्य, वैभव और विलास का कवि हूँ। फिर क्रान्तिकारी!' (वही, पृ. 70)

'कुल्लीभाट' में ही निराला अछूतों को शिक्षित और संगठित करने के लिए सक्रिय होते दिखाई देते हैं। 'जल्द-जल्द पैर बढ़ाओ...आज अमीरों की हवेली/किसानों की होगी पाठशाला/धोबी, पासी, चमार, तेली/खोलेंगे अँधेरे का ताला...सारी सम्पत्ति देश की हो।' जैसी कविताओं के लिए जो ज़मीन तैयार होती है, वह कुल्लीभाट की शूद्र-पाठशाला के आँगन की मिट्टी से ही बनी है।

निराला की सौन्दर्यदृष्टि की द्वन्द्वात्मकता के कई पहलू हैं। एक यह कि वह विकासशील और गुणान्तरित होती हुई जीवनदृष्टि का ही कलात्मक अनुप्रयोग

(एप्लीकेशन) है। दूसरे यह कि वह मनुष्य के जातीय जीवन और सार्वभौमिक जीवन (लोकल एण्ड यूनिवर्सल) दोनों को आत्मसात् करती है। इस दृष्टि का एक छोर बैसवाड़े के ग्रामीण अंचल से बँधा है तो दूसरा देश-देशान्तर का सन्तरण करता हुआ समस्त विश्व चिन्ता से आच्छादित है। यह दृष्टि व्यक्ति के दुखदर्द से लेकर अखिल मानव-समाज के दुखदर्दों से जुड़ी है।

निराला की जीवनदृष्टि ही साहित्य में कलात्मक सुन्दरता के साथ अभिव्यक्त होकर उनकी सौन्दर्यदृष्टि का स्वरूप ग्रहण करती है। निराला जीवन के किसी विचार और अनुभव को तब तक रचना में अभिव्यक्त नहीं करते जब तक वह विचार और अनुभव उनकी जीवनानुभूति का एक अंग न बन जाए। जीवन या प्रकृति सम्बन्धी विचार, अनुभव या आब्ज़र्वेशन को सर्वप्रथम वे अपनी जीवनानुभूति का अंग बनाते हैं और इस प्रकार उसे अपने रंग में रंगकर सामाजिक विचारधारात्मक बोध से पुष्ट और सुसंगत बनाते हुए अभिव्यक्ति-साधना द्वारा तराश-तराश कर एक ऐसे पारदर्शी क्रिस्टल का रूप दे देते हैं। जिसमें फ़ॉर्म और कंटेंट को एक-दूसरे से अलगाना लगभग असम्भव हो जाता है। मुक्तिबोध के शब्दों में इसी बात को यूँ कहा जा सकता है कि निराला बाह्य जगत का आभ्यन्तरीकरण करते हैं और साथ-साथ इसी प्रक्रिया में अपने अभ्यन्तर (अन्तर्जगत) का समाजीकरण करते हैं। इस द्वन्द्वात्मक रचना-प्रक्रिया के ही फलस्वरूप उनकी रचना जहाँ एक ओर बहिर्जगत के सौन्दर्य की पुनर्रचना करती है, वहाँ निराला की निजी अनुभूतियों और जीवन-दृष्टि को और अधिक समाजीकृत कर देती है। इस प्रकार रचनाकार से रचना को और रचना से रचनाकार को अधिकाधिक व्यापकतर होते रहने का लाभ मिलता रहता है। इस तरह रचना रचनाकार के अभ्यन्तर से मुक्ति पाती है (लिबरेट हो जाती है) और रचनाकार को भी निरन्तर मुक्त (लिबरेटेड) होते रहने का सुख मिलता है।

जिस तरह शीशे में जड़ी तस्वीर और उसका फ्रेम दीवार पर सजकर एकाकार हो जाते हैं और यह अन्तर करना मुश्किल हो जाता है कि शीशा नज़र आ रहा है या तस्वीर, उसी प्रकार निराला की कविता में कथ्य और शिल्प, कंटेंट और फ़ॉर्म दोनों एकाकार हो जाते हैं। निराला की अधिकांश रचनाएँ फ़ॉर्म और कंटेंट का ऐसा ही पारदर्शी कला संसार है। 'परिमल', 'अनामिका' और 'अर्चना' के बहुत से गीत इसके उदाहरण हैं। अर्नेस्ट फ़िशर का पारदर्शी क्रिस्टल सम्बन्धी फ़ॉर्म और कंटेंट की एकता का सिद्धान्त यहाँ लगभग चरितार्थ हो जाता है।

'मेरे गीत और कला' शीर्षक निबन्ध का हवाला देते हुए यदि निराला के शब्दों में ही निराला की सौन्दर्यदृष्टि का मूल्यांकन करना चाहें तो कह सकते हैं कि उनके साहित्य में वज्र की गरज के साथ बिजली कौंधती है लेकिन इसमें यह भी जोड़ने की ज़रूरत है कि निराला की सौन्दर्यदृष्टि सिर्फ गरजती ही नहीं है, वह

बरसती भी है। उसमें वज्र की गरज-सा ओज है और फूल की ओस-सी करुणा है। 'बादलराग' आधुनिक समाज के युगान्तर की कथा तो कहता ही है वह साहित्य के क्षेत्र में रचनात्मक सौन्दर्यदृष्टि के युगान्तर की ओर भी संकेत करता है, उस युगान्तर की ओर, जिसे बादलराग जैसे मुक्तगीतों के प्रवर्तन द्वारा निराला स्वयं ला रहे हैं। 'प्रबन्ध प्रतिमा' में संकलित 'मेरे गीत और कला' शीर्षक निबन्ध में निराला कहते भी हैं : 'यह युगान्तर साहित्यिक, राजनीतिक, धार्मिक, सामाजिक जिस तरफ भी चाहे, फेर सकते हैं।'

निराला की सौन्दर्यदृष्टि प्रारम्भ से ही सामाजिक और अपने विकसित रूप में समाजवादी भी है। हिन्दी कविता की ज़मीन पर सर्वहारा सम्बन्धी अभिरुचियों के बीज सर्वप्रथम निराला ने बिखेरे हैं। पत्थर तोड़ने वाली मज़दूर औरत को वे खड़ी बोली की कविता में पहली बार काव्य नायिका के रूप में प्रतिष्ठित करते हैं। 'बादलराग' के द्वारा वे शोषित किसान की नियति को बदल देने के लिए कृत-संकल्प विप्लवी और क्रान्तिकारी युवक की छवि को एक काव्यनायक के रूप में उभारते हैं। निरुपमा उपन्यास की नायिका कहती है : 'प्राणों की मैत्री के लिए समाज की आवश्यकता है; वैषम्य की सृष्टि करे, इसके लिए नहीं।' (निरुपमा', पृ. 96) इसी उपन्यास का नायक एक स्थान पर कहता है : 'हाँ, आकाश और पृथ्वी दोनों का पेट भरा हुआ है, इसीलिए हँस रहे हैं।' (वही, पृ. 101) इस सौन्दर्यदृष्टि में दलित, पीड़ित और भूखी जनता के लिए सक्रिय सहानुभूति है, सामाजिक करुणा है जो आततायी वर्ग के विरुद्ध, आक्रोश को ज़न्म देती है। उत्पीड़ित जन समुदाय को वह अपने हृदय के अमृत द्वारा सींच देना चाहती है : 'ठहरो मेरे हृदय में है अमृत, मैं सींच दूँगा/अभिमन्यु जैसे हो सकोगे तुम/तुम्हारे दुख मैं अपने हृदय में खींच लूँगा।'

यह सौन्दर्यदृष्टि मार खाकर भी रोती नहीं है और तरुमालिकाओं से आच्छादित अट्टालिकाओं पर प्रहार करती है ('तोड़ती पत्थर')। ऐसी दृष्टि जो दैन्य और दीन भावों को प्रश्रय नहीं देती ('जो नहीं जानता दैन्य, नहीं जानता विनय'--राम की शक्तिपूजा)। शुरू के कुछ वर्षों में यह सौन्दर्यदृष्टि 'फाके मस्ती' में भी परियों के ख़्वाब देखती है जैसा कि 'देवी' कहानी के प्रारम्भ में निराला ने स्वयं स्वीकार किया है। साहित्य द्वारा नरक को स्वर्ग बनाकर देखती है। लेकिन 'देवी' कहानी के रचनाकाल तक आते-आते वह यथार्थ के आर-पार देखने की अभ्यस्त हो चुकी है। 'सफलता' कहानी के नायक नरेन्द्र की तरह निराला 'रात के शुभादर्श स्वप्न से जगकर दिन के प्रकाश को देखते हैं, जहाँ कोई रहस्यवाद नहीं है, सब कुछ खुला हुआ है, सभी कुछ स्पष्ट हो रहा है।'

किन्तु सामाजिकता से समाजवाद तक की यात्रा करने के बावजूद यह सौन्दर्यदृष्टि भाववाद की सीमाओं का अतिक्रमण नहीं कर पाती। साथ ही वह

अध्यात्म से पूरी तरह अपना पिंड छुड़ाने में समर्थ नहीं होती। तथापि वह प्रगतिशील सौन्दर्यदृष्टि है क्योंकि नये और पुराने मूल्यों, प्रतिमानों और मानदण्डों के टकराव में वह नये की पक्षधर है। मृत परम्पराओं, रूढ़ियों, अन्धविश्वासों, विधिनिषेधों और सेंसरों का वह खुलकर विरोध करती है और नयी जीवन-व्यवस्थाओं, नये दार्शनिक सत्यों के प्रति सकारात्मक रवैया अपनाती है। 'कुल्लीभाट' में निराला कहते हैं : 'नये लड़ने वालों से पुराने बराबर हारे हैं।' (कुल्लीभाट', पृ. 63) लेकिन परम्परा के जीवन्त स्वरूपों और पुराने स्वस्थ एवं मानवीय मूल्यों को भी वह उचित स्थान देती है। आस्तिक होते हुए भी वह एक विद्रोही शंकितचित्त दृष्टि है। पाखण्ड, थोथे कर्मकाण्ड, धूर्त्त और दोगले आचरण के प्रति वह शत्रुता की निगाह रखती है। ('ये कान्यकुब्ज-कुल कुलांगार, खाकर पत्तल में करें छेद'--सरोजस्मृति) भाववादी किन्तु द्वन्द्वात्मक है। भौतिकवाद और द्वन्द्वात्मक भौतिकवाद के प्रति नकारात्मक रवैया नहीं अपनाती। यथार्थवादी भी है लेकिन पूर्णतया वैज्ञानिक नहीं है। पूर्णरूपेण अद्वैतवादी भी नहीं है। वेदान्त के अद्वैतवाद से वह प्रभावित है लेकिन अभिभूत नहीं है। किसी भी तरह के दुराग्रह और अतिवाद से मुक्त वह सहज और प्रगतिशील मानवीय दृष्टि है। निराला द्वन्द्वात्मक भाववाद और द्वन्द्वात्मक भौतिकवाद की देहरी पर इस तरह (विचार-मग्न मुद्रा में) खड़े दिखाई देते हैं कि उनका एक कदम भाववाद की देहरी लाँघकर द्वन्द्वात्मक भौतिकवाद के आँगन में दाखिल हो चुका है लेकिन दूसरा कदम भाववादी चिन्तन की गुहा के भीतर है लेकिन वे गुहा की ओर पीछे नहीं देख रहे, वे आगे की ओर ही देख रहे हैं, बाहर आँगन की ओर! यह सौन्दर्यदृष्टि कुछ ऐसी ही है।

'साहित्य का फूल अपने ही वृंत पर' शीर्षक निबन्ध में निराला अपनी ही इस दृष्टि का जैसे परिचय देते हुए कहते हैं : 'नये कोंपल, नये फूल, नयी शरत, नयी आँखें, नयी शशि-स्निग्ध दृष्टि और नयी रोशनी अपने समय के नकाब के भीतर से अचंचल देखती हुई...नित्य नवीन, चापल्य तल्प, प्रसंग काम्य।' ('प्रबन्ध पद्म', पृ. 124)

संक्षेप में कहा जा सकता है कि निराला की सौन्दर्यदृष्टि द्वन्द्वात्मक, गत्यात्मक, विकासशील, नित्य नवोन्मेषशालिनी, उदार, मानवीय, सामाजिक, समाजवादी किन्तु भाववाद और ऐतिहासिक भौतिकवाद के बीच अन्तर्द्वन्द्वग्रस्त कलादृष्टि है। विवेकानन्द के 'भौतिक अद्वैतवाद' (हंसराज रहबर, 'योद्धा संन्यासी विवेकानन्द', दिल्ली, 1997, पृ. 178-211) की अपेक्षा वह अधिक विकसित और अधिक आधुनिक है। जात-पाँत सम्बन्धी संकीर्ण और साम्प्रदायिक दृष्टियों की विरोधी है और शोषणमुक्त तथा धर्मनिरपेक्ष समाज का स्वप्न देखती है, ऐसे समाज का जिसमें आर्थिक वैषम्य न हो। पूर्णतया वैज्ञानिक यथार्थवाद से ज़रा पीछे लेकिन यथातथ्यवाद या आलोचनात्मक यथार्थवाद (क्रिटिकल रियलिज़्म) से आगे बढ़ी हुई : 'अभी हमारा

समाज इतना पीछे है कि उसी में रहकर, उसी के अनुकूल चित्र खींचते रहने से हम आगे नहीं बढ़ सकते।' ('प्रबन्ध प्रतिमा', पृ. 84) स्पष्टतः ही वह यथातथ्यवाद और फ़ोटोग्राफ़िक यथार्थवाद की सीमाओं का अतिक्रमण करती है।

(शैली सम्बन्धी द्वन्द्वात्मकता और विरुद्धों के सौन्दर्य की दृष्टि से चंचल चौहान ने 'जनवादी समीक्षा' शीर्षक अपनी पुस्तक में निराला की लम्बी कविता 'राम की शक्तिपूजा' की समीक्षा की है, जो कुछ सीमाओं के होते हुए भी जनवादी व्यावहारिक समीक्षा की एक ताज़ा मिसाल है।)

निराला की भाषा

निराला की भाषा के बारे में कुछ कहने से पूर्व यह जानना अपेक्षित होगा कि निराला के भाषा सम्बन्धी विचार क्या हैं। 'भाषा विज्ञान' सम्बन्धी निबन्ध में निराला कहते हैं : 'रचना युद्ध कौशल है और भाषा तदनुरूप अस्त्र।' ('प्रबन्ध प्रतिमा', पृ. 86) 'राम की शक्तिपूजा' में एक युद्ध कौशल दिखाई देता है और भाषा के तदनुरूप अस्त्र की टंकार सुनाई पड़ती है :

'प्रतिपल परिवर्तित व्यूह—भेद कौशल समूह
राक्षस विरुद्ध प्रत्यूह—क्रुद्ध कपि विषम हूह
विच्छरित-वह्नि—राजीव नयन-हत-लक्ष्य-बाण
लोहित-लोचन—रावण-मदमोचन-महीयान',

निराला इस कविता में 'पारंगत वीर' और 'सिद्ध साहित्यिक' की तरह भाषा का यथासमय समुचित प्रयोग करते हैं। इसी कविता में राम और सीता के प्रथम मिलन की स्मृतियों का उल्लेख करते समय भाषा भी उसी भाव के अनुसार झंकृत होने लगती है। यहाँ टंकार के स्थान पर झंकार सुनाई देती है :

'देखते हुए निष्पलक याद आया उपवन
विदेह का,—प्रथम स्नेह का लतान्तराल मिलन
नयनों का—नयनों से गोपन प्रिय सम्भाषण
पलकों का नव पलकों पर प्रथमोत्थान पतन
काँपते हुए किसलय—झरते पराग-समुदय'

और बाद की पंक्ति ऐसी लगती है जैसे स्मृति ही केन्द्रीभूत होकर कौंध गयी हो :

'गाते खग नव-जीवन-परिचय तरु मलयवलय'

अर्थात् 'भावानुरूपिणी भाषा' निराला की पहली विशेषता है। 'साहित्य और भाषा' शीर्षक निबन्ध में निराला कहते है : 'भाषा भावों की अनुगामिनी है...हमारा यह अभिप्राय नहीं कि भाषा मुश्किल लिखी जाये; नहीं उसका प्रवाह भावों के अनुकूल रहना चाहिए...भावानुसारिणी भाषा कुछ मुश्किल होने पर भी समझ में आ जाती है।' ('प्रबन्ध पद्म', पृ. 18-19) बादलराग-2 की इन पंक्तियों पर निराला का यह कथन कितना खरा उतरता है :

'वज्रघोष से ऐ प्रचंड? आतंक जमाने वाले
कम्पित जंगम–नीड़ विहंगम ऐ न व्यथा पाने वाले'
('परिमल', बादलराग-2)

कबीर ने कहा था : 'भाषा बहता नीर'। निराला का कथन है : 'भाषा बहती हुई और प्रकाशनशील होती है।' ('प्रबन्ध प्रतिमा', पृ. 88) निराला जो बात कहते हैं उसे रचना में चरितार्थ करने की कोशिश करते हैं। उनकी भाषा पानी की तरह बहती है; इस भाषा में प्रकाशनशीलता का गुण है :

'बार-बार गर्जन/वर्षण है मूसलधार/हृदय थाम लेता संसार/सुन-सुन घोर
वज्र-हुंकार.../हँसते हैं छोटे पौधे लघु भार।' ('परिमल', बादलराग-6)

निराला की भाषा की तीसरी विशेषता यह है कि यह भाषा सर्जनात्मक और ध्वन्यात्मक है। 'जूही की कली' में 'पत्रांक' से 'पर्यंक' की ध्वनि की ओर निराला ने 'मेरे गीत और कला' शीर्षक निबन्ध में स्वयं संकेत किया था। 'तोड़ती पत्थर' में भी गुरु हथौड़े की चोट पत्थर पर पड़ती है, लेकिन उसका ध्वन्यार्थ हथौड़े की चोट के अट्टालिका पर पड़ने में है। अन्तिम पंक्ति में 'तोड़ती पत्थर' का अर्थ ध्वन्यार्थ द्वारा 'तोड़ती पत्थर हृदय' हो जाता है। इसी प्रकार 'राम की शक्तिपूजा' में आये 'अपराजेय', 'होगी जय', और 'पुरुषोत्तम नवीन' आदि शब्द पूरी राम-कथा में निहित उसकी आधुनिक प्रसंगात्मकता को किस प्रकार ध्वनित करते हैं, इस पर विस्तार से 'मौलिकता और प्रभाव' शीर्षक अध्याय में विचार किया गया है। इसी प्रकार बादलराग-2 के अन्त में आया 'विप्लव' किस प्रकार एक दूसरे ही अर्थ को पूरी कविता में ध्वनित कर देता है, इसका निराला ने एक स्थान पर स्वयं संकेत किया है : 'अन्तिम पंक्ति का 'विप्लव' सारा ठाठ बदल देता है...'विप्लव' शब्द के साथ जो भाव जगता है, वह अन्य शब्दों की लक्षणशक्ति से पूरे वाक्य को दूसरे सार्थक रूप (सेकेंडरी मीनिंग) में बदल देता है; बाद को सारा पद्य पूर्णार्थ व्यंग्य में बदल जाता है।' ('प्रबन्ध प्रतिमा', पृ. 222)

'भय के मायामय आँगन पर
गरजो विप्लव के नव जलधर।'
('परिमल', बादलराग-2)

1936 तक के निराला अर्थात् 'परिमल', 'गीतिका', 'अनामिका' और 'तुलसीदास' के निराला की भाषा 'संस्कृत प्रचुर हिन्दी' है। इसके बाद उनकी भाषा में एक बदलाव आता है। काव्यबोध या साहित्यबोध के बदलाव का भी यही समय है। पूरे साहित्य सम्बन्धी बोध के साथ-साथ निराला का भाषाबोध भी बदलने लगा है। 1937 में 'कुल्लीभाट' की रचना की और 1940 में 'कुकुरमुत्ता' की। अप्सरा, अलका, निरुपमा और प्रभावती जैसे उपन्यासों की भाषा भी संस्कृत प्रचुर हिन्दी ही है क्योंकि ये रचनाएँ 1936 तक या उससे पहले की हैं। 'कुल्लीभाट' से निराला के साहित्यबोध (और भाषाबोध में भी) एक बड़ा परिवर्तन लक्षित होने लगता है। हालाँकि यह परिवर्तन-प्रक्रिया कोई एकदम या आकस्मिक नहीं होती। 'तोड़ती पत्थर', 'भिक्षुक', 'अध्यात्म' और 'बादलराग' जैसी कविताओं और 'अलका' तथा 'निरुपमा' जैसे उपन्यासों में साहित्यबोध और भाषाबोध में हो रही परिवर्तन-प्रक्रिया को लक्षित करने वाले फ्लैशेज मिलते है। (साहित्यबोध में बदलाव की व्यापक प्रक्रिया के एक अंग के ही रूप में भाषाबोध के बदलाव को समझना अपेक्षित होगा क्योंकि भाषाबोध का परिवर्तन अपने आप में कोई स्वतन्त्र प्रक्रिया नहीं थी। इसी तरह साहित्यबोध की बदलाव की व्यापक प्रक्रिया भी रचनाकार के जीवन, पदार्थ, प्रकृति और समाज सम्बन्धी बोध में हो रही व्यापकतर परिवर्तन-प्रक्रिया का ही एक हिस्सा थी।) 'महान' और 'उदात्त' स्वप्नावस्था से जागरूकता और सजगता की ओर अग्रसर होते हुए यथार्थबोध की यह यात्रा कुल्लीभाट तक आते-आते निर्णायक रूप में एक मंजिल तय कर लेती है।

कविता में इस परिवर्तन का सूचक 'कुकुरमुत्ता' है। लेकिन यह शुरुआत है। भाषाबोध का परिवर्तन अपने पुष्ट और प्रौढ़ रूप में 'बेला' और 'नये पत्ते' की ही रचनाओं में लक्षित होता है। निराला की साहित्यसाधना की एक महत्त्वपूर्ण उपलब्धि सही और सहज भाषा की खोज है जो उन्होंने कठिन जीवनसाधना और कठिनतर साहित्यसाधना द्वारा हासिल की है। हिन्दी कविता में आधुनिक काव्य भाषा की शुरुआत 'कुकुरमुत्ता' से होती है :

'बाग के बाहर पड़े थे झोंपड़े
दूर से जो दिख रहे थे अधगड़े।
जगह गन्दी, रुका, सड़ता हुआ पानी
मोरियों में; जिन्दगी की लन्तरानी–'
(कुकुरमुत्ता, पृ. 49)

एक नये भाषाबोध के साथ-साथ एक नया साहित्यबोध भी करवट ले रहा है। 'बेला' की कविताओं में वह करवट ले चुका है, बल्कि उठकर आगे बढ़ने लगा है :

'उगी खेती लहराई, हवा और बदली है
मिले बढ़े चलें, ऐसा विचार लाएँगी'
(बेला, गीत सं. 50)

'नए पत्ते' में वह सर्जनात्मक और ध्वन्यात्मक भी होने लगी है जैसे कि 'दगा की', 'चर्खा चला', 'राजे ने अपनी रखवाली की' और 'देवी सरस्वती' जैसी कविताओं में। 'देवी सरस्वती' तक आते-आते यह सहजभाषा निराला के प्रारम्भिक दौर की संस्कृतप्रचुर भाषा की ही भाँति 'पानी की तरह बहती हुई' और 'प्रकाशन-शील' भी हो गयी है :

'निकले कमल सरों में और करंबुए लहरे
आये खग; ऊँचे-ऊँचे पेड़ों पर ठहरे
खेत निराती हैं बालाएँ लिए खुरपियाँ
गाती बारहमासी सावन और कजलियाँ'
(नये पत्ते, पृ. 68-69)

'अर्चना', 'आराधना', 'गीत गुंज' और 'सान्ध्यकाकली' के गीतों में यह सहजभाषा और भी विकसित, सर्जनात्मक, ध्वन्यात्मक और गेयात्मक होती हुई जनजीवन का आधुनिक क्लासिक्स बन गयी है :

'बाँधो न नाँव इस ठाँव बँधु
पूछेगा सारा गाँव बँधु'
(अर्चना, गति सं. 37)

... ...

'इस पर से विश्वास उठ गया विद्या से जब मैल छुट गया
पक पककर ऐसा फूटा है जैसे सावन का फोड़ा है।'
(आराधना, गीत सं. 73)

... ...

'मारें मूर्च्छित हुईं, निशाने चूक गये हैं
झूल चुकी है खाल, ढाल की तरह तनी थी।'
(सान्ध्यकाकली, अन्तिम कविता)

अथक परिश्रम, विकट संघर्ष तथा साधारण जनता के जीवन के प्रति सक्रिय लगाव और सतत सरोकार के एक फल के रूप में प्राप्त यह सहजभाषा निराला साहित्यसाधना की एक महत्त्वपूर्ण उपलब्धि है। हिन्दी काव्य और गद्यसाहित्य को निराला की यह अपूर्व देन है। समकालीन रचनाकार के लिए निराला की यह सहज और सर्जनात्मक भाषा एक महत्त्वपूर्ण सांस्कृतिक आधार का काम देती है। नागार्जुन, केदारनाथ अग्रवाल, त्रिलोचन, शमशेर, शील, डॉ. रामविलास शर्मा और शिवमंगलसिंह 'सुमन' जैसे कवियों की अधिकांश कविताएँ इसी सहज और सर्जनात्मक भाषा की ज़मीन पर लिखी गयी हैं। इस सम्बन्ध में 'निराला का अवदान' शीर्षक अध्याय में विस्तार से चर्चा की गयी है।

निराला की सहज और सर्जनात्मक भाषा की यह विशेषता है कि सरल, मुहावरेदार और बोलचाल की भाषा होते हुए भी वह बाज़ारू, चीप या सुरुचि-खण्डित नहीं होती। निराला की पहले दौर की (1936 तक की) आभिजात्य सौन्दर्यबोध वाली संस्कृतप्रचुर भाषा की ही तरह यह भाषा भी भावों के अनुसार अपना स्वरूप ढालती है। सन्तकवियों तथा भक्त-कवियों की भाषा की ही तरह इसमें उर्दू, हिन्दी, संस्कृत और स्थानीय बोलियों-उपबोलियों का मिश्रण है। ग्राम्य-जीवन का खुलापन, सन्तों का-सा अक्खड़पन, ऋषियों का-सा औदात्य और जन-जीवन की बोलचाल का प्रवाह, गायकों की-सी मस्ती, पीड़ित और शोषित जनता का दर्द तथा अन्तर्विरोधों को झेलती हुई निराला की अपनी प्रकृति और देश-विदेश के प्रभाव—ये सभी कुछ जैसे निराला की (साहित्य और जीवन सम्बन्धी) साधना की आँच में खिचड़ी की तरह रँध गया है। यह खिचड़ी भाषा ही निराला की विशिष्ट काव्यभाषा है। निराला के अन्तिम उपन्यासों में इसी भाषा का गद्यात्मक स्वरूप मिलता है। इसमें ग्राम्य प्रयोगों की प्रचुरता है, जैसे 'ठाँव', 'गैल'; लखनवी अन्दाज़ के उर्दू प्रयोग भी जैसे 'तअल्लुक', 'पेचीदा', 'मुखालिफत', 'अस्लीयत', 'तौहीन', 'नेकमाश' आदि। परिमल और अनामिका कालीन संस्कृतप्रचुर लहजे भी कभी-कभी अपना आभिजात्य खोकर सहज रूप में लौट आये हैं, जैसे :

> 'शत सहंत आवर्त विवर्तों,
> जल पछाड़ खाता है पर्तों/उठते हैं पहाड़ फिर गर्तों'
> (अर्चना, गीत सं. 51)

लेकिन निराला का सहज, सरल और जनवादी भाषासंस्कार अब इतना पुष्ट हो गया है कि सन् 1936 से पहले की संस्कृतप्रचुर हिन्दी और तत्सम शब्दावली को भी वह अपने स्वाभाविक प्रवाह, मौजी रंग और जीवन्त आवेग में इस तरह ढाल लेती है जैसे नमक की झील में जो कुछ गिरता है, नमक हो जाता है।

वैसे तो निराला के साहित्य में आभिजात्य-सौन्दर्यबोध और जनवादी-सौन्दर्यबोध का द्वन्द्व आरम्भ से अन्त तक चलता है। इसी के फलस्वरूप उनके साहित्य में 'संस्कृतप्रचुर' भाषायी संस्कारों और जनवादी सहजभाषायी संस्कारों का भी द्वन्द्व चलता है। 'जूही की कली' लिखते समय आभिजात्य-भाषाबोध की गिरफ्त रहते हुए भी उसी कविता में ऐसी सरल और सहज भाषा का पूर्वाभास मिलने लगता है :

'आयी याद बिछुड़न से मिलन की वह मधुर बात
आयी याद चाँदनी की धुली हुई आधी रात'

लेकिन आभिजात्य-संस्कार हावी रहते हैं और संस्कृतप्रचुर हिन्दी का रुझान बना रहता है :

'फिर क्या? पवन
उपवन-सर-सरित गहन-गिरि कानन।'

दो भिन्न-भिन्न वर्ग रुचियों वाली भाषाओं के दोनों रुझानों का द्वन्द्व निराला आदि से अन्त तक झेलते रहे हैं। अन्तर केवल यह रहा है कि उस द्वन्द्वात्मक निर्वाह में 1936 तक संस्कृतप्रचुर हिन्दी का प्राधान्य है; आभिजात्य-सौन्दर्य-अभिरुचिपरक भाषा सहज जनजीवन-सौन्दर्य-रुचि वाली भाषा पर हावी रहती है। जबकि, 1936 के बाद स्थिति इसके उलट होने लगती है। 'कुल्लीभाट' और 'कुकुरमुत्ता' तक आते-आते संस्कृतप्रचुर हिन्दी के क्लिष्ट और जटिल भाषायी संस्कार पीछे छूट जाते हैं।

इसके बाद सरल, सहज और जनभाषा का दौर चलता है लेकिन पिछले आभिजात्य-भाषायी संस्कारों की छायाएँ पुरानी स्मृतियों की तरह कभी-कभी लौट आती हैं। लेकिन ध्यान देने की बात यह है कि पुराने संस्कार अब छूट चुके हैं, वे नहीं लौटते यद्यपि उनकी स्मृतियाँ ही मामूली असर डालती रहती हैं।

अब अगले पृष्ठों में इसी अध्याय के अन्तर्गत दो भिन्न-भिन्न वर्ग रुचियों के अन्तर्द्वन्द्व के रूप में दो तरह की भाषाओं के रुझानों के अन्तर्विरोधपूर्ण विकास को सोदाहरण टटोलने की कोशिश करूँगा।

1929-30 का समय परिमल (कविता संग्रह) और अप्सरा (उपन्यास) के प्रकाशन का समय है। इस चरण में निराला की भाषा आभिजात्य-सौन्दर्यबोध के सर्जनात्मक सोपानों पर चढ़ती हुई दिखाई देती है :

'तुम मृदु मानस के भाव और मैं मनोरंजिनी भाषा
तुम नन्दन-वन घन विटप और मैं सुख शीतल-तल शाखा'
(परिमल, तुम और मैं)

इसी प्रकार 'अप्सरा' उपन्यास में भी भाषा का लगभग यही स्वरूप मिलता है :

अपनी देह के वृंत पर अपलक खिली हुई ज्योत्स्ना के चन्द्र पुष्प की तरह, सौन्दर्योज्ज्वल पारिजात की तरह एक अज्ञात प्रणय की वायु डोल उठती। (अप्सरा, अध्याय दो)

यद्यपि इस काल में भी सहज भाषा के अंकुर कहीं-कहीं फूटते दिखाई देते हैं : 'रोक तो हम लोगों के लिए है, जिनके पास मजबूत कपड़े नहीं।' (वही, अध्याय चौदह) तथापि, इस दौर की भाषा का अधिकांश सौन्दर्य आभिजात्य-ढंग का ही है।

1934-36 तक भाषा का यह स्वरूप आभिजात्य-सौन्दर्य के शिखर पर समासीन है। 'तुलसीदास', 'अलका', 'प्रबन्ध पद्म', 'गीतिका', 'लिली' आदि पुस्तकें इसी दौरान प्रकाशित होती हैं। वही संस्कृतप्रचुर हिन्दी, तत्सम शब्दावली, समस्त पद-विन्यास, नाद-सौन्दर्य, अलंकारों से सुसज्जित छन्द, संगीत की बन्दिशें :

'मुकुट शुभ्र हिम-तुषार, प्राण प्रणव ओंकार,
ध्वनित दिशाएँ उदार, शतमुख-शतरव-मुखरे।'
(गीतिका, गीत सं. 68)

गद्य की भी भाषा इसी प्रकार 'सुसंस्कृत', 'प्रांजल' और 'परिमार्जित' होती गयी है : 'पद्मा के मुखचन्द्र पर षोडश कला की चन्द्रिका अम्लान खिल रही है। एकान्त कुंज की कली-सी प्रणय के वासन्ती मलय स्पर्श से हिल उठती, विकास के लिए व्याकुल हो रही है।' ('लिली' में संग्रहीत 'पद्मा और लिली' में ही शीर्षक कहानी)

इसी प्रकार 'ज्योतिर्मयी' शीर्षक कहानी में, जो 'लिली' में ही संकलित है, भाषा का यही स्वरूप दृष्टिगोचर होता है : 'मर्मोज्ज्वल मुख पर प्रसन्न कौतुकपूर्ण एक ज्योतिश्चक्र खोलकर यथास्थान आ गये।' लेकिन इसी संग्रह में सहजभाषा के अंकुरों को भी कहीं-कहीं खोजा जा सकता है :

बागों की हरी-हरी घास के मखमली गलीचों पर गाँव के गरीब बच्चे छुई-छुअल, गुलहड़, गिली डण्डा खेलते, अखाड़े गोड़ कर कूदते, कुश्ती लड़ते हुए अपने-अपने आमों की रखवाली कर रहे हैं। ('लिली' में संग्रहीत 'श्यामा' कहानी)

संस्कृतप्रचुर हिन्दी और सरल सहज भाषा का द्वन्द्वात्मक निर्वाह, जिसमें संस्कृतप्रचुर भाषा का ही प्राधान्य है; 1936 तक के निराला के गद्य की यही विशेषता है। पद्य में भी लगभग यही स्थिति है थोड़े अन्तर के साथ। अन्तर यही कि पद्य में संस्कृतनिष्ठ समस्त-पद-विन्यास और भी अधिक मात्रा में मिलता है। 1937 से गद्य बदलने लगता है। द्वन्द्वात्मक निर्वाह अब भी है लेकिन स्थिति उलट गयी है। सरल और सहज भाषा अब संस्कृतप्रचुर भाषा पर हावी हो गयी है। 'कुल्लीभाट' का रचनाकाल यही है। पद्य का रूप धीरे-धीरे समस्त पदावली से विन्यस्त पदावली में बदलता हुआ 1940 तक पूरी तरह आभिजात्य-रुचिबोध से अपना पीछा छुड़ा लेता है। 'कुकुरमुत्ता' का रचनाकाल 1940 ही है। लेकिन गद्य में यह पीछा सन् 1937 में ही छूट जाता है। पद्य और गद्य प्रकृति के अन्तर को देखते हुए ऐसा होना स्वाभाविक भी है।

जैसा कि पहले कहा जा चुका है यह भाषागत परिवर्तन निराला के बदलते हुए यथार्थबोध की ही एक स्वाभाविक परिणति है। यह भाषागत परिवर्तन अपने आप में कोई स्वतन्त्र प्रक्रिया नहीं है। लेकिन फिर भी भाषा-परिवर्तन के अपने नियम हैं। अतः यह प्रक्रिया स्वायत्त तो है ही। भाषागत परिवर्तन यथार्थबोध के परिवर्तन की ही स्वाभाविक परिणति है, इसे सिद्ध करने के लिए निम्नलिखित दो उदाहरण प्राप्त होंगे :

'पागल हो, राजा से कोई बैर करता है!'
('निरुपमा' का अन्तिम पैरा)

'तुम्हारे मातहत इतने सिपाही हैं, तुम इस राजा को लूट क्यों नहीं लेते'
(कुल्लीभाट, अध्याय छः)

'कुल्लीभाट' में हम देखते हैं कि कुल्ली की कुटिया के सामने टाट बिछाया गया है। उस पर हरिजन लड़के पाठ पढ़ रहे हैं। कुल्ली पढ़ा रहे हैं। निराला का यथार्थ से यह साक्षात्कार 'बेला' में कवितात्मक स्तर पर इस तरह चरितार्थ होता है : 'आज अमीरों की हवेली/किसानों की होगी पाठशाला/धोबी, पासी, चमार, तेली/खोलेंगे अँधेरे का ताला/एक पाठ पढ़ेंगे, टाट बिछाओ।' (बेला, कविता संख्या 62)

'बेला' (1946) की भूमिका में निराला भाषा की ओर विशेष रूप से अपने पाठकों का ध्यान आकर्षित करते हुए कहते हैं : 'बेला में मेरे नये गीतों का संग्रह है। भाषा सरल तथा मुहावरेदार है। गद्य करने की आवश्यकता नहीं।...काव्य की कसौटी भी है।' ('बेला', पृ. 7) इसी प्रकार 'नये पत्ते' की प्रस्तावना में भी वे अपनी काव्यभाषा की ओर विशेष रूप से ध्यान आकर्षित करते हुए कहते हैं : 'भाषा अधिकांश में बोलचाल वाली...वे अपनी भाषा की रूपरेखाएँ देखें।'

('नये पत्ते, पृ. 5) स्पष्ट है कि निराला अनजाने या अनायास तौर पर नहीं, पूरी सजगता, सतर्कता और सचेतनता के साथ और लाखों-करोड़ों दलित शोषित देशवासियों की राष्ट्रभाषा के महाकवि होने के नाते अपनी ज़िम्मेवारी के अहसास के साथ इस सरल, मुहावरेदार और बोलचाल की सहज सर्जनात्मक भाषा के विकास में योगदान दे रहे हैं। पूरे आत्मविश्वास और सक्रिय सरोकार के साथ हिन्दी पाठकों से अनुरोध कर रहे हैं कि 'वे अपनी भाषा की रूपरेखाएँ देखें।'

'कुल्लीभाट', 'चतुरी चमार', 'बिल्लेसुर बकरिहा' और 'काले कारनामे'—यह कथासाहित्य ऐसे ही सजग, सतर्क, जागरूक और सचेतन निराला का कथासाहित्य है जो देश के करोड़ों लोगों की भाषा के प्रति अपने उत्तरदायित्व को बड़ी शिद्दत के साथ महसूस करने लगा है और गरीब भारतीय जनता की जनभाषा को विकसित करने की ज़िम्मेदारी अपने ऊपर ले बैठा है। इसीलिए इस कथासाहित्य में कृषिप्रधान देश की खेतिहर जनता का परिवेश अपनी भरपूर सादगी तथा जातीय ज़िन्दगी के साथ, अपने समग्र अन्तर्विरोधों और संघर्षों के साथ, प्रतिध्वनित हो रहा है : 'यह उस समय की बात है जब राजनैतिक संस्थाएँ नहीं थीं। सरकार के यहाँ रिआया की तरफ से जवाब देने वाले जमींदार ही थे।' ('काले कारनामे', पृ. 19)

ऐसे ज़मींदार जिन्हें रिआया की तकलीफों से ही अपनी साख चलानी है : 'ज़मींदारों के बड़प्पन की साख चलती है और विलायत की नोबिलिटी का देश पर सिक्का है।' सीधी-सादी भाषा की व्यंजना-शक्ति यहाँ अपना असर दिखाती है।

निराला की भाषा की एक अन्यतम विशेषता यह है कि उसमें पाठ्यकला (आर्ट आफ रीडिंग) की छटा है। यह विशेषता भाषा के दोनों रूपों (संस्कृतप्रचुर हिन्दी और जनभाषा) पर समान भाव से उसी प्रकार लागू होती है जिस प्रकार कि 'भावानुसारिणी', 'प्रवाहपूर्ण', 'सर्जनात्मक' और 'ध्वन्यात्मक' आदि विशेषण दोनों रूपों पर लागू होते हैं। पाठ्यकला (आर्ट आफ रीडिंग) वहाँ अपना आनन्द देती है जहाँ संगीतकला (आर्ट आफ म्यूज़िक) से हटकर निराला मुक्तछन्द का या शक्तिछन्द का प्रयोग करते हैं। 'जागो फिर एक बार', 'छत्रपति शिवा जी का पत्र', 'राम की शक्तिपूजा', 'सरोजस्मृति' और 'सहस्राब्दि' जैसी कविताओं में यह पाठ्यकला अपने चरमोत्कर्ष पर है। 'नये पत्ते' की कुछ कविताओं जैसे 'दगा की', 'चर्खा चला', 'झींगुर डटकर बोला', 'महँगू महँगा रहा' और 'स्फटिक शिला' जैसी कविताओं में भी पाठ्यकला का सौन्दर्य है जो 'भिक्षुक' और 'तोड़ती पत्थर' जैसी कविताओं में निहित पाठ्यकला के सौन्दर्य से भिन्न प्रकृति का है। 1946-47 के बाद निराला ने ऐसी कविताएँ लिखीं। बाद के संकलनों जैसे कि 'अर्चना', 'आराधना', 'गीत गुंज' और 'सान्ध्यकाकली' की, रचनाओं की भाषा लीरिकल और संगीतात्मक होती गयी है। लेकिन 'सान्ध्यकाकली' में जो उनकी अन्तिम कविता है वह लीरिकल और संगीतप्रधान नहीं है। उसकी भाषा में पुनः संगीतकला (आर्ट

आफ म्यूज़िक) के स्थान पर पाठ्यकला (आर्ट आफ रीडिंग) का सौन्दर्य है, मानो जाते-जाते निराला ने एक बार फिर अन्तिम रूप से अपनी पाठ्य-कला में सधी भाषा की एक और बानगी प्रस्तुत की हो :

'मल्ल-मल्ल की—
मारें मूर्च्छित हुईं, निशाने चूक गये हैं
झूल चुकी है खाल ढाल की तरह तनी थी।'

निराला के गीतों की भाषा भी दो तरह की है। एक स्वरूप वह है जिसमें संगीत की शास्त्रीय धुनें और बन्दिशें हैं। 'परिमल', 'अनामिका' और विशेष रूप से 'गीतिका' में इसी तरह के गीत हैं। 'अणिमा' से गीतों की भाषा बदल जाती है, यद्यपि पिछली विशेषता लुप्तप्राय नहीं होती। 'अणिमा' के बाद शास्त्रीय संगीत का रुझान घटकर समाप्तप्राय हो जाता है और लोकधुनों तथा नये-नये ढंग की बन्दिशों से लैस एक सरल, सहज, ग्राम्य प्रयोगबहुल जनवादी शैली अपना स्वरूप निर्मित करती दिखाई देती है।

इस प्रकार निराला के साहित्य में भाषा के दो रूप मिलते हैं। एक तो अभिजात-रूप—जो छन्द, बन्ध, शास्त्रीय संगीत की बन्दिशों से अनुशासित संस्कृतप्रचुर पदावली का है। दूसरा रूप—सहज, मुहावरेदार और जीवन्त जनवादी भाषा शैली का है। भाषा के ये दोनों रूप अपने-अपने समय की सर्जनात्मकता का निर्वाह करते हैं। प्रारम्भ से ही निराला के साहित्य में दोनों रूपों के उदाहरण मिलते हैं। लेकिन 1936 तक अभिजात भाषा-शैली हावी रहती है, इसके बाद स्थितिविपर्यय होता है और जनवादी भाषा हावी होती जाती है। इस प्रकार खड़ी बोली की काव्यभाषा के विकास में उनका दोहरा योगदान है। वे खड़ी बोली की आभिजात्य-पूर्ण भाषा शैली के आखिरी और जनवादी भाषा शैली के पहले महाकवि हैं।

निराला का अवदान

निराला के निधन पर अपनी श्रद्धांजलि अर्पित करते हुए प्रभाकर माचवे ने एक कविता लिखी थी जिसके कुछ अंश उद्धृत करना अप्रासंगिक न होगा :

'आज हमें हिन्दी में मिलते हैं कवियों के पाँच रूप :
एक जो प्रबन्ध-खण्ड लम्बी रचनाओं के कृतिकार
'तुलसीदास', 'राम की शक्तिपूजा' को वे करते नमस्कार।
दूसरे जो नाटकीय, हाथ-पैर पटक कर
ओज और उद्‌बोधन-वक्तृताएँ पद्यबद्ध, दहाड़ते ललकार
उन्होंने पढ़ा है अवश्य 'बादलराग', 'जागो फिर एक बार'।
तीसरे जा गाते हैं...अलि-कलिका प्रणय-चित्र
उनकी प्रेरणा का स्रोत कहीं 'गीतिका'
चौथे जो कटु व्यंजक, सामाजिक राजनीतिक...लिखते हैं
'वन-बेला', 'नये पत्ते', 'अणिमा' में ऐसे दम्भ किये भंग
चाबुक के ऐसे रंग।
पाँचवें जो भाषा के, शिल्प के प्रयोग कर
नवनवीन क्षितिजों को देखने का करें यत्न
पनडुब्बे लायें जो खोज-खोज सीपियाँ व नये रत्न।
उनके भी तुम्हीं, मुक्त छन्द के प्रवर्तक ओ,
गद्यप्राय आधुनिका कविता के निरलंकृत,
मौलिक, जनभाषा के निकटतम नव-प्रयत्न
चालीस वर्षों की हिन्दी कविता के तुम एकमात्र सेतु,
कहीं छाया और प्रगति में, प्रगति औ' प्रयोग में—
तुम ही रहे अपराजित एक केतु।'
(रामलाल पुरी, 'अँजुरी : फूलों भरी', दिल्ली, 1962, प्रभाकर माचवे की कविता)

इसमें सन्देह नहीं कि आज हिन्दी में कविता की विभिन्न प्रकार की जो शैलियाँ प्रचलित हैं उनमें यदि सबके नहीं तो अधिकांश काव्य शैलियों के जनक निराला ही थे।

निराला काव्यवृक्ष की ही विविध शाखाओं/उपशाखाओं के रूप में काव्य की ये वर्तमान शैलियाँ हिन्दी कविता के इतिहास में निराला के योगदान और अवदान की सूचक हैं। उदाहरण के लिए एक शैली संस्कृतप्रचुर गीति शैली है जिसका प्रतिनिधित्व जानकीवल्लभ शास्त्री के गीतों की परम्परा में लक्षित होता है।

दूसरी शैली जनवादी गीतों की शैली है। प्रसादगुण युक्त जनवादी शैली के प्रतिनिधि गीतकार त्रिलोचन हैं। माधुर्यगुण युक्त जनवादी शैली के प्रतिनिधि गीतकार केदारनाथ अग्रवाल हैं। ओजगुण युक्त जनवादी शैली का प्रतिनिधित्व नागार्जुन, शील, डॉ. रामविलास शर्मा, शिवमंगल सिंह 'सुमन' आदि रचनाकार करते हैं।

तीसरी काव्यशैली जटिल बिम्ब विधान वाली 'गद्यप्राय आधुनिका' शैली है जिसका प्रतिनिधित्व मुक्तिबोध और शमशेर की कविताओं में लक्षित होता है। सूक्ष्म से सूक्ष्म और व्यापक से व्यापक रंगों, गन्धों, बिम्बों और प्रतीकों को अभिव्यक्त करने वाली यह शैली नये ढंग की लम्बी कविताओं और छोटी से छोटी कविताओं में समान रूप से सफल हुई है। चौथी शैली हास्य और व्यंग्यपरक अगीतात्मक पद्य रचनाओं की है जिसका प्रभाव भारतभूषण अग्रवाल, प्रभाकर माचवे आदि कवियों की रचनाओं पर पड़ा है। निराला की फक्कड़ाना, मस्ती भरी सधुक्कड़ी खिचड़ी शैली के प्रतिनिधि गीतकार सर्वेश्वर हैं। निराला ने उर्दू के काव्यरूपों को भी अपनाया था। निराला से ही प्रेरणा लेकर शमशेर और त्रिलोचन ने हिन्दी ग़ज़लें लिखी हैं।

हिन्दी की नयी कविता की शुरुआत निराला की 'जलाशय के किनारे कोहरी थी' ('अणिमा' की अन्तिम कविता) जैसी कविताओं से ही मानी जा सकती है। इसी प्रकार हिन्दी में नवगीतों का प्रारम्भ 'मैं अकेला; देखता हूँ, आ रही मेरे दिवस की सान्ध्य बेला' तथा 'स्नेह निर्झर बह गया है/रेत ज्यों तन रह गया है' (दोनों गीत 'अणिमा' में संकलित हैं) जैसे गीतों से माननी चाहिए। गिरिजा कुमार माथुर, शम्भूनाथ सिंह, ठाकुर प्रसाद सिंह और केदारनाथ सिंह के नवगीतों में इसी परम्परा का निबाह हुआ है।

'अकविता' की शुरुआत जगदीश चतुर्वेदी से हुई लेकिन वे स्वयं मानते हैं कि इसकी प्रेरणा उन्हें निराला की 'कुकुरमुत्ता' और 'खजोहरा' जैसी कविताओं से मिली थी। यह बात और है कि गिंसबर्ग जैसे अमरीकी कवियों के प्रभाव से वह विकृतिमूलक (परवर्टिव) होती गयी। रामविलास शर्मा ने 'रागविराग' की भूमिका में एक टिप्पणी की है जो इस सन्दर्भ में अत्यन्त प्रासंगिक है :

> 'हिन्दी में एक नयी विधा का चलन हुआ है जिसे लोग 'एब्सर्डिटी' कहते हैं; उदाहरण : द्रा रा रा द्रस साद्र/समुरा द्ररा/क्ष द्रा रा द्रा रा द्रा/मु/मुक्ष द्रामु (जुलाई सन्' 65 के 'क ख ग घ' में मुद्राराक्षस)। इस तरह की रचनाओं से कोई 'ताकि कमसिन वारि' का सम्बन्ध जोड़े तो किसी को आपत्ति न होनी चाहिए। इतना मानना चाहिए कि मुद्राराक्षस की रचना रोमांटिक है, निराला की 'क्लासिकल'।' ('रागविराग', पृ. 39)

रामविलास शर्मा के इस कथन से यह संकेत मिलता है कि इस तरह की 'एब्सर्ड कविता' की प्रेरणा भी परवर्ती कवियों को निराला की 'ताकि कमसिन वारि' ('सान्ध्यकाकली' शीर्षक कवितासंग्रह में संकलित) जैसी कविताओं से ही मिली होगी। साथ ही ऐसी कविताओं के प्रचलन पर विदेशी आन्दोलनों का भी अपने-अपने ढंग का प्रभाव पड़ता रहा है। कुल मिलाकर यह कहा जा सकता है कि निराला परवर्ती कविता के विकास में अधिकाधिक रूप से प्रासंगिक बने रहे हैं। एक ओर वे द्विवेदी युग और छायावादी युग के बीच एक प्रासंगिक कड़ी की भूमिका अदा करते हैं तो दूसरी ओर छायावाद, प्रगतिवाद, प्रयोगवाद, नयी कविता, अकविता और प्रतिबद्ध कविता के रूप में विकसित होती हुई हिन्दी कविता के लिए एक व्यापक प्रेरणास्रोत बने रहे हैं। निराला की हिन्दी कविता में यह दोहरी भूमिका ही उन्हें अपने पूर्ववर्ती, समवर्ती और परवर्ती कवियों से अलग करती है। निराला ने विशेष रूप से काव्य के क्षेत्र में जिस जनवादी कंटेंट और फ़ॉर्म के लिए एक ज़मीन तैयार की, वह समकालीन कविता की सर्वाधिक प्रासंगिक विरासत है। हिन्दी कविता का वर्तमान तो निराला द्वारा अनुप्राणित है ही, इसके भविष्य के लिए भी छायावादी कवियों में सबसे अधिक प्रासंगिक निराला ही रहेंगे। आधुनिक हिन्दी में जनवादी कविता की शुरुआत 'बेला' और 'नये पत्ते' की कविताओं से होती है। एक तरह से यह एक नये कंटेंट और नये फ़ॉर्म को तलाशने की प्रारम्भिक और महत्त्वपूर्ण कोशिश थी। द्विवेदी युग और छायावाद की श्रेष्ठ उपलब्धियों को आत्मसात कर निराला ने उन्हें रचनात्मक स्तरों पर चरितार्थ किया और साथ ही उनकी सीमाओं को चुनौती देते हुए उनका अतिक्रमण भी किया। 'जूही की कली', 'शेफालिका' और 'सन्ध्या सुन्दरी' जैसी छायावादी नायिकाओं की प्रतिमाओं का सृजन करने में ही उन्होंने अपने कर्तव्य की इतिश्री नहीं की। उन्होंने पहली बार हिन्दी कविता में पत्थर तोड़ने वाली सर्वहारा नायिका को प्रतिष्ठित किया। इस प्रकार निराला ने जहाँ उच्चवर्गीय कलात्मक मूल्यों की श्रेष्ठ उपलब्धियों को रचनाधर्म द्वारा चरितार्थ कर उसे पराकाष्ठा पर पहुँचाया वहाँ उन्होंने निम्नवर्गीय कलात्मक मूल्यों की प्रतिष्ठा के सवाल को भी उठाया। इस प्रकार वे आधुनिक हिन्दी में प्राचीन सौन्दर्याभिरुचियों के अन्तिम और नवीन सौन्दर्याभिरुचियों के पहले महाकवि थे।

'तोड़ती पत्थर' में गुरु हथौड़े की चोट 'तरुमालिका से घिरी हुई अट्टालिका' पर पड़ती है। निराला बूर्ज्वा सौन्दर्यशास्त्रीय ढंग से सिर्फ श्रम या श्रमिक की महिमा का बखान नहीं करते, वे पहली बार श्रमिकवर्ग के कार्यकलाप में एक प्रहार करने वाले तेवर और चोट करने वाली आक्रामक मुद्रा का साक्षात्कार करते हैं :

> 'करती बार-बार प्रहार–
> सामने तरुमालिका अट्टालिका, प्राकार'
> ('अनामिका', वह तोड़ती पत्थर)

पत्थर तोड़ने वाली यह युवती सिर्फ अट्टालिका पर ही नहीं, शोषक वर्ग की हृदयहीनता पर भी प्रहार करती है। (निराला ने जानकीवल्लभ शास्त्री को अपने एक पत्र में यह स्पष्ट किया था अन्तिम पंक्ति 'मैं तोड़ती पत्थर; का व्यंग्यार्थ 'मैं तोड़ती पत्थर हृदय' ही है।) अर्थात् पत्थर तोड़ने वाली नायिका निरीह, निरुपाय और लाचार नहीं है, वह आत्मविश्वास से दीप्त पत्थर हृदय को तोड़ देने वाली भूमिका में सक्रिय रूप से संघर्षरत है। निराला ने आक्रामक होते हुए सर्वहारावर्ग की भूमिका को पहचान लिया था। यह पहचान ही निराला को छायावादी युग के अन्य सभी कवियों से अलग करती है। इस कविता द्वारा निराला हिन्दी कविता में पहली बार सर्वहारा-सौन्दर्यशास्त्र को रचनात्मक स्तर पर चरितार्थ करते हैं। अन्य प्रगतिवादी कवियों की तरह वे जार्गन का इस्तेमाल नहीं करते लेकिन उनका तत्सम्बन्धी सरोकार किसी भी अन्य कवि की अपेक्षा कहीं अधिक कलात्मक ढंग से अभिव्यक्त होता है। सर्वहारावर्ग की आक्रामक भूमिका का यह अहसास इस तथ्य का सूचक है कि हिन्दी कविता की यथार्थवादी चेतना रेंगना छोड़ अब फण फुंकार कर अग्रसर हो उठी है।

यह जानते हुए भी कि साहित्य की अपरिवर्तनकामी शक्तियाँ उन्हें पीछे धकेल देना चाहती हैं ('मैं रहा आज यदि पार्श्वच्छवि!'–हिन्दी के सुमनों के प्रति) वे इस अहसास के प्रति पूरी तरह सजग हैं कि नये जनवादी कंटेंट और फ़ॉर्म वाली कविता के वे ही अग्रदूत हैं। (मैं ही बसन्त का अग्रदूत!) वे पहले महाकवि हैं जो 'विलायती राष्ट्र से समझौते के लिए' आतुर 'बोर्झुआजी' के चेहरे को पहचानते हैं और उसके 'गले के चढ़ाव' पर प्रहार करते हैं। अपने युग के समकालीन यथार्थ को वे समझते हैं और तत्कालीन शासक तथा शोषक वर्ग के गठबन्धन की कलई खोलते हैं :

> झींगुर ने कहा–
> "चूँकि हम किसान सभा के

भाई जी के मददगार
जमींदार ने गोली चलवायी
पुलिस ने हुक्म की तामीली की।
ऐसा यह पेच है।''
('नये पत्ते', झींगुर डटकर बोला)

यहाँ यह बताने की आवश्यकता नहीं है कि निराला किस पेच की ओर इशारा कर रहे हैं। निराला का पहला महत्त्वपूर्ण अवदान यही था कि उन्होंने हिन्दी कविता को आभिजात्य-सौन्दर्य के चरमोत्कर्ष तक पहुँचाया; 'राम की शक्तिपूजा' और 'तुलसीदास' जैसी रचनाएँ इसका प्रमाण हैं ही; लेकिन इससे भी अधिक महत्त्वपूर्ण उनका दूसरा अवदान यह रहा कि उन्होंने हिन्दी कविता को आभिजात्य-सौन्दर्यशास्त्र के शिखर से उतारा और उसे नयी यथार्थवादी ज़मीन दी। यानी निराला का दूसरा महत्त्वपूर्ण अवदान यह रहा कि उन्होंने 'तोड़ती पत्थर', 'झींगुर डटकर बोला', 'देवी सरस्वती', 'महँगू महँगा रहा' आदि कविताओं द्वारा सर्वहारा के सौन्दर्यशास्त्र को हिन्दी कविता के क्षेत्र में पहली बार रचनात्मक धर्म के रूप में प्रतिष्ठा दी और निम्नवर्गीय अभिरुचियों को अपनी कविताओं में वाणी दी। उन्होंने हिन्दी कविता को देहात में रहने वाली दलित, शोषित जनता की आकांक्षाओं, उसके दुखदर्दों और स्वप्नों को अभिव्यक्त करने का माध्यम दिया तथा एक नए किस्म की जनवादी काव्यभाषा की तलाश की। काव्यभाषा सम्बन्धी अवदान काव्यसत्य सम्बन्धी दूसरे अवदान से ही जुड़ा है क्योंकि एक नये कंटेंट की तलाश ही अपनी स्वाभाविक परिणति में एक नये फ़ॉर्म को ढूँढ़ लेती है।

निराला ने जो काव्यभाषा विकसित की, उसे उन्होंने सर्जनात्मकता के उत्कर्ष तक भी पहुँचाया। बहते हुए नीर की तरह यह काव्यभाषा कबीर की काव्यभाषा जैसी सहज, सरल, जीवन्त, प्रवाहपूर्ण और आक्रामक है। लेकिन आसान होते हुए भी वह बाज़ारू नहीं है। पुरानी अभिरुचियों का निषेध करती हुई भी वह सुरुचिखंडित नहीं होती। निराला ने जिस काव्यभाषा को तलाशा उसे सर्जनात्मक सज्जा के साथ सँवारा और सांस्कृतिक परिष्कार प्रदान किया। साथ ही उसे किसी भी तरह की कृत्रिम और अस्वाभाविक सजावट से बोझिल नहीं बनने दिया। निराला के बाद के गीतों में ('अर्चना', 'आराधना', 'गीत गुंज' और 'सान्ध्यकाकली' में संकलित गीतों से ही यहाँ आशय है) यह काव्यभाषा लोक-गीतों और लोकप्रिय पदों की विरासत का लाभ उठाती हुई सहज से सहजतर होती गयी है। अपनी ज़मीन, अपनी विरासत और अपनी जातीयता की गन्ध लिए वह सार्वभौमिक और मानवीय संवेदनों को गेय पंक्तियों में सम्प्रेषित करती हुई आश्चर्यजनक सहजता और क्षमता का परिचय दे जाती है :

'यह घाट वही जिस पर हँसकर
वह कभी नहाती थी धँसकर
आँखें रह जाती थीं फँसकर
कँपते थे दोनों पाँव बन्धु'
(अर्चना, गीत सं. 37)

इस गीत में जिस ग्राम्य नायिका की स्मृतियों को ध्वनित किया गया है वह सामन्तयुगीन राजाओं के महलों के भीतरी हरम में स्नान करने वाली तथा मुहम्मद शाह रंगीले सरीखे नायकों के साथ केलिकलाविलास करने वाली 'सौन्दर्य चेतना' नहीं है। वह पूँजीवाद सभ्यता के 'प्रोफ़यूमो-अयूब' सरीखे नायकों के साथ स्विमिंग पूल में जलक्रीड़ा करने वाली 'क्रिस्टाइन कीलर' भी नहीं है। वह तो कृषिप्रधान देश के उस खेतिहर की प्रेमिका है जो भूखा मरने की हालत में रोज़गार को तलाशता हुआ गाँव छोड़कर शहर की ओर चला गया था और रोज़गार न मिलने पर शहर में भटकता हुआ फिर गाँव लौट आया है। निराला के प्रेमपरक गीतों की जनवादी भाषा और जनवादी विषयवस्तु को नज़रन्दाज नहीं किया जा सकता।

हिन्दी कविता में निराला के बाद इस जनवादी कंटेंट और फ़ॉर्म का विकास देखना हो तो कुछ उदाहरणों की चर्चा करना अप्रासंगिक न होगा। निराला का एक प्रसिद्ध गीत है : 'मैं अकेला', जिसकी दो पंक्तियाँ हैं :

'आम की यह डाल जो सूनी दिखी
अब नहीं आते यहाँ पिक या शिखी'

इसी से मिलती-जुलती पंक्तियों वाला एक त्रिलोचन का गीत है :

'मंजर आये आम कोयलिया न बोली
पड़े हैं सब काम कोयलिया न बोली'

छायावादी गीतों के आभिजात्य से बिल्कुल भिन्न गीत की यह संवेदना खेतिहरों और बाग-बगीचे के मालियों को बड़ी रास आएगी। यह ऐसी संवेदना है जो कविता को बुद्धिजीवियों की संवेदना के दायरे से बाहर खुले खेतों और वन-उपवनों के परिवेश में जीवनयापन करने वाली भारतीय जनता तक ले जाती है। छायावादी कविता केवल बुद्धिजीवियों का वाणी-विलास थी। किन्तु यह कविता जनजीवन के हर्ष-उल्लास और उनकी निराशा-हताशा को प्रतिध्वनित करती है। निराला की एक कविता है :

‘जलाशय के किनारे कोहरी थी
हरे नीले पत्तों का घेरा था
पानी पर आम की डाल छायी हुई
गहरे अँधेरे का डेरा था’

इसी से मिलते-जुलते भावों को व्यंजित करने वाली केदारनाथ अग्रवाल की एक कविता है :

‘आज नदी बिल्कुल उदास थी
सोयी थी अपने पानी में
उसके दर्पण पर बादल का वस्त्र पड़ा था
मैंने उसको नहीं जगाया
दबे पाँव घर वापस आया’

निराला का एक गीत है :

‘खिरनी के पेड़ के तले
बैठी थीं तुम भले भले
आँखों से चिड़ियाँ उड़ती थी...
...लोगों ने रूप पी लिया गले गले’

बिल्कुल यही कंटेंट लगभग इसी फ़ॉर्म में त्रिलोचन के एक गीत में इस प्रकार विकसित होता दिखाई देता है :

‘आओ इस आम के तले
यहाँ घास पर बैठें हम
... ...
बातों के टुकड़े जोड़ें
संझा की बेला है यह
चुन चुनकर तिनके तोड़ें
...ऐसे ही दिन ढला चले।’

जैसा कि पहले कहा जा चुका है कविता की यह भावानुसारिणी भाषा बुद्धिजीवियों के सीमित घेरे को तोड़कर जन-साधारण का क्लासिक्स हो गयी है। गीत का यह

कंटेंट और फ़ॉर्म बाज़ारू या सुरुचितखण्डित नहीं होता। पूरी सहजता किन्तु सर्जनात्मकता के साथ वह जन-जन तक सम्प्रेषित होता है। उसके साथ ही यह संवेदना अपनी जातीयता की भी गन्ध लिए हुए है। वह बच्चन की भाषा की तरह 'खैय्याम की मधुशाला' से अनुप्राणित नहीं होती, उसमें अपनी धरती की तेज़ महक है। निराला के जन-गीतों में बसन्त-गीतों का अपना रंग है। इसी रंग में आगे चलकर जो निखार आया उसे भी त्रिलोचन के इस गीत में लक्षित किया जा सकता है :

'सीधी है भाषा बसन्त की
कभी आँख ने समझी
कभी कान ने पायी
कभी रोम रोम से प्राणों में भर आयी
...   .
एक लहर फैली अनन्त की।'

निराला के जनवादी कंटेंट और फ़ॉर्म का दूसरा रूप है उनकी सामाजिक, व्यंग्यप्रधान, पैनी, मारक और व्यंजनात्मक कविताएँ। नये पत्ते में 'दगा की' और 'खून की होली जो खेली' कविताएँ इसी तरह की हैं। निराला की जनवादी कविताओं के इस स्वरूप का आगे चलकर जैसा विकास नागार्जुन की कविताओं में हुआ, वैसा अन्यत्र नहीं मिलता। निराला की कविता है :

'काले काले बादल छाये न आये वीर जवाहर लाल'

नागार्जुन की कविता है :

'आओ रानी, हम ढोएँगे पालकी,
यही हुई है राय जवाहर लाल की'

युगचेतना के विकास और बदलते हुए सामाजिक-राजनीतिक सन्दर्भों के साथ नागार्जुन के व्यग्य का तेवर बदलता गया है, जो स्वाभाविक भी है। इसी प्रकार निराला की 'भिक्षुक' और नागार्जुन की 'अकाल' शीर्षक कविताओं में जो गुणान्तर है वह अपने युगसापेक्ष परिवर्तित सन्दर्भों के कारण है; तथापि दोनों कविताओं को जनवादी कविता की यात्रा के 'आरम्भ' और 'मार्गस्थ पड़ाव' के रूप में ही देखा जाना चाहिए। ऐसे ही 'प्रारम्भ' और 'विकास' के रूप में निराला की यह कविता :

'ऊँट बैल का साथ हुआ है
कुत्ता पकड़े हुए जुआ है
यह संसार सभी बदला है
फिर भी नीर वही गदला है।'
(आराधना, गीत सं. 72)

और नागार्जुन की यह कविता :

'टूटे सींगों वाले सांडों का यह कैसा टक्कर था
उधर दुधारू गाय खड़ी थी, इधर सरकसी बक्कर था'
('पहल'-8 में प्रकाशित)

दोनों परस्पर तुलनीय हैं। 1977 के चुनाव में और कांग्रेस-जनता पार्टी के बहाने अर्द्धपूँजीवादी और सामन्ती ताकतों की टक्कर को टूटे सींगों वाले सांडों की लड़ाई के रूप में चित्रित करती हुई नागार्जुन की भाषा कितनी व्यंजनात्मक है। व्यवस्था के दोनों पक्षों के सींग टूट चुके हैं (यानी सांडों की लड़ाई पहले हो चुकी है)। सांडों के सींग टूट गये हैं, इसलिए अब लड़ाई 'दुधारू गाय' और 'सरकसी बक्कर' के बीच हो रही है। 'दुधारू गाय' और 'सरकसी बक्कर' जैसे प्रयोगों की अर्थपूर्णव्यंजना निराला के प्रयोगों की याद ताज़ा कर जाती है।

निराला की 'तोड़ती पत्थर' कविता में हिन्दी की जनवादी कविता का जो स्वरूप सामने आया था, वह नागार्जुन की इस कविता में दिखाई देता है जहाँ सर्जनात्मक भाषा और व्यंजनात्मक शक्ति का स्थान सपाटबयानी ने ले लिया है :

'105 साल की उम्र होगी उसकी
जाने किस दुर्घटना में आधी आधी कटी बाँहें
झुर्रियों भरा गन्दगी सूरत का चेहरा
धँसी धँसी आँखें
राजघाट पर, गाँधी समाधि के बाहर
वह सवेरे नज़र आती है'

इस तथ्य को भी नज़रन्दाज़ नहीं किया जा सकता कि निराला द्वारा प्रवर्तित और विकसित जनवादी काव्यभाषा का यह स्वरूप परवर्ती कवियों की रचनाओं में सर्वत्र विकसित नहीं हुआ, कहीं-कहीं यह विकास अवरुद्ध भी हुआ। उदाहरण के लिए नागार्जुन की ही उपर्युक्त कविता में काव्यभाषा का स्वरूप उतना सर्जनात्मक और

सम्भावनापूर्ण नहीं रहा जितना कि वह निराला की 'तोड़ती पत्थर' जैसी कविताओं में था तथापि ऐसी भी अनेक कविताएँ लिखी गयी हैं जिनमें उक्त काव्यभाषा का विकसित रूप अपनी समस्त सम्भावनाओं के साथ अग्रसर हुआ है। निराला के 'बादलराग' की अगली कड़ी शमशेर का 'अमन का राग' है। शमशेर की ही 'अंगोला' शीर्षक कविता का मुक्तछन्द निराला के छोटी-छोटी कविताओं में प्रयुक्त मुक्तछन्द की याद दिला देता है। नागार्जुन की 'हरिजन गाथा' ('ऐसा तो कभी नहीं हुआ था') शीर्षक कविता उस काव्यभाषा के जनवादी इस्तेमाल की एक बेहद सम्भावनापूर्ण तथा कलात्मक मिसाल है। निराला की 'तुम और मैं' कविता की छायावादी-रहस्यवादी संवेदना को केदारनाथ अग्रवाल की इस जनवादी संवेदना ने काफ़ी पीछे छोड़ दिया है :

'मैं पहाड़ हूँ और तुम
मेरी गोद में बह रही नदी हो।'

साथ ही निराला की 'तुम और मैं' कविता और केदार की इस कविता में टैक्सचर और स्ट्रक्चर का जो अन्तर है, वह हिन्दी कविता के विकास की दो मंज़िलों के गुणान्तर को रेखांकित कर देता है। इसी प्रकार निराला अपनी 'मैं अक़ेला' कविता में जहाँ अकेलेपन की पीड़ा और विवशता को व्यंजित करते हैं, वहाँ आज का कवि त्रिलोचन 'अकेले रहते हुए भी अकेले न रह पाने की असमर्थता' को अभिव्यक्त करते हुए मनुष्य के सामाजिक प्राणी होने की अनिवार्यता को भी (प्रकारान्तर से) व्यंजित कर देता है :

'जीवन मिला है यह
रतन मिला है यह
फूल में मिला है यह
कि धूल में मिला है यह
मोल-तोल इसका कुछ अकेले कहा नहीं जाता
आज मैं अकेला हूँ अकेले रहा नहीं जाता'

इस सम्बन्ध में डॉ. विश्वनाथ त्रिपाठी का यह कथन कि 'प्रगतिशील कवि अकेले में भी जीवन से इतना मिला रहता है' (बलवीर सिंह सैनी, 'प्रतिबद्ध कविता', अंक तीन, दिल्ली, 1978, पृ. 18 पर डॉ. विश्वनाथ त्रिपाठी की टिप्पणी) निराला और त्रिलोचन दोनों पर चरितार्थ होता है।

निराला ने कविता में सही और स्वस्थ आधुनिकता का प्रवर्तन किया था

लेकिन वे आधुनिकतावादी नहीं थे। उन्होंने हिन्दी कविता में नये जनवादी कंटेंट और फ़ॉर्म का प्रवर्तन किया। श्रेष्ठ कविताओं, गीतों, उपन्यासों, कहानियों और लेखों द्वारा हिन्दी साहित्य की श्रीवृद्धि की। तथापि उनका सबसे महत्त्वपूर्ण अवदान यह है कि उन्होंने हिन्दी कविता में जनवादी काव्यसत्यों, काव्यरूपों और काव्यभाषा का प्रवर्तन किया। मुक्तछन्द, मुक्तगीतों और जन-गीतों के रूप में उन्होंने जनवादी काव्यरूपों के क्षेत्र में नयी शुरुआत की। समकालीन कविता की अधिकांश शैलियों के वे जनक थे।

मुक्तिबोध ने जनवादी कविता को निराला की ही तरह एक नया मुहावरा दिया। मुक्तिबोध के बाद इस जनवादी काव्यपरम्परा के सबसे सशक्त दावेदार नागार्जुन और केदारनाथ अग्रवाल हैं। इसके बाद त्रिलोचन, शमशेर और शील के नाम उल्लेखनीय हैं। नागार्जुन की 'मैं तुम्हें चुम्बन दूँगा', 'अकाल', 'खुरदरे पैर', 'हरिजन गाथा' जैसी अनेकानेक कविताओं में, केदारनाथ अग्रवाल की 'सरकार, अफसर और जनता', 'जनाने देश का दर्शन', 'मौत का अनुशासन', 'आज नदी बिल्कुल उदास थी', 'पत्थर भी बोलते हैं', 'लौह का घन गल रहा है', 'गाँव का महाजन', 'हथौड़े का गीत', 'मैंने उसको जब-जब देखा' जैसी कितनी ही रचनाओं में, त्रिलोचन के गीतों में, शील की कविताओं में, शमशेर की 'अमन का राग', 'अंगोला', सर्वेश्वर की 'पत्नी' और 'दिवंगत पिता के लिए', गिरिजाकुमार माथुर की 'सूरज का पहिया', धूमिल की 'मोचीराम' और 'संसद से सड़क तक', जगूड़ी की 'नाटक जारी है', कुमारेन्द्र पारसनाथ सिंह की 'चवरी', 'एक सूरज माँ के लिए', 'गाँव', 'भंगी कालोनी' और 'अकेले नहीं हूँ', कुमार विकल की 'ट्रैफिक के नये कानून', 'विपाशा और बूढ़े दरिया का संवाद', 'एक नास्तिक के प्रार्थना गीत', विजेन्द्र की 'कठफुला बाँस' और 'संरचना', विश्वनाथ त्रिपाठी की 'पत्नी', 'देखो न हकीकत हमारे जमाने की', 'पार्क में खेलते हुए बच्चे' और 'वे लोग', विष्णुचन्द्र शर्मा की 'सभा में होली है', 'यमपुरी बसी है', रमेश गौड़ की 'एक मामूली आदमी का बयान' जैसी रचनाओं में यह रचनाधर्म पर्याप्त रूप से सम्भावनापूर्ण होता गया है। इन रचनाकारों के बाद की पीढ़ी एक नये स्वरूपान्तर और गुणान्तर के साथ कई नये हस्ताक्षर लेकर आयी है जिनके नाम गिनाना अभी जल्दबाज़ी होगी।

निराला की कुकुरमुत्तात्मक रचनाओं (खजोहरा, कुकुरमुत्ता आदि) ने राजकमल चौधरी की 'मुक्तिप्रसंग', जगदीश चतुर्वेदी की 'एक लँगड़े आदमी का बयान', 'कालचक्र', 'डूबते इतिहास का गवाह' और सौमित्र मोहन की 'लुकमान अली' जैसी कविताओं के लिए और अपने समग्र रूप में 'अकविता' के लिए पूर्वाधार प्रस्तुत किया। कुछ समीक्षक इसे निराला का नकारात्मक अवदान कहना चाहेंगे। मेरी राय में बहुत-सी सीमाओं के बावजूद इसे कोरा नकारात्मक अवदान कहना

उचित नहीं होगा। 'अकविता' ने कविता की भाषा और मानसिकता के बदलाव में जो भूमिका अदा की उसे नकारात्मक कहकर नज़रन्दाज़ नहीं किया जा सकता।

मुद्राराक्षस की एब्सर्डिटी सम्बन्धी रचना के बारे में मनोरंजक तथ्य यह है कि नया टाइपराइटर आया था जिस पर मुद्रा अपने नाम का अभ्यास कर रहे थे या यूँ ही टाइपराइटर पर अपने नाम के अक्षर दबा रहे थे। उसी को 'क ख ग घ' पत्रिका वालों ने नयी एब्सर्ड पोएट्री मान लिया।

'अर्चना' : सूर्यकान्त त्रिपाठी 'निराला'

'अर्चना' महाकवि सूर्यकान्त त्रिपाठी 'निराला' के 112 गीतों का संग्रह है। ये सभी गीत आज़ादी के बाद सन् 1950 की अवधि के दौरान लिखे गये हैं। सतही तौर पर देखें तो लगता है कि ये गीत समर्पण-भाव-मुद्रा लिए हैं लेकिन उनकी अन्तर्वस्तु से साक्षात्कार करते ही यह अहसास होने लगता है कि इस आरती की थाली में सुलगते हुए जनाक्रोश की आग है, इस आग पर निराला ने अपनी जली हुई इच्छाओं और आकांक्षाओं की राख छिड़क दी है, किन्तु जो जनचेतना का एक झोंका मिलते ही भभककर लपटों का रूप ले सकती है। 'अर्चना' के पहले गीत में ही जनता की मुक्ति के संघर्ष की ध्वनि गूँजती है :

> भव-अर्णव की तरुणी-तरुणा / बरसी तुम नयनों से करुणा /
> काटे कटी नहीं जो कारा / उसकी हुई मुक्ति की धारा /
> वार वार से जो जन हारा / उसकी सहज साधिका अरुणा /

हावर्ड फार्स्ट के 'स्पार्टकस' उपन्यास में दासता की कारा काटे नहीं कटती। संघर्ष में स्पार्टकस मारा जाता है, किन्तु मुक्ति के प्रयास असफल होकर भी व्यर्थ नहीं होते; वे प्रयास मुक्ति की धारा के रूप में कहीं पहाड़ी चट्टान के नीचे ओझल हो जाते हैं और फिर अवसर पाकर ज़मीन फोड़ते हुए चश्मे की तरह फूट पड़ते हैं। छोटी धारा फव्वारे की तरह फैल जाती है और संग्राम सतत रूप से चलता रहता है। बार-बार अनेक प्रकार के वार सहता हुआ जन हताश नहीं होता क्योंकि उसकी सहज साधिका 'अरुणा' है। निराला के काव्य में 'अरुणा' का कई बार ज़िक्र आया है ('दीनता पा उतर आये, प्रभु तुम्हारी शक्ति अरुणा') अभिधा के स्तर पर यह बात साफ़ समझ में आ जाती है कि 'अरुणा' प्रकाश और अन्धकार के युद्ध में प्रकाश की विजय यानी सूर्योदय का पूर्व दृश्य है। किन्तु क्या निराला सिर्फ अभिधा के कवि हैं? इस सन्दर्भ में नरेश मेहता का यह कथन याद आ जाता है : 'अर्चना' आज के तुलसीदास की 'विनय गीतिका' है। निराला नये युग की 'अरुणा' की अर्चना कर रहे हैं।...हम उनके शब्दों को, उनकी व्यंजना को खूब

पहचानते हैं कि उनका अर्थ 'अरुणा' से क्या है।'[1] इस सन्दर्भ में केवल इतना जोड़ देना चाहता हूँ कि 'अरुणा' का प्रयोग उस कवि ने किया है जिसने 'कृषि-क्रान्ति' का आह्वान करते हुए बादलराग गाया था ('हे विप्लव के वीर, तुझे बुलाता कृषक अधीर'); जिसने 'बंगाल के अकाल' और 'शरणार्थी समस्या' पर कलम चलायी थी, जिसने 'हिन्दू-मुस्लिम हत्याकाण्ड' के खिलाफ आवाज़ उठायी थी, जिसने 'बेला' में 'देश को मिल जाय जो पूँजी तुम्हारी मिल में है' ('सरफरोशी की तमन्ना अब हमारे दिल में है' की ज़मीन पर) ग़ज़ल गायी थी; इतना ही नहीं, 'तेलंगाना में गोलियाँ' उसे छेद गयी थीं और 'बलिया के किसान' का विद्रोह उसे ख़ूब भाया था।

यह बात भी ध्यान रखने योग्य है कि निराला एक सच्चे कलाकार एवं सौन्दर्य चेतना के साधक कवि हैं। निराला लफ्फ़ाजी या नारेबाज़ी के कवि नहीं हैं। वे किसी भी बात को तब तक कविता में अभिव्यक्त नहीं करते जब तक कि वह उनकी जीवनानुभूति का अंग न बन जाए, उनकी जीवनानुभूति कला की सौन्दर्यानुभूति बने बिना नहीं रहती। निराला ऐसे कलाकार हैं जो 'सच्ची कलाकारिता' और 'यथार्थपरक जीवन' के बीच कभी असंगति नहीं आने देते। सर्वप्रथम, निराला अपनी निजी अनुभूति का 'समाजीकरण' करते हैं, उसके बाद उसे एक 'एस्थेटिक क्रिस्टल' बनाकर पेश करते हैं। ऐसा क्रिस्टल जो अर्नैस्ट फ़िशर के 'पारदर्शी चित्र' की तरह 'कंटेंट' को साफ़-साफ़ प्रतिबिम्बित कर सके। जिस तरह शीशे में जड़ी तस्वीर और उसका शीशे वाला फ्रेम दीवार पर टँग कर एकाकार हो जाते हैं और यह अन्तर करना मुश्किल हो जाता है कि शीशा नज़र आता है या तस्वीर; उसी तरह निराला की कविता में ('अर्चना' के गीतों में यह बात विशेष तौर पर उल्लेखनीय है) फ़ॉर्म और कंटेंट दोनों एकाकार हो जाते हैं। शिल्प और वस्तु का ऐसा संयोग विरल है। 'अर्चना' में इस प्रकार के पारदर्शी चित्र बिखरे पड़े हैं। कुछ उदाहरण देते हुए हम अर्चना के गीतों का उल्लेख करेंगे।

सर्दी की रात है। जनवरी की सर्दी। दारागंज गंगा के किनारे बसी हुई ग़रीब मज़दूरों और कामगरों की एक बस्ती है। लोग जाड़े में ठिठुर रहे हैं। निराला इन लोगों को, इनकी स्त्रियों को, इनके बच्चों को कड़ाके की सर्दी में काँपते देखते हैं। उनका दिल दहल जाता है। वातावरण सन्त्रास से भर जाता है। उन्हें लगता है कि यह मौजूदा समाज आदमखोर खूनी जानवरों का समाज है, जिन्हें ग़रीब और मेहनती इनसानों पर दया नहीं आती। इस सन्दर्भ के साथ 'अर्चना' के इस गीत को पढ़ें, तो सारे रहस्यवाद का पर्दा उठ जायेगा और गीत का असली कंटेंट स्पष्ट हो जायेगा :

---

1. निराला-स्मृति ग्रन्थ में नरेश मेहता का 'अर्चना' शीर्षक लेख, पृ. 157

शिशिर[1] की शर्वरी / हिंस्र पशुओं भरी / ऐसी दशा विश्व की
विमल लोचनों / देखी, जगा त्रास, हृदय संकोचनों / काँपा कि
नाची निराशा दिगम्बरी।

निराला की यह विशेषता है कि वे भयंकर से भयंकर यथार्थ को सौन्दर्यानुभूति के स्तर पर चित्रित करते हैं।

अपनी लाड़ली बेटी सरोज की मृत्यु की घटना को भी वे एक 'एस्थेटिक क्रिस्टल' बनाकर 'सरोजस्मृति' के रूप में प्रस्तुत करते हैं। बड़ी से बड़ी मार खाकर वे रोते नहीं हैं। उस पीड़ा को, उस अहसास को अपनी जीवनानुभूति में ढालते हुए उसे एक समाजीकृत सौन्दर्यानुभूति में बदल लेते हैं और फिर उसे कला द्वारा अभिव्यक्ति की परिणति तक पहुँचा देते हैं। इसीलिए उनके गीतों में एक कलात्मक पारदर्शिता है। एक और उदाहरण :

ग़रीब और मेहनतकश लोगों की बस्तियों में गन्दे जोहड़, टूटे-फूटे कच्चे झोंपड़े, कुटीर और घर हैं और ऐसे ही मन्दिर भी। निराला शहर से लौटे हैं। इलाहाबाद की अट्टालिकाओं ('सामने अट्टालिका तरुमालिका प्राकार'), भवन, सुन्दर मन्दिर और स्विमिंगपूल की दुनिया छोड़कर अपनी पुरानी दुनिया (दारागंज की पुराने प्रयाग वाली ग़रीब बस्ती) में लौट आये हैं। यहाँ के गन्दे जोहड़, टूटे-फूटे मन्दिर और घर देखकर उन्हें रोष आता है और वह रोष एक विषाद की छाया में बदल जाता है :

नहीं कहीं सुजलाशय / सुस्थल गृह, देवालय / जगता है केवल भय /
केवल छाया विशाल।

उन्हें याद आता है कि यह समाज ख़तरनाक किस्म के जन्तुओं और व्यालों का जंगल है। यहाँ व्यवस्था नाम की है, वास्तव में वह अराजकता ही है :

निविड़ विपिन, पथ अराल / भरे हिंस्र जन्तु व्याल।

एक और उदाहरण—कामगर रात को देर से लौटा है। कठोर श्रम के बाद की नींद इतनी गहरी है कि रात ढल जाती है; धूप चढ़ आती है, फिर भी वह नहीं उठता।

---

1. अर्चना संकलन में शिशिर के स्थान पर 'शिविर' छपा है। यह गलती छपाई की है। डॉ. रामविलास शर्मा ने अपनी पुस्तक 'निराला' की 'साहित्य साधना' में इस पाठांतर का उल्लेख करते हुए शुद्ध पाठ 'शिशिर' ही माना है।

पत्नी उसे जगा-जगाकर हार गयी है और उसे वर्तमान समाज में हद से ज्यादा काम लेने वाले नियामक पंचों पर गुस्सा आ रहा है :

> हार गयी मैं तुम्हें जगाकर/धूप चढ़ी प्रखर से प्रखरतर.../पंच
> विपंची से विहीन हैं/जैसे जन आय से क्षीण हैं/सभी
> विरोधाभास पीन हैं/असमय के जैसे धाराधर।

एक और उदाहरण—दारागंज से निकलकर टहलते-टहलते निराला संगम के किनारे पहुँचते हैं। एक बूढ़ा मल्लाह तीर्थयात्रियों को ढोते-ढोते थक जाता है। लेकिन रोज़ी कमाना उसकी जिन्दगी के लिए एक निहायत ज़रूरी शर्त है। अचानक नाव के मँझधार में पहुँचते ही, मल्लाह की साँस फूल जाती है और नाव नियन्त्रण से बाहर हो जाती है। मल्लाह के हाथ थक गये हैं और माथे पर पसीना है। निराला यह दृश्य देख रहे हैं। एक साथ यह दृश्य 'भवसागर' के प्रतीक के रूप में दिखाई देने लगता है। निराला के अपने जीवन का भी तो यही हाल है। निराला का निजी जीवन, मल्लाह की दिनचर्या और 'भवसागर' में फँसी दलित-शोषित जनता का जीवन, मिलकर एक करुण फैंटेसी का रूप ले लेते हैं :

> तरणि तार दो, अपर पार को/खे खेकर थके हाथ, कोई भी
> नहीं साथ/श्रम सीकर भरा माथ, बीच-धार ओ!

इस प्रकार हम देखते हैं कि निराला अपनी निजी जीवनानुभूति को भी किस प्रकार एक सच्ची सामाजिक सौन्दर्यानुभूति के स्तर पर अभिव्यक्त करते हैं।

मौजूदा समाज-व्यवस्था पर निराला की दृष्टि जाती है तो वे देखते हैं कि न्यायपूर्ण और विवेकपूर्ण विचार के पक्षधर (जिन्हें स्वतन्त्रचेता बुद्धिजीवी 'विचारधारा-विशेष' के भाट ही कहना पसन्द करते हैं) 'चारण', व्यवस्था के मन्दिर में बन्दी बना लिए गये हैं और समाज जंगल की तरह हो गया है, जिसमें हाथी (यानी उच्च वर्ग?) मस्त होकर चिंघाड़ रहे हैं। ऐसे खौफ़नाक वातावरण में एक बालक का रोदन सुनाई पड़ता है। निराला कहते हैं, बालक निष्कारण रो रहा है। निष्कारण शब्द में तीखा व्यंग्य है। इस फैंटेसी में शिशु का रोना ज़रूर कोई अर्थ रखता है :

> मन्दिर में बन्दी हैं चारण/चिंघर रहे हैं वन में वारण/रोता है
> बालक निष्कारण.../मारण-रजनी है।

मुक्तिबोध की फैंटेसी 'अँधेरे में', इसमें भी एक शिशु का रोदन सुनायी पड़ता है। वे पंक्तियाँ इस प्रकार हैं :

> सहसा रो उठा कन्धे पर वह शिशु/अरे, अरे वह स्वर अतिशय
> परिचित।

मुक्तिबोध के अध्येता समीक्षक चंचल चौहान का कथन है : 'यह शिशु नये युग का नया सत्य है'[1] जो 'नये इनसान' के उत्पन्न हो जाने की सूचना है। शायद ऐसा नया इनसान जो स्वयं को शोषण मुक्त कर लेगा।

'अर्चना' के गीत एक सामाजिक करुणा से स्पन्दित हैं। सामाजिक करुणा से यहाँ यह आशय है कि ये गीत आत्मदया के दायरे में सीमित व्यक्तिगत प्रलाप नहीं हैं। ऐसी करुणा जो दलित और शोषित वर्ग के प्रति एक सहानुभूति, समानुभूति, संवेदना और सन्देश लिए है :

> गीत गाने दो मुझे तो/वेदना को रोकने को.../भर गया है
> जहर से/संसार जैसे हार खाकर/देखते हैं लोग लोगों को/
> सही परिचय न पाकर/बुझ गयी है लौ पृथा की/जल उठो
> फिर सींचने को।

'अर्चना' का कवि जानता है कि समाज की इस विषम स्थिति का कारण क्या है। वह यह भी जानता है कि यह स्थिति चिरस्थायी नहीं रहेगी :

> क्षणिकता चिर-धनिक की है/पणिकता जग वणिक की है/
> राशि जैसे कणिक की है/वाम जैसे है निरामय।

कवि के लिए यह भी कम दुख की बात नहीं कि उसके युग का देशव्यापी 'वाम पक्ष' भी निरामय-सा है।

'अर्चना' के कंटेंट के बारे में हम कह चुके। उसके 'फ़ॉर्म' (रूप, शिल्प और भाषा) के बारे में भी अब कुछ कहना चाहते हैं। जैसा कि पहले कहा जा चुका है निराला की कविता में (और विशेषकर 'अर्चना' के गीतों में भी) वस्तु और शिल्प को अलगाना 'चित्र को उसके शीशे के फ्रेम से उतार देने' के समान है। किन्तु फिर भी इस सम्बन्ध में कुछ बातों का उल्लेख करना अनिवार्य है। पहली बात इस

1. 'अँधेरे में' कविता, अस्मिता और आत्मनिर्वासन के प्रश्न, 'ओर', 9-10 संयुक्तांक।

सम्बन्ध में यह कहनी है कि निराला के ये गीत, अपने रूप और शिल्प में वस्तु के अनुरूप करवट लेते हैं। अक्षरों का चयन, ध्वनियों का चयन (अल्पप्राण और महाप्राण, घोष और अघोष आदि का पूरा ध्यान रखते हुए), शब्दों का चयन, वाक्य-खण्ड, वाक्य-पद और इस प्रकर गीत का पूरा गठन—ये सभी बारीकियाँ निराला के गीतों में उनकी शिल्प-साधना का अंग हैं :

> चरण गहे थे, मौन रहे थे/विनय-वचन बहु-रचन कहे थे।

अथवा

> तुम आये, कनकाचल छाये/ऐ नव नव किसलय फैलाए।

एक सधा हुआ छन्द जो संगीत की ताल पर ठीक-ठीक उतरता हो, यह उनके शिल्प की दूसरी महत्त्वपूर्ण विशेषता है। 'अर्चना' की प्रस्तावना में (जिसे उन्होंने सत्योक्ति कहा है) निराला ने इस विशेषता का स्वयं भी उल्लेख किया है और इसे 'प्रचलित कुल तालों से समन्वित...आधुनिक गीतों का संग्रह' कहकर पुकारा है। तालों का ध्यान रखते हुए वे ऐसी मेड़ों की तलाश करते हैं जो देहातों में रहने वाले साधारण जनों के गले में भी ठीक-ठीक उतर सकें। इसके लिए वे एक-एक स्वर कम्पन, एक-एक अक्षर और शब्द के उच्चारण का ध्यान रखते हैं। अर्चना की प्रस्तावना में उनकी यह चिन्ता इस प्रकार अभिव्यक्त हुई है :

> 'गीत के साथ गले का सम्बन्ध पहला है। प्रस्तुत गीतों की तद्वत् सफलता के न होने का कारण है खड़ी बोली का पाठ। साधारण जन देहातों में यह भाषा नहीं बोलते। खड़ी बोली की गाड़ी के और चलते रहने की आवश्यकता है; ये गीत जैसे उसी की पूर्ति करते हैं। यथाशक्ति सुरचित शब्दों की शृंखला रखी गयी है जो सहज ही उच्चरित हो जाए, ज़िससे आधुनिक गीतों की मेड़ें और स्वर कम्पन प्राचीन शब्दोच्चारण की दीवारों को पार कर अपनी सत्यता पर समासीन हों।'
>
> उन्होंने सिर्फ़ कहा ही नहीं है, गीतों में ऐसा कर भी दिखाया है :

> यह घाट वही जिस पर हँसकर,/वह कभी नहाती थी धँसकर,/
> आँखें रह जाती थीं फँसकर/कँपते थे दोनों पाँव बन्धु! बाँधो न
> नाव इस ठाँव बन्धु! पूछेगा सारा गाँव बन्धु!

'अर्चना' के गीति-शिल्प की तीसरी विशेषता उनकी 'लय' में है। यह लय संगीत की ताल (जिसमें लोक-संगीत और शास्त्रीय संगीत दोनों का सम्मिश्रण है) पर ऐसे थिरकती है जैसे 'सोने पर सुहागा' :

[1]'कुञ्ज-कुञ्ज कोयल बोला है।'

आचार्य रामचन्द्र शुक्ल ने बहुत जल्दी और सही रूप से यह पहचान लिया था कि संगीत को काव्य के और काव्य को संगीत के सबसे अधिक निकट लाने का श्रेय निराला जी को है। रवीन्द्रनाथ ठाकुर ने कहा है कि संगीत और काव्य-कला सरस्वती माँ के दो स्तन हैं, और सच्चा कलाकार उस सरस्वती के प्रिय शिशु के समान है, जो कभी एक स्तन से दुग्धपान करता है तो कभी दूसरे से। इस अर्थ में निराला सच्चे सरस्वती-पुत्र हैं। उनकी सरस्वती-साधना की मिसाल इस युग में अद्वितीय है। 'अर्चना' और 'आराधना' का अर्थ धार्मिक पूजापाठ के गीतों वाली 'अर्चना' या 'आराधना' नहीं है, ऐसा मानना अर्थ का अनर्थ कर देना होगा। निराला कोई धार्मिक पुजारी नहीं हैं, वे सौन्दर्य चेतना और काल की साधना करने वाले कलाकार हैं। अतः 'अर्चना' या 'आराधना' का अर्थ कलाकार द्वारा 'कला की अर्चना या आराधना' ही माना जाना चाहिए। दूसरे शब्दों में यूँ कहा जा सकता है कि इन गीतों में 'माँ सरस्वती' की अर्चना की गयी है :

माँ अपने आलोक निहारो/नर को नरक त्रास से वारो/विपुल
दिशावधि शून्य वर्ग जन/ व्याधि-शयन जर्जर मानव मन/
ज्ञान-गगन से निर्जर जीवन/करुणा करो उतारो, तारो।

कला की देवी सरस्वती के प्रति निराला प्रारम्भ से ही समर्पण-भाव मुद्रा अपनाते रहे हैं। 'वर दे वाणीवादिनी, वर दे, वर दे' और 'भारती जय विजय करे' आदि गीतों से हिन्दी के सभी प्रबुद्ध पाठक परिचित हैं। निराला का एक कलाकार के रूप में अपनी कला के प्रति यह समर्पण उनके स्वाभिमानी व्यक्तित्व को चार चाँद लगाता है।

'अर्चना' के गीतों की सबसे बड़ी विशेषता है उनकी पुष्ट काव्यभाषा, जिसे 'आम आदमी की काव्य-भाषा', 'सहज-भाषा' अथवा 'जन-जीवन की क्लासिकल भाषा' कहा जा सकता है। निराला का हिन्दी कविता को सबसे बड़ा अवदान है,

1. निराला ऐसा मानते थे कि नर-कोकिल बोलता है मादा नहीं।

एक सही भाषा की तलाश, जो उन्होंने कठिन जीवन-साधना और कठिनतर काव्य-साधना से हासिल की। यहाँ यह कहना अप्रासंगिक न होगा कि एक सही भाषा की तलाश सही 'कंटेंट' को अपने साथ ढूँढ़ लाती है। हिन्दी में असली आधुनिकता की शुरुआत निराला ने की थी। यह शुरुआत 'कुकुरमुत्ता' से हुई और 'बेला' और 'नये पत्ते' में वह भाषा पुष्ट और विकसित होती हुई 'अर्चना' के गीतों में जैसे एक 'आम आदमी का क्लासिक्स' बन गयी है :

> ठोकर गली-गली की खायी/जगती से न कभी बन आयी/रहे
> तुम्हारी एक सगाई/इसीलिए कुल ताप सहे थे/चरण गहे थे
> मौन रहे थे।

निराला की इस 'सहज भाषा' की यह विशेषता है कि वह जनभाषा होते हुए भी पूरी तरह कलात्मक बनी रहती है, बाज़ारू, 'चीप' या सुरुचि-खण्डित नहीं होती। इसका कारण यह है कि यह भाषा सर्जनात्मकता के उन सहज (किन्तु, कष्ट-साध्य और साधना-साध्य) क्षणों में अभिव्यक्ति का माध्यम बनती है जब जीवन और काव्य एक-दूसरे के पर्याय हो जाते हैं। यानी उन क्षणों में जीवनानुभूति और काव्यानुभूति को अलगाया नहीं जा सकता। फ़ॉर्म और कंटेंट ऐसे ही क्षणों में एकाकार होते हैं। ट्रांसपेरेंसी (पारदर्शी काव्य-चित्र) ऐसे ही क्षणों की उपलब्धि होती है। ऐसे क्षणों में कला ज़ीवन की विषमताओं से पिटकर भी जीवन से उसी प्रकार चिपटी रहती है जैसे माता से मार खाता हुआ बालक माता से ही चिपटता जाता है।

यह भाषा निराला को अनायास उपलब्ध नहीं हुई। इसके लिए उन्होंने जीवन और साहित्य—दोनों क्षेत्रों में अथक परिश्रम किया, कठिन तपस्या और विकट साधना की। उन्होंने संगीत (लोक संगीत और शास्त्रीय संगीत) की बारीकियों को हृदयंगम किया। पाश्चात्य और भारतीय संगीत—दोनों के गुणों को ग्रहण किया। उनकी काव्य-भाषा में हिन्दी कविता की पिछली हज़ार वर्षों की उपलब्धियों का समाहार है। उसमें चन्दवरदायी की ओजपूर्ण शैली की गरज है; घनानन्द और रसखान की सहृदयता है; तुलसी की मर्यादा और सूर का शृंगार है; बिहारी की गम्भीर घाव करने वाली तीरन्दाज़ी है; इन गीतों में हरिऔध की समास प्रधान शैली, गुप्त जी की सपाटता और वर्णनात्मकता, प्रसाद की अर्थ-गरिमा और पन्त की कोमलकान्त पदावली है। इस गुण-ग्राहकता के बावजूद यह शैली सभी कवियों की शैली से विशिष्ट और मौलिक है। 'अर्चना' के गीत इस अभ्युक्ति का प्रमाण हैं। इसके अतिरिक्त विविध भाषाओं की विशेषताओं को भी निराला ने आत्मसात किया था। संस्कृत भाषा के काव्य की संश्लिष्टता, बंगला भाषा के काव्य की गीतिमयता, उर्दू भाषा के काव्य की सादगी, अंग्रेज़ी भाषा के काव्य की लयात्मकता—इन सभी

गुणों को उन्होंने अपनाया। इतना ही नहीं, उन्होंने इन भाषाओं के महाकवियों के भी गुणों को अपने काव्य में सँजोने की चेष्टा की।

> 'तिमिर दारण मिहिर दरसो/ज्योति के करअन्ध कारागार जग का सजग परसो/खो गया जीवन हमारा/अन्धता से गत सहारा/गात के सम्पात पर उत्थान; देकर प्राण बरसो/ तिमिर दारण मिहिर बरसो...

अनेक परिमाण जिस प्रकार मिलकर एक नये और मौलिक गुण में बदल जाते हैं उसी प्रकार ये विविध प्रभाव निराला की कविता में एक नये और मौलिक गुण की सृष्टि करते हैं। प्रभाव और मौलिकता का यह द्वन्द्वात्मक सम्बन्ध है। प्रभाव के बिना मौलिकता और मौलिकता के बिना प्रभाव—दोनों की स्थिति हास्यास्पद हो जाती है। अच्छे साहित्य से प्रभाव ग्रहण किये बिना मौलिकता 'कोरी विचित्रता' बनकर रह जाती है और मौलिकता को चिर सँजोए रहते बिना प्रभाव को ग्रहण करना 'कोरी नकल' बन जाती है। दो विरोधी गुण साथ-साथ रहकर ही जीवन्त हो पाते हैं। स्वस्थ परम्परा से जुड़कर ही प्रयोग सार्थक हो पाते हैं; सामान्य हुए बिना विशिष्ट होना असम्भव है और सही मायने में ऐतिहासिक हुए बिना समकालिक या आधुनिक नहीं हुआ जा सकता। आचार्य रामचन्द्र शुक्ल के शब्दों का सहारा लेते हुए कह सकते हैं कि निराला की 'अर्चना' में ऐसे ही अनेक 'विरुद्धों का सामंजस्य' है। तभी तो ये गीत कहीं विराट और भयावह बिम्बों की सृष्टि करते हैं :

> शत संहत आवर्त विवर्तों/जल पछाड़ खाता है पर्तों/उठते हैं
> पहाड़, फिर गर्तों/धँसते हैं, मारण रजनी है।

तो कहीं छोटे-छोटे मनोरम बिम्ब-विधान से ही अपनी बात कह लेते हैं :

> पल्लव में रस, सुरभि सुमन में/फल में दल, कलरव उपवन में/
> लाओ चारु चयन चितवन में।

कहीं समास-प्रधान पदों का अम्बार लगा देते हैं :

> अयुत भंगुर तरंगों टूटता सिन्धु/तुमुल-जल-बल-भार, क्षार-तल
> कुल विन्द/तट-विटप लुप्त, केवल सलिल संहार।

तो कहीं बिल्कुल सपाटबयानी के अन्दाज़ में एक-एक शब्द को अलग-अलग बिखेर देते हैं :

अट नहीं रही है/आभा फागुन की सट नहीं रही है।

किन्तु, 'विरुद्धों का सामंजस्य' सदा बना नहीं रहता। पदार्थ, प्रकृति, मानव-जीवन और मानव-समाज के विकास का यह नियम है कि विरुद्धों में टकराव ज़रूरी हो जाता है। विकास की प्रक्रिया में निहित द्वन्द्वात्मकता को समझे बिना अपने वास्तविक परिवेश का 'आभास' हो सकता है 'अहसास' नहीं। निराला को अपने परिवेश का पूरा-पूरा आभास है अहसास भी है, लेकिन कुछ-कुछ तथापि वास्तविक अहसास नहीं है। यह अहसास मुक्तिबोध को कहीं अधिक है, किन्तु उनके पास वह सशक्त जनभाषा नहीं है जो उस परिवेश को सक्षमता के साथ अभिव्यक्त कर सके। निराला के पास ऐसी भाषा है, और 'अर्चना' के गीतों में वह काफ़ी पुष्ट और सघन हो उठी है, जो यथार्थ को, अपने परिवेश की असलियत को वाणी दे सकती है; उस असलियत के चारों ओर घिरने वाले पाखण्ड का भंडा फोड़ सकती है और इस सारी प्रक्रिया के अन्दर उगते हुए सत्य के सूरज की 'अर्चना' कर सकती है :

भर गया है जहर से/संसार जैसे हार खाकर/देखते हैं लोग
लोगों को/सही परिचय न पाकर/बुझ गयी है लौ पृथा की/
जल उठो फिर सींचने को।

किन्तु 'अर्चना' का कवि यथार्थ की छाया में रहता है, उस यथार्थ में से फूट पड़ने वाली प्रकाश की किरणों को कभी-कभी नज़रन्दाज़ भी कर देता है, शायद इसीलिए उनके गीत सौन्दर्य-चेतना की गहराइयों और ऊँचाइयों में तैरते हुए भी निराशा, करुणा, वेदना और घोर अवसाद से अभिभूत हो जाते हैं और इस प्रकार साहित्य या काव्य के इतिहास की ट्रेजेडी बन जाते हैं। वे पराजय के उच्छ्वास छोड़ते हुए या तो कल्पना-विलासी होकर ब्रह्मानन्द का आश्रय ढूँढ़ने लगते हैं या फिर धर्माश्रयी होने लगते हैं :

भजन कर हरि के चरण मन! / पार कर मायावरण मन!...
विपथ के रथ से उतर कर / बन शरण का उपकरण मन!

किन्तु जैसा कि कार्ल मार्क्स ने हेगेल के दर्शन की समीक्षा करते हुए लिखा था :

'धर्म बेहद कठिन ज़िन्दगी जीने वालों के लिए राहत की साँस है, हृदयहीन संसार का हृदय है, अनात्मिक परिस्थितियों की आत्मा है...' निराला ने जो कठिन और संकटपूर्ण परिस्थितियों का जीवन जिया था, उसे देखते हुए; और, निराला जिन कठिन परिस्थितियों में ज़िन्दगी गुज़ारने वाली जनता के सुख-दुख, मान-अपमान, मान्यताओं और आस्थाओं के गायक हैं; इसे देखते हुए, नयी पीढ़ी और आगे आने वाली पीढ़ियाँ 'अर्चना' के गीतों से फूटती हुई 'अरुणा' को अपनी श्रद्धांजलि देती रहेगी, चाहे वह अरुण मेघों के घटाटोप में इस तरह ढकी है कि उसकी रक्ताभा बहुत ग़ौर से देखने पर ही नज़र आती है।

महाकवि निराला का संघर्षपूर्ण जीवनवृत्त

आचार्य नन्ददुलारे वाजपेयी के अनुसार श्री सूर्यकान्त त्रिपाठी 'निराला' का पैतृक और पारिवारिक नाम 'सूर्य कुमार त्रिपाठी' था; लेकिन डॉ. रामविलास शर्मा के अनुसार यह नाम 'सुर्जुकुमार तेवारी' था। निराला ग्रन्थावली में इसके सम्पादक ओंकार शरद ने निराला का बचपन का नाम 'सूर्य कुमार' बताया है। निराला जी के पिता का नाम 'राम सहाय त्रिपाठी' (अथवा 'राम सहाय तेवारी') था। सूर्य कुमार त्रिपाठी का जन्म (वाजपेयी जी के अनुसार) बंगाल के मेदिनीपुर जिले की महिषादल रियासत में माघ शुक्ल एकादशी संवत 1953 (जनवरी सन् 1897) को हुआ था। जानकीवल्लभ शास्त्री के अनुसार निराला की जन्मतिथि बसन्त पंचमी रविवार, विक्रमी संवत 1955 (सन् 1896 ई.) है। शान्तिप्रिय द्विवेदी के अनुसार उनका जन्म संवत 1955 में हुआ था। श्यामसुन्दर दास के अनुसार जन्मतिथि माघ सुदी 11 है। रामनरेश त्रिपाठी को सन् 1926 के अन्त में निराला ने जो विवरण स्वयं लिखकर भेजा उसके अनुसार उनका जन्म माघ शुक्ल 11, संवत 1955 में हुआ (20 फरवरी, 1899)। द्विवेदी जी को लिखे पत्रों, 'कविता कौमुदी' और 'मिश्र बन्धु विनोद' में जो उल्लेख मिलते हैं उससे भी इसकी पुष्टि होती है और डॉ. रामविलास शर्मा इसी तिथि को सही जन्मतिथि मानते हैं। 'निराला की साहित्य साधना'—खण्ड 3 में उन्होंने लिखा है कि निराला ने जो विवरण स्वयं दिया उसमें उन्होंने किन्हीं कारणों से अपना जन्म संवत बदल दिया। बाद में उन्होंने अपनी जन्मतिथि भी बदल कर 'बसन्त पंचमी' कर ली। निराला ग्रन्थावली के सम्पादक ओंकार शरद के अनुसार निराला की जन्मतिथि 'बसन्त पंचमी, सन् 1896' ही है।

माता का निधन

जन्म के तीन वर्ष बाद निराला की माँ श्रीमती रुक्मिणी देवी का स्वर्गवास हो गया। पहले इनकी शिक्षा घर पर हुई फिर बंगला पाठशाला में। निराला अपने माता-पिता की एक मात्र सन्तान थे। निराला की माँ के निधन के बाद

इनका पालन-पोषण इनकी चाची और भाभी ने किया। नौ वर्ष की आयु में गढ़ाकोला नामक स्थान पर इनका यज्ञोपवीत संस्कार कराया गया। सन् 1908 में (वाजपेयी जी के अनुसार 1911 में) रायबरेली जिले के डलमऊ स्थान के निवासी श्री रामदयाल दुबे की पुत्री श्रीमती मनोहरा देवी से इनका विवाह सम्पन्न हुआ। एक वर्ष पश्चात गौना हुआ। निराला ने 'कुल्लीभाट' के प्रारम्भ में अपने द्विरागमन का उल्लेख इस तरह किया है :

'मैंने सोलहवाँ पार किया...श्रीमती जी तेरहवाँ पार कर चुकी थीं।...उन्होंने कहा था—दामाद जवान, बिटिया जवान, परदेश ले जाते हैं तो ले जाने दो।'

निराला को खड़ी बोली में गद्य और पद्य लिखने की प्रेरणा पत्नी से मिली थी। '1914 में ये एंट्रेंस' परीक्षा में फेल हुए। उसके बाद स्कूली शिक्षा की इतिश्री हो गयी। इसी वर्ष इनके पुत्र रामकृष्ण त्रिपाठी का जन्म हुआ। एक वर्ष बाद निराला ने महिषादल राजवाड़ी कचहरी में नौकरी कर ली। पत्नी से निराला को अगाध प्रेम था। कई बार महिषादल (बंगाल) से छुट्टी लेकर ससुराल (डलमऊ, उत्तर प्रदेश) आते थे। 1917 में डलमऊ में सुपुत्री सरोज का जन्म हुआ। वाजपेयी जी के अनुसार सरोज का जन्म सन् 1916 में हुआ। सरोज अपने भाई रामकृष्ण त्रिपाठी से तीन वर्ष छोटी थीं।

निराला को बहुत कम उम्र में ही अनेक विपत्तियों का सामना करना पड़ा और पारिवारिक ज़िम्मेदारियों को सँभालना पड़ा। सन् 1917 में इनके पिता बीमार होकर चल बसे। 1918 में पत्नी की मृत्यु हो गयी। इसी वर्ष महामारी की चपेट में आकर इनके परिवार के कई व्यक्तियों का देहान्त हुआ। निराला पर अपने बच्चों के साथ-साथ अपने भाई-भतीजों के पालन-पोषण का दायित्व भी आ पड़ा। ससुराल वालों ने एक दूसरी कन्या से निराला का विवाह कराना चाहा लेकिन निराला ने उस कन्या की उम्र का विचार करते हुए उसका विवाह अपने भतीजे से कराया।

सन् 1919 में निराला स्वामी प्रेमानन्द के सम्पर्क में आये। इसी समय अध्यात्म तथा दार्शनिक विषयों के प्रति उनकी रुचि जाग्रत हुई। सन् 1920 में निराला ने प्रथम काव्य-रचना की। यहीं से उनके साहित्यिक जीवन का प्रारम्भ हुआ। इसी वर्ष पण्डित महावीर प्रसाद द्विवेदी से इनका पत्र-व्यवहार शुरू हुआ। इसी वर्ष उन्होंने अपने नाम का साहित्यिक संस्कार किया और इसे 'सूर्य कुमार त्रिपाठी' से 'सूर्यकान्त त्रिपाठी' कर लिया। इसी वर्ष 'प्रभा' में प्रथम काव्य-रचना प्रकाशित हुई। 'सरस्वती' के दिसम्बर अंक में 'बंगभाषा का उच्चारण' शीर्षक निबन्ध भी इसी वर्ष प्रकाशित हुआ। सन् 1921 में उन्होंने महिषादल रियासत की नौकरी छोड़ दी। फिर गढ़ाकोला में आकर रहने लगे। दौलतपुर में पहली बार आचार्य महावीर प्रसाद द्विवेदी से मुलाकात की। फिर उन्हीं का आशीर्वाद

प्राप्त कर साहित्य-साधना में जुट गये और महिषादल राज्य में पुनः नौकरी करने लगे। फिर रामकृष्ण आश्रम से प्रकाशित होने वाले 'समन्वय' पत्र के सम्पर्क में आये और वहाँ कार्यरत हो गये। आश्रम के संन्यासियों की सोहबत करते हुए निराला विभिन्न विषयों पर आध्यात्मिक चर्चाएँ किया करते। सन् 1922 में इनका 'समन्वय' में 'भारत में श्री रामकृष्णावतार' शीर्षक लेख प्रकाशित हुआ जो 'संग्रह' में है। इन्हीं दिनों निराला ने 'श्री रामकृष्ण वचनामृत' का हिन्दी में अनुवाद किया।

सन् 1923 में निराला ने 'अधिवास', 'पंचवटी प्रसंग' और 'जूही की कली' की रचना की। इसी वर्ष निराला उपनाम से 'मतवाला' में प्रथम रचना प्रकाशित हुई। 'समन्वय' को छोड़ निराला 'मतवाला' के सम्पादकीय विभाग में चले आये। यह इस बात का संकेत था कि दर्शन की अपेक्षा उन्हें साहित्य में अधिक रुचि होने लगी। 'मतवाला' पत्र से ही हिन्दी संसार को निराला की काव्यप्रतिभा का परिचय मिला। 'मतवाला' में उनकी अधिकांश प्रारम्भिक कविताएँ प्रकाशित होती रहीं। बाद में ये कविताएँ 'अनामिका' (प्रथम) और 'परिमल' में संकलित होकर छपीं। इन्हीं दिनों ये रवीन्द्रनाथ ठाकुर के प्रभाव में आये। सन् 1924 में हिन्दी साहित्य सम्मेलन के दिल्ली अधिवेशन में शामिल हुए। एक वर्ष बाद 'मतवाला' से सम्बन्ध तोड़ लिया। कलकत्ता में इधर-उधर भटकते रहे और संघर्षपूर्ण जीवन बिताते रहे। चार आने प्रति पृष्ठ की दर पर अनुवाद-कार्य करते रहे, दवाइयों के विज्ञापन लिखते रहे और ब्याह-शादियों पर सेहरे जैसी पद्य-रचनाएँ करते रहे। एक वर्ष तक यूँ भटक कर सन् 1926 में 'मतवाला' से पुनः सम्बन्ध जोड़ लिया। इसी वर्ष रवीन्द्रनाथ के 'चरखा' शीर्षक लेख का विरोध किया। एक साल बाद फिर 'मतवाला' से सम्बन्ध-विच्छेद कर लिया। 25 रु. के पारिश्रमिक पर 'रस-अलंकार' लिखी। चार आने प्रति पृष्ठ की दर पर रवीन्द्रनाथ के काव्य की आलोचना लिखी। फिर काशी की यात्रा की, वहाँ जयशंकर 'प्रसाद' से मुलाकात की। इसी समय पन्त जी का 'पल्लव' प्रकाशित हुआ और निराला ने 'पन्त जी और पल्लव' शीर्षक अपना प्रसिद्ध आलोचनात्मक लेख लिखा। 1928 में निराला ने कलकत्ता छोड़ दिया और गाँव गढ़ाकोला चले आये। गाँव आने पर इनका यहाँ के ज़मींदारों से टकराव हुआ। इनकी बगीची और ज़मीन बेदख़ल कर ली गयी। इसी दौरान निराला का साक्षात्कार ज़मींदारों के उस जुल्मोसितम से हुआ जिसका जिक्र उनके साहित्य में स्थान-स्थान पर मिलता है। निराला ने स्वयं किसानों को संगठित किया और ज़मींदारों के ख़िलाफ़ संघर्ष में हिस्सा लिया। 'चतुरी चमार' में इसी संघर्ष का स्पष्ट संकेत मिलता है। इस सन्दर्भ में आचार्य नन्ददुलारे वाजपेयी ने लिखा है :

किसानों का संगठन

'निराला जी ने किसानों का संगठन किया और काफी समय तक ज़मींदारों से लोहा लेते रहे। परन्तु अन्त में उन्हें प्रतीत हुआ कि किसानों का संगठन मजबूत नहीं है और वे थोड़े प्रलोभन पर भी ज़मींदारों से मिल जाते हैं। इससे निराला जी के मन में ग्लानि हुई और वे 1929-30 में गढ़ाकोला छोड़कर लखनऊ चले आये।' ('कवि निराला', नन्ददुलारे वाजपेयी, 1965, पृ. 215)

अपने 'अलका' उपन्यास में किसानों की इसी कमज़ोरी का निराला ने बड़ी मार्मिकता और क्षोभ के साथ उल्लेख किया है। 'अलका' के नायक विजय की पीड़ा निराला की अपनी पीड़ा है। 'पेशी के दिन विजय ने देखा, बुधवा पहला गवाह है।' ज़मींदारों और किसानों का संघर्ष निराला साहित्य की एक प्रमुख 'विषय-वस्तु' है। वाजपेयी जी के ही शब्दों में : 'ज़मींदारों और किसानों के बीच सन् 1928-29' के संघर्ष का संकेत यद्यपि संक्षेप में किया गया है, पर वास्तव में यह बहुत मार्के का संघर्ष था जिसने कवि की निर्भीकता, अन्याय के प्रति आक्रोश और उत्पीड़न के प्रति दयार्द्रता का बहुत ही स्पष्ट परिचय दिया। यद्यपि कवि अपने लक्ष्य में सफल न हो सका, अत्याचारों का उन्मूलन न कर सका, परन्तु उसके व्यक्तित्व का एक पहलू जो अन्यथा उद्‌घाटित ही न हो पाता, असन्दिग्ध रूप से उद्‌घाटित हुआ।' ('कवि निराला', नन्ददुलारे वाजपेयी, पृ. 218)

कलकत्ते की यात्रा

सन् 1928 के दौरान निराला छतरपुर महाराज के प्राइवेट सेक्रेटरी गुलाबराय के निमन्त्रण पर छतरपुर गये। 21 दिन वहाँ रहे फिर बीमार हो गये। स्वास्थ्य प्राप्ति के बाद वापस लौट आये। फिर गढ़ाकोला में कुछ दिन रहे। यहाँ रहकर कुछ गद्य की पुस्तकें लिखीं। सन् 1929 में पुनः कलकत्ता गये। इसी वर्ष 'परिमल' का प्रकाशन हुआ। कलकत्ता में कुछ दिन फ्री-लांसिंग की फिर गढ़ाकोला लौट आये। पुत्री सरोज का कलकत्ता निवासी श्री शिवशेखर द्विवेदी से गढ़ाकोला में विवाह कराया। 1929 के बाद लखनऊ में रहे। नारियल वाली गली, बताशा वाली गली और हाथी खाना, भूसामंडी जैसे उपनगरों में रहे। कुछ महीने प्रयाग और डलमऊ में बिताये। उपन्यास और कहानियाँ लिखीं। सन् 1930 में लखनऊ से प्रकाशित 'सुधा' के सम्पादकीय विभाग से सम्बद्ध रहे। इसी वर्ष 'अप्सरा' उपन्यास का प्रकाशन हुआ। सन् 1931 में साहित्य सम्मेलन के कलकत्ता अधिवेशन में शामिल हुए। सन् 1932 में कलकत्ता से प्रकाशित पत्र 'रंगीला' का सम्पादन किया। तीन अंक निकालकर कलकत्ता से लखनऊ लौट आये। फिर 'सुधा' से सम्बन्धित रहे। सन् 1934 में 'अलका', 'लिली' और 'प्रबन्ध पद्‌म' का प्रकाशन कराया। इसी वर्ष 'तुलसीदास' की रचना की। सन् 1935 में 'गीतिका' (गीतों का संग्रह), 'तुलसीदास'

(प्रबन्ध कविता) और 'सखी' (कहानी संग्रह) प्रकाशित हुए। सन् 1935 में ही लम्बी बीमारी के बाद सरोज की मृत्यु हो गयी। इस घटना ने (अन्य बातों के साथ-साथ) निराला के व्यक्तित्व और कृतित्व पर युगान्तकारी प्रभाव डाला। सन् 1936 से पहले के निराला और सन् 1936 के बाद के निराला में जो गुणान्तर आया, उसका एक निर्णायक कारण बेटी सरोज की दर्दनाक मौत थी। निराला आर्थिक अभावों के कारण उसका यथोचित इलाज न करा सके थे। निराला को जीवन के अन्तिम दिनों तक इस बात का पछतावा था। सरोज की मृत्यु ने स्वप्निल आदर्शों वाला प्रभामंडल तोड़ दिया। निराला ने अपने छायावादी और रहस्यवादी कृतित्व को संशय की दृष्टि से देखा। मोहभंग की यह प्रक्रिया दो-तीन वर्ष तक पूरी हुई और निराला आदर्शवाद के बचे-खुचे संस्कारों से भी मुक्त हो गये। इसी दौरान सन् 1937 में उन्होंने 'कुल्लीभाट' की रचना की और एक तरह से अपनी विगत जीवन-पद्धति पर आलोचनात्मक ढंग से पुनर्विचार किया। निराला पहली बार गम्भीर और निर्णायक रूप से यथार्थवाद की ओर आकृष्ट हुए। इसी समय कलकत्ता में निराला का सम्मान किया गया। फैजाबाद के प्रान्तीय हिन्दी साहित्य सम्मेलन में राजनीतिक नेताओं को डाँट पिलायी। इसका उल्लेख 'प्रबन्ध प्रतिमा' में संकलित नरोत्तम प्रसाद नागर द्वारा लिए गये एक इंटरव्यू में है। सन् 1939 में साहित्य सम्मेलन के काशी अधिवेशन की साहित्य परिषद के अध्यक्ष हुए। इन्हीं दिनों बाँदा और मेरठ में इनका सम्मान किया गया। इससे तीन वर्ष पूर्व सन् 1936 में निराला गाँधी और नेहरू से मिले थे और फ़ैज़ाबाद में राजनीतिक नेताओं से जैसी झड़पें हुईं लगभग वैसी ही झड़पें गाँधी और नेहरू से भी हो चुकी थीं। इन दिनों निराला स्वाभिमान के शिखर पर थे और 'राम की शक्तिपूजा' की रचना (1936) कर रहे थे। इससे पूर्व (सन् 1935) वे 'सरोजस्मृति' शीर्षक महत्त्वपूर्ण कविता लिख चुके थे। 'अनामिका' (द्वितीय) सन् 1938 में प्रकाशित हुई और उसमें ये दोनों कविताएँ संकलित हुईं। सन् 1934 से सन् 1938 तक की अवधि के बारे में डॉ. रामविलास शर्मा ने 'निराला के संस्मरण' शीर्षक लेख में यह टिप्पणी की है :

> 'सन् 1934 से सन् 1938 तक का समय निराला जी के कवि जीवन का सबसे अच्छा समय था। उनका कविता संग्रह 'परिमल' छप चुका था लेकिन 'गीतिका' के अधिकांश गीत, अपनी सर्वश्रेष्ठ कविताएँ ('राम की शक्तिपूजा', 'तुलसीदास', 'सरोजस्मृति' आदि) उन्होंने इसी समय लिखीं। गद्य में 'अप्सरा' और 'अलका' उपन्यास छप चुके थे, लेकिन 'प्रभावती', 'निरुपमा' उपन्यास और अपनी अधिकांश प्रसिद्ध कहानियाँ उन्होंने इसी समय लिखीं। यही बात उनके निबन्धों के बारे में भी सही है। उस समय उनकी प्रतिभा अपने पूरे

उभार पर भी। उसके जो पहले कुछ था वह तैयारी था, बाद को जो कुछ आया, वह सूर्यास्त के बाद का प्रकाश भर था।'

यदि निराला जी स्वयं इस टिप्पणी को पढ़ते तो शायद सहमत न होते क्योंकि यही समय एक अन्य दृष्टि से कवि-जीवन का सबसे बुरा समय भी था। सन् 1935 में लम्बी बीमारी के बाद सरोज की मृत्यु हुई थी। फिर 'कुल्लीभाट' (सन् 1939), 'कुकुरमुत्ता' (सन् 1940), 'बेला' (सन् 1943), और 'नये पत्ते' (सन् 1946), 'अर्चना' (सन् 1950) जैसी पुस्तकें सन् 1938 के बाद ही प्रकाश में आयीं। 'बिल्लेसुर बकरिहा' और 'चतुरी चमार' जैसा कथा-साहित्य भी बाद में ही प्रकाशित हुआ। 'चाबुक' जैसा निबन्ध संग्रह (बल्कि 'प्रबन्ध प्रतिभा' भी) बाद में ही प्रकाश में आया। निराला की इन श्रेष्ठ रचनाओं को, जिनके द्वारा उन्होंने छायावादी सीमाओं का अतिक्रमण किया और नये युग के यथार्थवादी काव्य का प्रवर्तन किया, 'सूर्यास्त के बाद का प्रकाश भर' कहना युक्तियुक्त प्रतीत नहीं होता। जहाँ तक निराला की अपनी आर्थिक परिस्थितियों का सवाल है, सन् 1934 से 1938 के दौरान निराला आर्थिक अभावों से घिरे रहे। वे सरोज का ठीक से इलाज भी नहीं करा सके थे। सन् 1935 के आसपास उनकी मनःस्थिति कैसी थी, इसका हृदयविदारक चित्रण स्वयं डॉ. रामविलास शर्मा ने ही अपने शब्दों में इस प्रकार किया है।

क्षोभ का घुन

'यद्यपि वह सबसे मिलते-जुलते और हँसते-बोलते थे, लेकिन उनका मन एकान्त में कहीं विषाद में डूबा रहता था। जीवन में लगातार विरोध होने से उनकी चेतना में कहीं क्षोभ का घुन लग चुका था। रात में सोते से अक्सर जग जाते थे और घण्टों छत पर या बरामदे में टहला करते थे। उस समय उनका मन किस दुख-सागर में डूबा रहता था, इसे उनके सिवाय कोई नहीं जानता। अपनी कन्या सरोज की मृत्यु से उन्हें गहरा धक्का लगा था...' ('महाप्राण निराला', प्रकाशन विभाग, भारत सरकार; डॉ. रामविलास शर्मा का लेख, पृ. 40)

सन् 1940 में 'कुकुरमुत्ता' की रचना की और 'प्रबन्ध प्रतिमा' शीर्षक से उनके निबन्धों का दूसरा संग्रह प्रकाशित हुआ। 1941 में अबोहर साहित्य सम्मेलन में शामिल हुए। इसी वर्ष 'बिल्लेसुर बकरिहा' की रचना की। 'सुकुल की बीबी' शीर्षक कहानी संग्रह इसी वर्ष प्रकाशित हुआ। सन् 1942 में छपरा और मुज़फ्फरपुर में सम्मान-समारोह हुए। सन् 1943 में मलेरिया बुखार से पीड़ित हुए। इसी वर्ष इलाहाबाद में रहकर बंकिम के उपन्यासों का अनुवाद किया। 'अणिमा' नाम का कविता संग्रह भी इसी वर्ष प्रकाशित हुआ। 1944 में 'चोटी की पकड़' उपन्यास की

रचना प्रारम्भ की। सन् 1946 में 'नये पत्ते' का प्रकाशन हुआ। सन् 1947 में निराला स्वर्ण-जयन्ती मनायी गयी। इस अवसर पर काशी में निराला का धूमधाम के साथ सम्मान किया गया। सन् 1948 में 'देवी' का प्रकाशन हुआ। 1949 में उनके प्रसिद्ध निबन्धों का संग्रह 'चाबुक' प्रकाश में आया। यह उनका तीसरा निबन्ध संग्रह था। सन् 1950 में उनके श्रेष्ठ गीतों का संग्रह 'अर्चना' प्रकाशित हुआ। सन् 1953 में उ.प्र. सरकार द्वारा 'अर्चना' पुरस्कृत की गयी। इसी वर्ष कलकत्ता में निराला का अभिनन्दन किया गया। इस अवसर पर एक 'निराला अभिनन्दन ग्रन्थ' भी प्रकाशित हुआ। सन् 1954 में निराला की कविताओं के संग्रह 'अपरा' पर 2100 रुपये का पुरस्कार दिया गया। इसी वर्ष 'आराधना' और 'गीत गुंज' नाम से गीतों के दो और संग्रह प्राकशित हुए। 1957 में उनका चौथा निबन्ध संग्रह 'चयन' प्रकाशित हुआ। इसके बाद निराला की मानसिक और शारीरिक अस्वस्थता बढ़ती गयी। 1958 से 1961 तक वे बीमार रहे। स्वतन्त्र देश में अपने महान कवि की चिकित्सा का कोई विशिष्ट प्रबन्ध नहीं किया जा सका और 15 अक्तूबर सन् 1961 को इस महाप्राण ने महाप्रयाण किया। महाकवि सूर्यकान्त त्रिपाठी का निर्वाण दिवस सूर्यवार ही था।

निराला की मृत्यु के बाद उनके गीतों का एक और संग्रह 'सान्ध्यकाकली' शीर्षक से 1969 में प्रकाशित हुआ। इससे पूर्व सन् 1962 में उनके निबन्धों का पाँचवाँ संग्रह 'संग्रह' नाम से प्रकाशित हुआ। कुल मिलाकर लगभग 12 काव्य संग्रह, 8 उपन्यास, 3 कहानी संग्रह, 5 निबन्ध संग्रह और 1 आलोचना की पुस्तक (रवीन्द्र कविता कानन) उपलब्ध हैं। 5 निबन्ध संग्रहों में अनेक निबन्ध साहित्य-समीक्षा सम्बन्धी लेखों के रूप में लिखे गये हैं। इस प्रकार परिमाण और गुण दोनों की दृष्टि से निराला खड़ी बोली के श्रेष्ठतम कवि, श्रेष्ठ कथाकार, उत्कृष्ट निबन्धकार और ज़िम्मेदार आलोचक हैं।

शांत और संयत

मृत्यु से कुछ वर्षों पूर्व से लेकर अन्तिम क्षण तक निराला के मानसिक विक्षेप को लेकर अनेक किंवदन्तियाँ प्रचलित हैं। लेकिन कुछ बातें ऐसी भी हैं जो इस तथ्य का प्रमाण हैं कि निराला का व्यवहार अन्त तक शान्त, संयत और गरिमापूर्ण रहा होगा। सबसे बड़ा प्रमाण तो यही है कि निराला अन्त तक रचना-कर्म में लीन रहे। उनके अन्तिम दिनों की रचनाएँ रचनाधर्म की खानापूर्ति नहीं हैं, उनमें अधिकांश रचनाएँ गीतिकाव्य की महत्त्वपूर्ण उपलब्धियाँ हैं।' 'सान्ध्यकाकली' की अन्तिम रचनाएँ हिन्दी काव्य भाषा की सम्भावनापूर्ण मिसाले हैं :

> 'खिल चुका है फूल मेरा, पंखड़ियाँ हो गयी ढीली...
> ...जीर्ण है वह आज तीली

आग सारी फुँक चुकी है,
रागिनी वह रुक चुकी है'

... ...

'...झूल चुकी है खाल, ढाल की तरह तनी थी'

निराला की मृत्यु से दो वर्ष पूर्व 1959 में प्रसिद्ध सोवियत भारतविद् ई.पी. चेलिशेव निराला से मिले थे। उन्होंने इस मुलाकात का जो उल्लेख किया है उससे भी यही सिद्ध होता है कि मृत्यु से डेढ़-दो वर्ष पूर्व भयंकर रोग से ग्रस्त होने के बावजूद निराला का व्यवहार शान्त, सौम्य और उदात्त था। प्रोफेसर चेलिशेव ने उस अभूतपूर्व मुलाकात का जो वर्णन किया उसके कुछ अंश इस प्रकार हैं :

एक जीवन्त चित्र

'हम कमरे में पहुँचे जो दीपक के मन्द प्रकाश में आलोकित था। खाट पर अपने बड़े-बड़े हाथों को आड़े रखे और छाती पर सिर ढलकाये एक व्यक्ति बैठा था। यही महाकवि निराला थे। कवि के चेहरे से परम शान्ति और क्लान्ति टपक रही थी। जैसे ही उन्होंने अपना उन्नत ललाट और सुन्दर सुघड़ केशराशि युक्त ग्रीवा ऊपर उठाकर हमारी ओर देखा, हमारे ऊपर भयंकर रोगग्रस्त व्यक्ति का पड़ा पहला प्रभाव नष्ट हो गया। उनकी विस्मयपूर्ण और गम्भीर अभिव्यक्तिपूर्ण बड़ी-बड़ी आँखें हमारे ऊपर जादू कर रही थीं और अपनी अदम्य शक्ति तथा तारुण्य से हमारे हृदय को आर-पार बेधती हुई हमें परास्त कर रही थीं।...कुछ ही क्षणों में उन्होंने अर्द्ध-निमीलित नयनों से मन्द-मन्द मधुर स्वर में अपना कविता-पाठ किया...जब उन्होंने महान पौरुष और उदात्तता के शब्द-उच्चारण किये, उनकी आँखें उत्साह से दीप्त हो उठीं।...भारतीय रीति के अनुसार उन्होंने हाथ जोड़कर प्रणाम किया और पुनः छाती पर सिर ढलका कर अपने विचारों में डूब गये।' (महाप्राण निराला, प्रकाशन विभाग, भारत सरकार, प्रो. चेलिशेव का लेख, पृ. 38)

इस विवरण से अनेक बातें स्पष्ट होती हैं। प्रोफेसर चेलिशेव एक तटस्थ द्रष्टा रहे होंगे। उन्हें हिन्दी साहित्यिकों के दाँवपेंच से कोई सरोकार नहीं। उनके इस विवरण की अपनी विशिष्ट ढंग की प्रामाणिकता है। फिर वे न तो निराला के सन्दर्भ में मूर्तिपूजक हैं और न मूर्तिभंजक। अतः यह तथ्य सहज रूप से अनुमेय है कि निराला का आचरण अन्तिम दिनों में भी उनके व्यक्तित्व और कृतित्व के अनुसार उतना ही गरिमापूर्ण रहा होगा।

हाँ, ऐसे संकेत ज़रूर मिलते हैं कि निराला को कुछ खास किस्म की उच्चवर्गीय या मध्यवर्गीय मनोवृत्तियों वाले तथाकथित 'भद्र पुरुषों और महिलाओं' से चिढ़

थी। अन्तिम वर्षों में यह चिढ़ एक सनक की हद तक बढ़ गयी हो तो ताज्जुब नहीं होना चाहिए। ऐसे लोग जब अपनी श्रद्धा भुनाने या उन्हें सम्मान देने का अहसास जताने की नीयत या कोई और अवांछित मंशा लेकर उनसे मिलने जाते थे तो ऐसे क्षणों में उक्त मनोवृत्तियों या मानसिकताओं का परिचय मिलते ही निराला उत्तेजित हो जाते थे। 'नेतागिरी' करने वाले (साहित्यिक और गैर-साहित्यिक) उच्चवर्गीय व्यक्तियों से भी निराला को एक खास तरह की खुन्दक थी। नौकरशाहों, ज़मींदारों, पूँजीपतियों, नवाबों, राजाओं और सेठों के प्रति निराला के हृदय में एक हिकारत थी जो प्रसंग छिड़ जाने पर अनायास भड़क उठती थी। वैसे आम जनता से, जनसाधारण से, मेधावी, प्रतिभावान और ईमानदार लोगों के साथ वे सही ढंग से पेश आते थे।

निराला जी अपने जीवनकाल में ही भारतीय सांस्कृतिक जीवन की एक महागाथा के नायक की तरह विख्यात हो गये थे। जीवनकाल में ही इतना सम्मान बहुत कम साहित्यिकों को मिलता है। देश-विदेश के अनेक विद्वानों, कलाकारों, राजनीतिक और सामाजिक नेताओं, अभिनेताओं और साहित्यकारों ने उन्हें अपनी श्रद्धांजलियाँ अर्पित की हैं। हिन्दी के प्रसिद्ध आलोचक और कवि डॉ. रामविलास शर्मा ने 'निराला की साहित्य-साधना' शीर्षक से तीन खण्डों में एक महाग्रन्थ लिखा है। इस महाग्रन्थ के प्रकाशित होते ही निराला के बारे में जनता की रुचि गुणात्मक अन्तर के साथ बढ़ी है। निराला पर अनेक ग्रन्थ और पुस्तकें प्रकाशित हो चुकी हैं। 'निराला' पर अनेक कविताएँ भी लिखी गयी हैं। लेकिन जैसा कि डॉ. शिवदान सिंह चौहान ने कहा है और प्रोफ़ेसर ई.पी. चेलिशेव ने दोहराया है : 'निराला जी की काव्यकृति का विषद मूल्यांकन उनके प्रिय मित्र और साहित्यिक साथी भारत के प्रसिद्ध महाकवि सुमित्रानन्दन पन्त ही भली भाँति कर सके हैं', जिन्होंने निराला पर एक अमर कविता लिखी है :

'छन्द बन्ध ध्रुव तोड़, फोड़कर पर्वत कारा
अचल रूढ़ियों की कवि, तेरी कविता धारा।
मुक्त, अबाध, अमन्द, रजत निर्झर-सी निःसृत
गलित ललित आलोक राशि, चिर अकलुष अविजित
स्फटिक शिलाओं से तूने वाणी का मन्दिर
शिल्पि! बनाया—ज्योति-कलश निज यश का धर चिर...
अमृतपुत्र कवि, यशःकाय, तव जरा मरण जित,
स्वयं भारती से तेरी हृत्तन्त्री झंकृत।'

निराला और नयी सोच

निराला का काव्य गुणवत्ता की दृष्टि से तो महत्त्वपूर्ण है ही, परिमाण की दृष्टि से भी वह पर्याप्त मात्रा में है। उनकी तेरह काव्य-कृतियाँ प्रकाशित हैं :

1. अनामिका (प्रथम), 2. परिमल, 3. गीतिका, 4. अनामिका (द्वितीय), 5. तुलसीदास, 6. कुकुरमुत्ता, 7. अणिमा, 8. बेला, 9. नये पत्ते, 10. अर्चना, 11. आराधना, 12. गीत गुंज और 13. सान्ध्यकाकली। लघु-गुरु आकार की कुल मिलाकर, निराला ने एक हज़ार से अधिक कविताएँ लिखी हैं; एक बड़े कवि की कला के मूल्यांकन के लिए यह सामग्री अपर्याप्त नहीं है।

निराला का सौन्दर्य-बोध राजसिक न होकर नैसर्गिक है। उनकी कल्पना-परिकल्पनाएँ राज-प्रासाद से अनुप्राणित न होकर प्राकृतिक वनों-उपवनों में विचरण करती है। सामन्ती बोध वाले कवियों की नायिकाएँ राजमहलों में रहती हैं, निराला की विजन वन-वल्लरियों पर; सामन्ती कवियों की नायिकाएँ रत्नों से जड़े पर्यंक पर सोती हैं, निराला की नायिका ओस-कणों भरे पत्रांक पर! जंगल में उगने वाली जूही पर निराला ने अपनी प्राथमिक कविता लिखी। जूही की कली प्रेयसी है, उसका प्रियतम पवन है। पवन जो निरन्तर आगे की ओर बढ़ता है। निराला की तरह वनों और प्रान्तों में भटकता हुआ...

"फिर क्या? पवन उपवन
सर सरित गहन गिरी कानन" (जूही की कली)

उर्दू के महान कवि मीर भी जंगल में भटकते थे, पवन की ही तरह—

"वो हवा खाहे चमन हूँ कि चमन में हर सुबह
पहले जाता था मैं और बादे सबा मेरे बाद"

ग़ालिब भी बादल, जंगल और जंगल की हवा के दीवाने शायर हैं।

"दश्त को देख के घर याद आया
अब्र क्या चीज़ है, हवा क्या है?
पीता हूँ रोज़े अब्रोशबे माहताब में।"

फैज़ अहमद फैज़ भी अब्र (बादल), सबा (हवा) और सुबह के कवि हैं :

"आख़िरी शब के हम-सफ़र, फैज़ न जाने क्या हुए
रह गयी किस जगह सबा, सुबह किधर निकल गयी"

निराला भी जंगल, वन-उपवन, गिरि-कानन, बादल और पवन के कवि हैं।

कला की ही दृष्टि से कवि दो तरह के होते हैं—सुविधा-भोग अभिजात और राजसिक प्रभामंडल के गलियारे में टहलने वाले कवि और दूसरे नैसर्गिक कवि। निराला दूसरी प्रकार के महाकवि हैं। उनकी कविताओं में हृदय, परिदृश्य, क्रिया-व्यापार रीतिबद्ध ढंग के नहीं हैं; मुक्त और सहज ढंग के हैं। महलों, प्रासादों का ज़िक्र करना भी पड़ जाये तो वे उनके आन्तरिक वैभव, साज-सज्जा, ग्लैमर पर ध्यान न देकर वहाँ के बाग़, बग़ीचों और उद्यानों पर ही ध्यान देंगे। उनके यहाँ राम-सीता का प्रथम मिलन राजर्षि जनक के महल के गलियारे में नहीं होता, उनके उद्यान में होता है :

"ऐसे क्षण अन्धकार घन में जैसे विद्युत/जागी पृथ्वी-तनया-कुमारिका छवि अच्युत/देखते हुए निष्पलक, याद आया उपवन/विदेह का प्रथम स्नेह का लतान्तराल मिलन/...काँपते हुए किसलय/झरते पराग समुदय/गाते खग नव-जीवन-परिचय...तरु मलय वलय"

(अनामिका, 'राम की शक्तिपूजा')

नैसर्गिक कवियों (अर्थात् निसर्ग के कवियों) में स्वाभाविकता होती है। 'तुलसीकृत रामायण का आदर्श', शीर्षक अपने लेख में निराला इस बात पर ज़ोर देते हैं कि वे कृत्रिमता या बनावट के विरुद्ध हैं। वे कहते हैं—"कवि शब्दों को नहीं जोड़ते। उनके शब्द हृदय के स्वाभाविक उद्‌गार होते हैं...कवियों में बनावट का लेश भी नहीं रहता" (निराला ग्रन्थावली, सम्पादक, ओंकार शरद, खण्ड-1, 2-449)। उदाहरण के रूप में वे महाकवि रवीन्द्रनाथ ठाकुर की इस रचना की सराहना करते हैं...

"आजि ए प्रभाते सहसा केरने, पथ हारा रविकर
आलय न पेय पड़ेछे आसिये, आभार त्रारोर पर
बहुत दिन परे एकटी किरण, सुहाय दियेछे देखा
पड़ेछे आभार आधार सलिले, एकटी कनक-रेखा"

स्वाभाविकता से निराला का आशय कोरी हार्दिकता या कोरी बौद्धिकता से नहीं है। क्योंकि कोई भी मनुष्य देर तक मात्र हार्दिकता अथवा मात्र बौद्धिकता के मूड में नहीं रह सकता। भावों और विचारों का द्वन्द्व मानव-प्रकृति की सहजता है। निराला इस सहजता और द्वन्द्वात्मकता के महाकवि हैं।

इसी सहजता और द्वन्द्वात्मकता के कारण निराला स्वच्छन्दतावादी भी हैं और यथार्थवादी भी। वे बादलों के कवि हैं, स्वप्नजीवी हैं, लेकिन बादलों से अनुप्राणित होकर जो 'बादलराग' वे गाते हैं उसमें यथार्थवाद और क्रान्ति के उद्घोष गूँज-गूँज उठते हैं :

"वज्र घोष से हे प्रचंड आतंक जमाने वाले,
कम्पित जंगम नीड़ विहंगम ऐ न व्यथा पाने वाले। (बादल-राग)

जीर्ण बाहु है, शीर्ण शरीर,
तुझे बुलाता कृषक अधीर—ऐ विप्लव के वीर (बादल-राग-2)

विप्लव रव से छोटे ही हैं शोभा पाते।" (बादल-राग-6)

आज के भारतीय समाज में जो सहज विप्लव हो रहा है उसमें छोटे ही शोभा पा रहे हैं।

उर्दू के महाकवि फ़ैज़ अहमद फ़ैज़ भी निराला की ही तरह एक साथ स्वच्छन्दतावादी (Romantic) भी हैं और यथार्थवादी (Realist) भी बल्कि क्रान्तिकारी (Revolutionary) भी। वे कहते हैं :

"मकाम फ़ैज़ कोई राह में जचा ही नहीं
जो कुए-यार से निकले तो सूए-दार चले"

माशूक (प्रियतमा) की गली से निकले ही थे कि क्रान्ति की राह पर आगे बढ़े और फाँसी के तख्ते पर झूल गये। बीच का रास्ता ऐसे महाकवियों को रास ही नहीं आता। और पीछे चले यानी 19वीं सदी में तो पायेंगे कि ग़ालिब भी

ऐसे ही महाकवि थे–एक साथ, स्वच्छन्दतावादी (Romantic) भी तो यथार्थवादी (Realist) भी।

"हर इक बात पे कहते हो तुम कि तू क्या है?
तुम्हीं कहो कि ये अन्दाज़े गुफ़्तगू क्या है?
रगों में दौड़ते फिरने के हम-नहीं कायल
गर आँख ही से न टपका तो फिर लहू क्या है?
चिपक रहा है बदन पर लहू से पैराहन
हमारी जेब को अब हाजते-रफ़ू क्या है?"

अंग्रेज़ी के महाकवि शैले और बायरन भी एक साथ स्वच्छन्दतावादी और यथार्थवादी थे। उदाहरण के लिए शैले कहते हैं :

"Oh, lift me as a wave, a leaf, a cloud !
I fall upon the thorns of life ! I bleed !"

(Ode to the West wind)

अंग्रेज़ी–रोमानी काव्य के अन्तर्गत उपर्युक्त पंक्तियाँ श्रेष्ठ कविता का प्रतिमान हैं तथापि शैले ने 'Revolt of Islam' भी लिखा था और इंग्लैंड के श्रमिकों के लिए वह आह्वान गीत (Song to the working men of England) लिखा जिसमें महाकवि ने श्रमिकों को कहा–'अपने समाज के संघर्ष में भागीदार होने से तुम्हारा कुछ न बिगड़ेगा, हाँ, तुम्हारी बेड़ियाँ अवश्य टूटेंगी।' महाकवि शैले के इसी कथन से प्रेरणा लेकर कार्ल मार्क्स ने अपने ग्रन्थ 'पूँजी' के प्रवेश-पृष्ठ पर यह नारा दिया था कि :

"Workers of the world unite, you have nothing to lose but chains."

इसी प्रकार बायरन भी रोमानी युग (Romantic Age) का कवि माना जाता है लेकिन उसके काव्य में भी समाज के यथार्थवादी संघर्षों की पूर्व-घोषणा सुनी जा सकती है :

"The blood will flow like water
Tears will flow like mist
I will not see it but I foresee it"

निराला के काव्य में बायरन की ही तरह स्वच्छन्दतावादी ढंग का आर्तनाद सुनाई देता है–

"एक दिन थम जाएगा रोदन, तुम्हारे प्रेम अंचल में" (निराला)

"जीवन हो गया व्यर्थ, मैं रण में गया हार" (निराला)

निराला की 'तोड़ती पत्थर', 'भिक्षुक', 'विधवा' और 'बादल-राग' जैसी श्रेष्ठ कविताओं में, उनकी काव्यकृति 'बेला' में संकलित ग़ज़लों में, 'नये पत्ते' में संकलित नये ढंग के उनके पद्यात्मक प्रयोगों में तथा 'अर्चना', 'आराधना' और 'सान्ध्यकाकली' जैसे उनके गीति-संग्रहों में ऐसी अनेक रचनाएँ हैं जो आधुनिक युग के उर्दू के महाकवि फैज़ अहमद फैज़ की ग़ज़लों और नज़्मों की ही तरह रोमांटिक हैं और साथ ही यथार्थवादी एवं क्रान्तिकारी भी हैं। इस सन्दर्भ में महान रूसी कथाकार गोर्की का यह कथन याद आता है कि बड़े लेखकों और कलाकारों में स्वच्छन्दतावाद और (Romanticism) और यथार्थवाद (Realism) का सम्मिश्रण होता है लेकिन उनका स्वच्छन्दतावाद और यथार्थवाद दोनों सक्रिय प्रकार के होते हैं, निष्क्रिय ढंग के नहीं। ये मनुष्य की जिजीविषा को सशक्त बनाने में सहायक होते हैं और आसपास की परिस्थितियों द्वारा लादी गयी गुलामी के जुए को उतार फेंकने और उसके विरुद्ध सिर उठाने की शक्ति प्रदान करते हैं। (Maxim Gorky on Literature)

आज विश्व में कला के अन्तर्गत उत्तर-आधुनिकतावादी नयी सोच चर्चा के केन्द्र में है। निराला के काव्य के बारे में इस नयी सोच के तहत दृष्टिपात करना भी प्रासंगिक होगा। उत्तर-आधुनिकतावादी विचारकों में*, जॉक दैरिदा* की 'पाठ के बाहर कुछ भी नहीं' (There is nothing outside the Text) सम्बन्धी अवधारणा के अनुसार निराला के कुछ गीतों की विरचना करना अप्रासंगिक न होगा। (यहाँ यह उल्लेख करना अप्रासंगिक न होगा कि *जॉक दैरिदा* द्वारा पहली बार प्रयुक्त डिकंस्ट्रक्शन (Deconstruction) और डिफ्रांस (Differance) जैसे पारिभाषिक शब्दों के लिए *विरचना और विभेद* का प्रयोग कर रहा हूँ।

विरचना दैरिदा के अनुसार एक विशिष्ट प्रकार की पाठ-प्रक्रिया, आलोचना पद्धति तथा विश्लेषणात्मक संवीक्षा है तथा किसी भी पाठ के अर्थान्वेषण की अनेक सम्भावनाओं के द्वार खोल देती है। दूसरे शब्दों में दैरिदा की विरचना (Deconstruction) सम्बन्धी संकल्पना को किसी भी पाठ के नये-नये अर्थों की सम्भाविका कहा जा सकता है। दैरिदा के अनुसार *लेखकीय पाठ* (Writer's text) पाठक के लिए लेखकीय पाठ न रहकर पाठकीय पाठ (Reader's text)

बन जाता है और इस प्रकार किसी रचनाकार के एक ही पाठ के प्रत्येक पाठक द्वारा अपने-अपने पाठ हो सकते हैं। दैरिदा का आशय सम्भवतः यह है कि वे रचना के एक खास अर्थ को अथवा आशय को रूढ़ या निश्चित कर देने के हक में नहीं हैं। इस सन्दर्भ में निराला के कुछ महत्त्वपूर्ण गीतों की विरचना इस प्रकार भी की जा सकती है :

तरणि तार दो
अपर पार को।
खे-खे कर थके हाथ
कोई भी नहीं साथ
श्रम-सीकर, भरा माथ
बीच धार ओ। (अर्चना, गीत सं. 72)

एक वय-जर्जर नाविक मँझधार में फँस गया है। उसके हाथ नाव खे-खे कर थक गये हैं। नाव में उसका कोई साथी नहीं है। ऐसे में वह प्रार्थना कर रहा है कि प्रभु आयें और उसकी नाव को पार लगा दें। एक और उदाहरण लें :

शिशिर की शर्वरी हिंस्र पशुओं भरी
ऐसी दशा विश्व की विमल लोचनों
देखी, जगा त्रास, हृदय संकोचनों
काँपा कि नाची निराशा, दिगम्बरी। (अर्चना, गीत सं. 11)

शिशिर की रात; बीहड़, जंगल; हिंसक पशुओं का शोर; मनुष्य ऐसी स्थिति में फँसकर सन्त्रस्त है, सन्त्रास के कारण उसका हृदय संकुचित है और वह काँप रहा है, सर्दी से भी, भय से भी। निराशा ही दिगम्बरी होकर नाच रही है। इसी प्रकार :

गहन है यह अन्धकारा
इस गगन में नहीं दिनकर
नहीं शशधर, नहीं तारा।

निराशा और हताशा के समय मनुष्य को यह संसार एक अन्धी कारा जैसा लगता है, जहाँ न कोई सूरज, न चन्द्रमा और न ही कोई नक्षत्र उसे नज़र आता है।

इन तीन गीतों में आधुनिक मानव की थकान, सबके बीच रहकर भी उसका अकेलापन, सन्त्रास और नैराश्य अपने भयावह रूपों और दृश्यों के साथ उपस्थित

है। आज के शोषित, प्रताड़ित, उत्पीड़ित दलित और विवश मनुष्य की कारुणिक और मर्मान्तक स्थितियाँ भयावह रूप में अपनी अन्तर्वस्तु के साथ यहाँ मूर्तिमान हो उठी हैं।

निराला आधुनिक हिन्दी कविता के भवभूति हैं। वे मानवीय करुणा के आधुनिक महाकवि हैं। मानवीय करुणा और सामाजिक सहानुभूति उनके साहित्य का बीजभाव है।

इसी प्रसंग में उत्तर आधुनिकतावादी सोच के अन्तर्गत जूलिया क्रिस्टेवा नाम की महिला-विचारक का उल्लेख करना भी आवश्यक प्रतीत हो रहा है। वे पाठ (Text) की ध्वनियों/अन्तर्ध्वनियों की तह तक जाती हैं और उनके मूल में लैंगिक मनोवेगों सम्बन्धी कारणों और कारकों की खोज करने का भी सुझाव देती हैं। भारतीय वाङ्मय में शब्द को सार्थक ध्वनि कहा गया है तथा ध्वनियों को कोमल एवं परुष कहकर वर्गीकृत किया गया है। पाठक चाहे तो जूलिया क्रिस्टेवा के सुझाव को ध्यान में रखते हुए कोमल स्वरों को स्त्रीलिंग और परुष स्वरों को पुल्लिंग मनोवेगों के कारणों अथवा कारकों के रूप में ग्रहण कर सकता है। निराला के काव्य में कोमल और परुष दोनों प्रकार की ध्वनियाँ/अन्तर्ध्वनियाँ गूँज़ती हैं :

नयनों का नयनों से गोपन प्रिय सम्भाषण
पलकों का नव पलकों पर प्रथमोत्थान पतन
काँपते हुए किसलय—झरते पराग समुदय
गाते खग नव जीवन परिचय—तरु मलयवलय।

(राम की शक्तिपूजा)

उपर्युक्त पंक्तियाँ कोमल ध्वनियों/अन्तर्ध्वनियों की परिचायक हैं। अब परुष ध्वनियों का उदाहरण भी उसी कविता से दिया जा रहा है :

शत घूर्णावर्त तरंग भंग, उठते पहाड़
जल राशि राशि जल पर चढ़ता खाता पछाड़
तोड़ता-बन्ध प्रतिसंघ धरा...

अथवा 'बादल-राग' की ये पंक्तियाँ भी परुष ध्वनियों के प्रयोग का अनूठा उदाहरण हैं :

वज्र घोष से हे प्रचंड आतंक जमाने वाले
कम्पित जंगम नीड़ विहंगम
ऐ न व्यथा पाने वाले।

सारांश रूप में निराला के काव्य का अध्ययन इस दृष्टि से भी किया जा सकता है। पूर्ववर्ती युग के बड़े रचनाकारों की रचनाओं का उत्तर-आधुनिक दृष्टि से अध्ययन, विश्लेषण और विवेचन गैर-ज़रूरी नहीं होगा। ऐसे अध्ययन, विश्लेषण और विवेचन की अपने आप में सार्थकता अन्तर्निहित है। एक युग के महत्त्वपूर्ण साहित्य को दूसरे युग में नये दृष्टिकोण और नयी जीवन-दृष्टि से देखने-परखने का और कोई महत्त्व हो या न हो, सौन्दर्यशास्त्रीय महत्त्व तो है ही। किसी भी युग का सौन्दर्यशास्त्र अपना हो सकता है तथापि एक युग के साहित्य की अर्थवत्ता और गुणवत्ता केवल उसी युग तक सीमित नहीं होती। अतः पिछले युगों के साहित्य को भावी युगों में उनके सौन्दर्यशास्त्रीय प्रतिमानों की कसौटी पर देखने-परखने की आवश्यकता बनी रहेगी।

अनुक्रमणी

प

फ

ब

भ

ल

व